Jürgen Fischer
Orgon und DOR
Die Lebensenergie
und ihre Gefährdung
Texte zu Wilhelm Reich
und zur aktuellen
Orgonomie

D1727121

ORGON und DOR:
ORGON ist die von Wilhelm Reich entdeckte Lebensenergie, die universelle Kraft, die aller Materie zugrundeliegt und die unter günstigen Umständen Leben ermöglicht.
ORGON ist über eine einfache Apparatur, den Orgon-Akkumulator nutzbar zu machen und wird sehr effektiv für medizinische Zwecke eingesetzt.

DOR ist tödliches Orgon (Deadly ORgone); es entsteht, wenn Orgon stark aufgereizt wird – z.B. durch Nuklearenergie oder Elektromagnetismus – und dann erstarrt. Damit bekommt die Orgon-Energie lebensfeindliche Eigenschaften.
DOR ist Ursache für die Wüstenbildung, DOR verhindert, daß in der Atmosphäre Felder unterschiedlicher Energiekonzentration entstehen, wodurch die Wolkenbildung unmöglich wird. DOR kommt – in den Wüsten – in natürlicher Form vor, es entsteht aber auch durch technische Faktoren wie Atomkraftwerke oder auch durch Leuchtstoffröhren, Mikrowellensender und Computerbildschirme.

Jürgen Fischer:
arbeitet seit vielen Jahren als Publizist über orgonomische Themen und stellt seit 1977 die Geräte her, die Wilhelm Reich entwickelt hat, wie Orgon-Akkumulatoren, Shooter und DOR-Buster.
Er ist Übersetzer von Myron Sharafs Biografie *Wilhelm Reich - Der heilige Zorn des Lebendigen.*
Die im Anhang vorgestellten Bauanleitungen sind in jahrelanger Praxis optimierte und erprobte Konstruktionsunterlagen, die streng nach den Vorgaben Wilhelm Reichs für medizinisch-orgonomische Geräte entwickelt wurden.

JÜRGEN FISCHER

ORGON UND DOR

DIE LEBENSENERGIE UND IHRE GEFÄHRDUNG

Simon + Leutner

Die Deutsche Bibliothek - CIP-Einheitsaufnahme

Orgon und DOR : die Lebensenergie und ihre Gefährdung ;
Texte zu Wilhelm Reich und zur aktuellen
Orgonomie / Jürgen Fischer. - Orig.-Ausgabe - Berlin : Simon
und Leutner, 1995
   ISBN 3-922389-72-4
NE: Fischer, Jürgen

Originalausgabe
© 1995 by Simon + Leutner
Oranienstr. 24, 10999 Berlin
Umschlag: S+L Verlag
Illustrationen und Fotos: J. Fischer
Druck: Medialis, Berlin

Inhalt

Einführung

Die Wahrnehmung der Lebensfunktion

Obwohl sich dieses Buch sehr ernsthaft mit den Themen der Orgonomie, der *Wissenschaft des Lebendigen* beschäftigt, ist es doch im strengen Sinne kein wissenschaftliches Buch. Ich bin kein Naturwissenschaftler und verstehe mich auch nicht so. Ich kann die wissenschaftlichen Themen daher nur referieren. Dennoch betrete ich mit manchen der vorgestellten Überlegungen Neuland. Es mag den entsprechenden Wissenschaftlern überlassen bleiben, meine Beobachtungen, Überlegungen, Wahrnehmungen aufzugreifen und zum Gegenstand ernsthafter Forschung zu machen. Es würde mich freuen.

Die Wahrheit, von der ich schreibe, ist keine akademische Lehrmeinung, keine Theorie, nicht das Ergebnis von Diskussionen. Sie ist die Ausformulierung meiner *Wahr*nehmungen plasmatischer Strömungen in meinem eigenen Organismus. Wilhelm Reich ist der einzige Wissenschaftler, der mir bisher diese für mein Leben zentrale Erfahrung umfassend erklären konnte. Er selbst hat sein viele Themenbereiche umfassendes Werk aus dieser Grundfunktion des Lebendigen heraus entwickelt. Ich begegne dieser Lebensfunktion immer wieder, wenn ich Reich und andere orgonomische Autoren, z.b. Myron Sharaf oder James DeMeo, lese und mir die Wahrheit vergegenwärtige, die sichhinter und in den Worten enthüllt, d.h. wenn ich ihre Bedeutung einerseits geistig erfasse, sie aber auch emotionell nachvollziehe.

Die orgonotischen Strömungen zu spüren, sich auf diese durch den Körper auf und ab, herein und hinaus bewegenden Wellen einzulassen, hat für mich, und – soweit ich es beurteilen kann – auch für andere, ganz spezifische Konsequenzen: Alles Verhärtete – Gedanken, Gefühle, Handlungen – ist weich; die Einstellung gegenüber dem Lebendigen – Kinder, Kranke, Wolken, Erde – ist liebevoll und mitfühlend; alle Sinne sind auf Kontakt – zu sich selbst, zu Mitmenschen, zur Natur – ausgerichtet; es erinnert sehr an die wohligen Kindheitsgefühle innigen Kontakts mit der Mutter, wenn einfach »alles in Ordnung« ist und gleichzeitig ist es sehr erwachsen und sexuell; es ist, weil es eine intime innere Wahrnehmung ist, eine einsame Erfahrung, die dennoch die tiefste Verbindung mit der Welt darstellt, weil so das Funktionieren der Natur, alles Lebendigen wirklich erlebt wird; es ist nicht mit den fünf Sinnen wahrnehmbar, und doch wie sexuelle Lust, Hunger oder Schmerz eine organische Erfahrung, die nicht im geringsten mystisch, im Sinne von "dunkel" oder "verborgen" ist.

Da dieses plasmatische Strömen eine biophysikalische Grundfunktion des Lebendigen ist, könnte sie von jedem Menschen erlebt werden. Leider wirken sich die bei allen Menschen mehr oder weniger stark entwickelten körperlich-emotionell-geistigen Blockaden so aus, daß Menschen in früher Kindheit verlernen, sich in dieser Weise wesenhaft, elementar, animalisch zu erleben. Wilhelm Reich hat mit der Orgon-Therapie praktische Wege aufgezeigt, wie auch erwachsene Menschen diese grundlegende Funktion der Lebendigkeit mehr oder weniger weit befreien können. Viele der Menschen, die ich besucht und interviewt habe, die von Reich behandelt worden waren, berichten voller Dankbarkeit, daß Reich ihnen diesen Weg zur eigenen Lebendigkeit eröffnet hat, die sie augenscheinlich bis ins hohe Alter – es war 32 Jahre nach dem Tode Wilhelm Reichs – beibehalten konnten.

Nun – ich bin nicht in den Genuß einer systematischen Therapie nach Wilhelm Reich gekommen. Ich habe mit Körpertherapien, weil dilettantisch durchgeführt, auch eher schlechte Erfahrungen gemacht. Ich habe in den USA die von Reich ausgebildeten Therapeuten kennengelernt, denen ich mich gerne noch einmal in die Hände geben möchte. Bisher hatte ich jedoch dafür nicht die Mittel. Dennoch habe ich im Laufe der Zeit – wahrscheinlich über die lange, eingehende Beschäftigung mit den Themen, die Wilhelm Reich in mein Leben gebracht hat und vor allem durch die Benutzung des Orgon-Akkumulators, mit dem ich mich jetzt schon seit siebzehn Jahren eingehend befasse – eine sehr klare und unmißverständliche Wahrnehmung plasmatischer Strömungen entwickelt. Ich kann niemandem versprechen, daß sie/er ebenfalls durch die Benutzung eines Orgon-Akkumulators so etwas wie Strömungsgefühle wahrnehmen kann, diese Ebene wird für einige Zeit das Versuchsfeld von Menschen sein, die sich in ihrem eigenen Organismus experimentell erleben wollen.

Myron Sharaf beschreibt in seiner Biographie *Fury on Earth*, wie er in der Orgon-Therapie mit Wilhelm Reich das erste Mal bewußt orgonotische Strömungen wahrnahm:

»Was mich an der Therapie echt verblüffte, waren die Erfahrungen, die Reich »vegetative Ströme«, »bioelektrische Ströme« und – ab 1949 – »orgonotische Ströme« nannte. Sie waren besonders stark nach jenem intensiven Weinen. Ich lag dann da, atmete sehr leicht und fühlte diese herrlichen, weichen und warmen Empfindungen von Lust in Genitalien und Beinen. Es war berauschend, ich hatte so etwas noch nie gefühlt. Ich hatte nie davon gelesen. Mit Ausnahme von Grethe und wenigen anderen hatte niemand sie mir je beschreiben können. Ich wußte, daß es noch so vieles an Reichs Arbeit gab, was ich noch nicht verstand. Da gab es so vieles an diesem Mann, was mich verwirrte und störte, aber an einer Sache würde ich nie wieder zweifeln: An der Empfindung dieser »Ströme«. Wenn die wissenschaftliche Welt diesem Phänomen bisher so wenig Aufmerksamkeit und Zuspruch gewidmet hatte, so mochte dies womöglich auch für andere umstrittene Hypothesen Reichs gelten: Nach Reich funktionierte dieselbe Energie auch in der Atmosphäre, mit sichtbaren Effekten auf seinen Laborinstrumenten, was ich beobachtet hatte, wovon ich allerdings so ziemlich gar nichts verstand.

Mein Problem blieb es, daß die Empfindungen der vegetativen Ströme nicht sehr lange anhielten. Aus heutiger Sicht ist mir dies jedoch viel einleuchtender. Ich kann verstehen, warum Reich gegenüber der Therapie immer ungeduldiger wurde. Sie ist zu schwierig, die Menschen leben zu kompliziert. Er hatte mir ja auch während eines unserer ersten Treffen vom Beruf des Therapeuten abgeraten: »Da wird man in das Leben der Leute verwickelt, und verfängt sich darin. Ein verwachsener Baum wird schwerlich wieder gerade. Was zählt, ist die Vorsorge!«

Man könnte einwenden, daß diese Wahrnehmung und die Tatsache, daß Wilhelm Reich der erste war, der sie beschrieben hat, noch lange kein Beleg dafür ist, daß auch der Rest dessen, was Reich beschrieben hat, entsprechend korrekt ist. Das glaube ich auch nicht, und auch Reich hätte eine derart mystifizierende Herangehensweise abgelehnt. Nein, ich schreibe über diese Strömungen auch nicht, um Reichs Werk zu beweisen oder zu rechtfertigen. Ich will belegen, daß die Grundhaltung, das innere Erleben und Wissen, das Reich bewogen hat zu forschen, zu heilen, zu schreiben, auf diesen Wahrnehmungen beruht. Es ist die Wahrnehmung des Lebendigen, die sein Werk durchzieht, die er mit seinem Motto ausdrückt: »Liebe, Arbeit und Wissen sind die Quellen unseres Lebens, sie sollen es auch regieren.«

Über dieses Buch

Ich begegne der Orgonomie in meiner speziellen, praktischen Art. Die meisten Praktiker der Orgonomie sind - sowohl zu Zeiten Reichs wie auch heute - Körpertherapeuten, wenige sind praktizierende Ärzte, noch weniger Naturwissenschaftler. Diese Zugänge zu Orgonomie sind langwierig und kompliziert und jeder, der einen dieser Wege geht, hat meine Anerkennung. Aber in meiner Eigenschaft als Hersteller orgonomischer Geräte, begegne ich anderen Menschen: Laien - und im orgonomischen Sinne sind auch Ärzte und Heilpraktiker, die anfangen, sich für die Anwendung von Orgon-Geräten zu interessieren Laien -, die sich praktisch mit der Orgonomie befassen wollen, und beginnen, indem sie sich einen Orgon-Akkumulator bauen oder kaufen. Die meisten dieser Menschen haben nicht vor, orgonomische Ärzte oder Wissenschaftler zu werden, sie wollen die Orgon-Energie eben nur praktisch für sich selber anwenden.

Natürlich muß hier auch die Frage gestellt werden, welche Kriterien an die Ausbildung eines Mediziners gestellt werden müssen, bevor er die orgonomische Medizintechnik an seinen Patienten anwendet. Ich meine, dieses Problem stellt sich bei jeder spezialisierten Medizintechnik. Jeder Arzt kann sich eine computergesteuerte Anlage für mikrochirurgische Eingriffe kaufen und es ist praktisch eine Frage der medizinischen Ethik, wann er sich für qualifiziert hält, damit in eigener Verantwortung Eingriffe durchzuführen. Zur orgonomischen Medizin gibt es einschlägige Veröffentlichungen und sowohl Wilhelm Reich als auch die heutigen Ärzte wie z.b. Heiko Lassek lassen keinen Zweifel über ihre Kriterien. Es wird wohl kaum einen wirklichen medizischen Fortschritt in der Orgonomie geben, wenn nicht mutige, eigenverantwortlich entscheidende medizinische Praktiker anfangen, mit dem bekannten Wissen zu arbeiten und eigene Erfahrungen einzubringen. Daher möchte ich diese offene Frage der orgonomischen Medizin an diejenigen weiterreichen, die seit Jahren praktizieren und aufgefordert sind, ihre Erfahrungen weiterzugeben.

Mein eigener Zugang zu Orgonomie ist wie gesagt ganz praktischer Art und geschah:

– über die Reflexion orgonwissenschaftlicher Grundlagen
– über Bau und Anwendung orgonomischer Geräte
– über die Begegnung mit orgonomischen Wissenschaftlern, Therapeuten,
   Ärzten und Zeitzeugen Reichs.

Im 1.Teil, „Die Orgon-Energie und ihre Anwendung" beschreibe ich die Hintergründe des Bereiches, in dem ich seit Mitte der siebziger Jahre mit steigender Intensität gearbeitet habe: die Herstellung korrekt nach den Vorgaben Wilhelm Reichs gebauter orgonomischer Geräte und die publizistische Erarbeitung orgonomischer Grundlagen. Der Vortrag von Heiko Lassek zur orgonomischen Medizin beschreibt einen der Ansätze, mit dem wissenschaftlichen und medizinisch-praktischen Erbe Reichs praktisch und effektiv zum Wohle oft schwerkranker Menschen zu arbeiten.

Da ich selber kein orgonomischer Wissenschaftler bin, möchte ich im zweiten Teil „DOR – die zerstörte Lebensenergie" zwei Fachleute zu Worte kommen lassen: Im Text „Das Oranur-Experiment" berichtet der Mitarbeiter und Biograph Wilhelm Reichs, Myron Sharaf, darüber, wie es zur Entdeckung dieser Energieform gekommen ist. Obwohl Sharaf kein Naturwissenschaftler ist und er sich eher schwertut mit einem naturwissenschaftlichen Thema, war er doch selber Teilnehmer am entscheidenden Experiment und schildert das Geschehen um diese Entdeckung mit eigener, für den Leser nachvollziehbarer Betroffenheit. Myron Sharaf, dem ich selber mehrmals begegnet bin, hat mich mit seiner Reich-Biographie „Fury on Earth" tief beeindruckt und ich habe mich durch die Übersetzung und deutsche Herausgabe dieses Buches zwei Jahre lang intensiv mit seinen Erfahrungen beschäftigt.

James DeMeo ist andererseits derjenige Naturwissenschaftler, der meiner Ansicht nach das wissenschaftliche Werk Reichs am ernsthaftesten und vollständigsten wieder aufgegriffen hat. Ich habe DeMeo 1989 in seinem Institut nahe San Francisco besucht und ihm bei einigen seiner Cloudbusting-Versuche sowohl in der Wüste von Arizona als auch in Deutschland assistiert. Im Interview „Regen in der Wüste" berichtet er über seine wissenschaftliche Arbeit, die sich hauptsächlich um Oranur- und DOR-Phänomene dreht, und er erzählt sehr eindrucksvoll über seinen persönlichen Hintergrund, der ihn dazu befähigt, orgonomisch zu forschen.

In den Texten „DOR – die zerstörte Lebensenergie" und „Die Energie-Räuber" beschäftige ich mich sich mit der DOR-Problematik, die sich immer weiter in den Vordergrund drängt, einerseits über die globale Klimakatastrophe als Naturphänomen DOR, andererseits über „alltägliche" Phänomene der Zerstörung atmosphärischer Energie durch technische Einflüsse in der alltäglichen Umwelt.

Um weitgehend unbekannte biographische Details des Lebens Wilhelm Reichs öffentlich zugänglich zu machen, habe ich mit der freundlichen Genehmigung Eva Reichs einen ihrer Vorträge abgeschrieben. Eva Reich, der ich ebenfalls einige Male begegnet bin, hat lange Jahre daran gearbeitet, in Vorträgen und Workshops das Werk ihres Vaters einer größeren Öffentlichkeit zugänglich zu machen. Ihr Vorhaben, selber eine umfassende Biographie Wilhelm Reichs herauszubringen, wurde in den letzten Jahren durch eine schwere Krankheit verzögert. Um so wertvoller sind die Aufzeichnungen der Vorträge, die sie gegeben hat.

Meine eigene Leistung im Bereich der Orgonomie sehe ich darin, funktionierende Geräte anzubieten, die es interessierten Medizinern und Laien ermöglichen, sich mit dieser sehr mächtigen Technik sachgerecht zu beschäftigen. Ich lege daher großen Wert darauf, im orgonomischen Sinne korrekte und praxiserprobte Anleitungen zum Eigenbau orgonomischer Geräte zu veröffentlichen.

Teil 1

Die Orgon-Energie
und ihre Anwendung

Kapitel 1

Der Orgon-Akkumulator

Der Orgon-Energie-Akkumulator wurde von Dr. Wilhelm Reich im Jahr 1940 in den USA entwickelt. Dieses Gerät war sowohl Ergebnis langjähriger naturwissenschaftlicher Erkenntnisse und medizinischer Forschungen und Beobachtungen als auch Ausgangspunkt für umfangreiche weiterführende Forschungen Reichs und seiner Mitarbeiter sowie weiterer Wissenschaftler und Ärzte. Der Orgon-Akkumulator stellt die zentrale Entwicklung der Orgonomie dar, der Wissenschaft von der kosmischen, ursprünglichen Energie, der Lebensenergie oder Orgon-Energie, wie Reich sie nannte, nachdem er sie entdeckt und wissenschaftlich definiert hatte.

Heute, mehr als 50 Jahre später, sind Funktionsweise und Anwendungsmöglichkeiten der Orgon-Energie einer breiten Öffentlichkeit immer noch weitgehend unbekannt. Diejenigen, denen der Name Wilhelm Reich ein Begriff ist, wissen im allgemeinen, *daß* Reich an der Orgon-Energie geforscht hat, aber oft auch nicht viel mehr. Dieses Kapitel soll daher grundlegende Funktionen der Orgon-Energie und des Orgon-Akkumulators erklären. Er soll den interessierten Laien und Wissenschaftler anderer Bereiche in die Lage versetzen, sachgerecht und verantwortungsvoll mit der konzentrierten Orgon-Energie umzugehen.

Dieses Kapitel richtet sich weitgehend nach den Vorgaben des von Reich 1951 herausgegebenen Textes *The Orgone Energy Accumulator – It's Scientific and Medical Use*. Außerdem verwende ich Informationen aus Reichs orgonmedizinischem Standardwerk *Die Entdeckung des Orgon, Bd. 2, Der Krebs* und aus dem *Orgone Accumulator Handbook* von James DeMeo, das 1994 auch in deutsch erschienen ist. Eine weitere wichtige Quelle ist Myron Sharafs Reich-Biographie *Der heilige Zorn des Lebendigen*.

Dieser Artikel enthält darüber hinaus viel Material aus dem Buch *Der Orgon-Akkumulator nach Wilhelm Reich*, das ich 1983 unter dem Pseudonym „Jürgen F. Freihold" veröffentlicht habe. Ich hatte den Reich-Text *The Orgone Energy Accumulator – It's Scientific and Medical Use* übersetzt und wollte ihn auf deutsch veröffentlichen. Reich hatte in seinem Standardwerk *Der Krebs* nur sehr allgemeine Angaben über die Bau- und Funktionsweise des Orgon-Akkumulators gemacht und ansonsten keine exakten Angaben über Maße, Materialien, Herstellungsweise und Anwendung hinterlassen. Die Versuche, nach diesen Angaben Orgon-Akkumulatoren herzustellen und anzuwenden, waren daher zum großen Teil fehlgeschlagen. Erst über einen Patienten Dr. Hoppes, einem Arzt und Mitarbeiter Reichs, der auch nach Reichs Tod in Israel weiterhin Orgon-Medizin betrieben hatte, bekam ich genaue Konstruktionsangaben. Über ihn erfuhr ich auch, daß Reich eine exakte Bauanleitung geschrieben hatte, die jedoch noch nicht veröffentlicht war. Das Wilhelm Reich Museum in Orgonon, Maine, U.S.A., hat inzwischen diese Bauanleitung veröffentlicht. Leider bekam ich nicht die Rechte an Reichs Text *The Orgone Energy Accumulator*.... Die juristische Verwaltung des Erbes von Wilhelm Reich, des „Wilhelm Reich Infant Trust Fund", verweigerte die Rechte mit dem Argument, dafür kämen nur große Verlage in Frage. Da sich die großen Verlage, die Reich verlegten, für den Text aus ökonomischen Gründen nicht interessierten, blieb er bis heute in Deutschland unveröffentlicht.

Ich entschloß mich daher, die Informationen aus diesem Text insgesamt neu herauszugeben und schrieb das Buch *Der Orgon-Akkumulator nach Wilhelm Reich*. Ich selber hatte seit 1977 Orgon-Akkumulatoren hergestellt, und so veröffentlichte ich meine Informationen über den Bau ebenfalls sowie einen ersten ausführlichen Erfahrungsbericht.

Die Veröffentlichung dieses Buches, das ich schon ab 1980 in fotokopierter Form vertrieben hatte, halte ich für einen der entscheidenden Schritte für den relativ großen Erfolg, den die Orgon-Medizin in Deutschland gehabt hat. Wilhelm Reich hat insgesamt ca. 250 Orgon-Akkumulatoren gebaut (nach den Angaben Myron Sharafs, der entsprechende Recherchen betrieben hat). Ich selber habe in 16 Jahren erheblich mehr Geräte gebaut. Von meinem Buch wurden etwa 4000 Exemplare verkauft. Außerdem haben auch mehrere andere Autoren Bauanleitungen veröffentlicht, z.B. 1976 Bernd Laska in den *Wilhelm Reich Blättern*. Die Bauanleitung in der Reich-Biographie David Boadellas, ist leider nicht korrekt ins Deutsche übersetzt worden, so daß erhebliche Fehler darin enthalten sind. Das Buch von James DeMeo *Der Orgon-Akkumulator – ein Handbuch* (Verlag 2001), das ebenfalls Bauanleitungen enthält, ist im Herbst 1994 erschienen und bis Anfang 1995 in drei Auflagen verkauft worden.

In Deutschland gibt es heute eine lebendige medizinische Orgonomie. Mehrere Ärzte, z.B. am Wilhelm Reich Institut in Berlin, arbeiten streng nach den medizinischen Kriterien der Orgonomie, vor allem in der Krebsbehandlung mit Orgon-Akkumulatoren sowie mit den von Reich entwickelten psychiatrischen Methoden. Außerdem gibt es in Deutschland eine wachsende Zahl niedergelassener Ärzte und Heilpraktiker, die den Orgon-Akkumulator neben anderen Methoden medizinisch einsetzen. Das Interesse an den orgonomischen Heilverfahren hat in den letzten Jahren erheblich zugenommen.

Als Reich 1951 seinen Text *The Orgone Energy Accumulator* ... veröffentlichte, stellte er sich vor, daß sich die medizinische Orgonomie vom damaligen Standard aus weiterentwickeln würde. Die orgonomischen Erkenntnisse hatten sich nur aufgrund der Veröffentlichungen Reichs relativ weit verbreitet, ohne jede Werbung und andere publizistische Unterstützung. Die Entdeckung der Orgon-Energie *»erfreute sich keines plötzlichen, kometenhaften Echos in der breiten Öffentlichkeit. In Übereinstimmung mit ihren bioenergetischen Funktionen setzte sie sich eher so durch, wie ein Baum wächst und nicht wie ein gleißend aufleuchtender Blitzstrahl. Sie erlitt auch nicht das üble Schicksal des kometenhaften Verschwindens in der Öffentlichkeit.«* (Wilhelm Reich, The Orgone Energy Accumulator - It's Scientific and Medical Use, S. 9) Gerade in den USA, in denen Reich gewirkt hatte, verschwanden die Orgon-Akkumulatoren völlig, nachdem Reich und seine Mitarbeiter dazu verurteilt worden waren, alle Orgon-Geräte zu zerstören und nachdem die gesamte orgonomische Literatur verbrannt worden war. Kein Arzt wagte es bis heute, in den USA wieder Orgonmedizin zu betreiben und es gibt dort so gut wie gar keine kommerzielle Herstellung von Orgon-Akkumulatoren.

Grundfunktionen der Orgon-Energie und des Orgon-Akkumulators

Wilhelm Reich entdeckte eine ursprüngliche Energie, die kosmische Ur-Energie, die vor jeder Entstehung von Materie existiert und die in Verbindung mit fester Materie und Wasser das Leben ausmacht. Daher bezeichnete er sie auch als Lebensenergie und nannte sie „Orgon", womit er auf die Begriffe „organisch" oder „Orgasmus" Bezug nahm. Er grenzte sie bewußt ab von anderen Energiekonzepten wie die des „Äther", „Prana" oder „Od", da diese Begriffe mit weiteren weltanschaulichen Vorstellungen behaftet und somit nicht rein naturwissenschaftlich definiert waren. Außerdem dokumentierte Reich mit der Erschaffung dieses Kunstwortes die Urheberschaft seiner Entdeckung, die er zurecht für eine revolutionäre naturwissenschaftliche Leistung hielt.

Reich war bereits als junger Mann, mit 22 Jahren, im Umkreis Freuds als Psychoanalytiker tätig. Er beschäftigte sich von vornherein mir der Sexualfunktion und betrachtete den Freud'schen Begriff der Triebenergie, die „Libido", nicht nur metaphorisch wie die meisten seiner Kollegen, sondern von vornherein als Energie im physikalischen Sinne, die auch entsprechend nachweisbar sein müßte.

Erst Jahre später, nachdem er sich weitgehend von der traditionellen Psychoanalyse getrennt hatte, führte er Ende der dreißiger Jahre in Norwegen aufsehenerregende Experimente durch, in denen er die Libido als elektrische Körperenergie nachweisen wollte, wobei er eindeutige elektrische Spannungsänderungen bei Lust- und Angstreaktionen nachwies. Das elektrische Modell befriedigte ihn jedoch nicht, denn die nachgewiesene Bio-Elektrizität korrespondierte zwar mit den emotionellen Reaktionen, konnte jedoch wegen der relativ geringen Menge nicht als alleinige Energiequelle des Organismus in Betracht kommen.

Gleichzeitig unternahm Reich in Norwegen seine sogenannten Bion-Experimente. Er stellte fest, daß sich aus Heu, Sand, Erde und allen möglichen chemischen Substanzen spontan Einzeller bilden, wenn das Material zerfällt (z.b. durch Hitzeeinwirkung) und mit Wasser versetzt wird. Die Bildung der Protozoen geschieht nach Reichs Beobachtungen nicht, wie die klassische Biologie unbewiesenermaßen postuliert, über „Luftkeime", sondern in einem bläschenartigen Zerfall der Stoffe, die sich spontan zu Haufen zusammenballen, die eine autonome Bewegung beginnen. Diese Bläschen, die Reich „Bione" nannte, bilden eine Vorform lebendiger Wesen. Aus ihnen entstehen in einem weiteren Entwicklungsschritt klassifizierbare Einzeller.

Da alle organische Materie in Bionenformen zerfällt, wenn sie abstirbt, nahm Reich an, daß sich Mikro-Organismen in einem ständigen Formenübergang befinden, daß also auch innerhalb eines lebenden Organismus ständig Einzeller entstehen wie z.b. Bakterien, Pilze oder Protozoen. Zu seiner Zeit galten solche Vorstellungen als absurd und berühmte Bakteriologen versuchten, Reich öffentlich lächerlich zu machen, was ihnen in Norwegen auch gelang, womit sie entscheidend dazu beitrugen, daß Reich seine Bionforschung und seine bioelektrischen Experimente abbrechen und in die USA übersiedeln mußte. Heute sind die damals revolutionären biologischen Ideen Reichs zwar immer noch nicht allgemein akzeptiert, aber es gibt eine wachsende Zahl von Naturwissenschaftlern, die auf anderen Wegen die Entdeckungen Reichs bestätigten. Der Übergang zwischen verschiedenen Spezien von Mikro-Organismen, z.B. die Entstehung von Bakterien aus zerfallenden Pilzen etc., wird heute als Pleomorphismus wissenschaftlich diskutiert und in weiten Kreisen auch akzeptiert.

An diesen Präparaten und in den Räumen, in denen Reich sie beobachtete, nahm er eine bläuliche Strahlung war. Reich wollte ausschließen, daß es sich um elektromagnetische Wellen handelte und plazierte die Präparate in eine Metallkiste, die zufälligerweise außen mit Holz isoliert war. Hier wurde dieses Strahlungsphänomen jedoch intensiver und es blieb auch ohne die Präparate im Kasten sichtbar. In einer Holzkiste ohne innere Metallschicht waren die Strahlungsphänomene nicht zu erkennen.

Neben den blau-grauen Schwaden konnte Reich Lichtblitze und kleine, sich schnell bewegende „Kreiselwellen" sehen. Alle diese Phänomene schienen sowohl subjektiv zu sein, denn er konnte sie auch mit geschlossenen Augen sehen, als auch objektiv, denn sie konnten mit einem Vergrößerungsglas auch vergrößert werden.

Diese Energie hatte darüberhinaus eindeutige organismische Reaktionen. So rötete sich die Haut leicht, wenn er die Präparate – auf einem Quartzglasträger – einige Zeit auf die Haut legte und bei der mikroskopischen Beobachtung zogen sich Reich und andere, die Bionkulturen mikroskopisch beobachteten, heftige Bindehautentzündungen zu.

Viel später erst, als Reich diese Energiephänomene auch in der Atmosphäre
entdeckte, entschloß er sich, eine eigenständige physikalische Energie anzu-
nehmen.

»In Maine begann Reich, einzelne Sterne durch ein Holzrohr zu betrachten. Zufällig richtete er das Rohr auf einen dunklen blauen Raum
zwischen den Sternen. Zu seiner Überraschung sah er ein lebhaftes
Flackern, dann Blitze feiner Lichtstrahlen. Je mehr er sich dem Mond
näherte, um so weniger intensiv erschienen die Phänomene. Sie waren
am ausgeprägtesten an den dunkelsten Stellen des Himmels zwischen
den Sternen. Es war dasselbe Flackern und Blitzen, das er so oft in dem
Kasten beobachtet hatte. Ein Vergrößerungsglas, das im Rohr als Okular verwendet wurde, vergrößerte die Strahlen. Plötzlich löste sich das
Geheimnis um das Geflacker in Reichs Kasten. Die Erklärung war einfach: Wenn keine Kulturen in dem Kasten waren, kam die Energie darin
aus der Atmosphäre. Also enthielt die Atmosphäre eine unbekannte
Energie.

Reich machte visuelle Beobachtungen dieser Energie, einschließlich
der Vergrößerung der Phänomene, um auszuschließen, daß es sich lediglich um subjektive Empfindungen handelte. Diese Versuche waren
jedoch nie so schlüssig, daß sie einer kritischen Überprüfung stand-
hielten.« (Myron Sharaf, Der heilige Zorn des Lebendigen, S. 334/335)

Die Erkenntnismethode Reichs unterschied sich grundlegend von der herrschenden mechanistisch-mystischen Naturbetrachtung. Er nannte sie „energetischen Funktionalismus". Es ist die Methode, die Natur vom funktionellen
Standpunkt des Lebendigen aus zu betrachten, sie nicht starr mechanistisch
zu sehen wie einen maschinellen oder automatischen Ablauf und nicht mystisch, d.h. natürliche Funktionen in übersinnliche, geistige oder göttliche Bereiche zu projizieren.

Der energetische Funktionalismus bezieht die natürlichen Funktionen des
betrachtenden Wesens, also des erforschenden Menschen, in die Betrachtung
mit ein. Der natürlich empfindende Wissenschaftler begreift daher seinen eigenen Organismus, Gefühle und Emotionen als die wichtigsten Werkzeuge,
mit denen er die Natur begreift. Daher muß er seine biologischen Funktionen,
seine natürliche Wahrnehmungs- und Ausdrucksfähigkeit genauso in Ordnung
halten wie andere Werkzeuge, mit denen er arbeitet. Ein Mensch, der vor seinen eigenen Lebensfunktionen Angst hat, wird Schwierigkeiten haben, sich
und die Natur vom lebendigen Standpunkt her zu betrachten und dazu neigen,
starre, mechanische Konzepte über Naturfunktionen zu übernehmen und zu
vertreten, und er wird alles, was er sich so nicht erklären kann, in mystische
Bereiche des „Glaubens" verdrängen.

»Die Beobachtungen am Mooselookmeguntic Lake bedeuten einen Augenblick höchster Erkenntnis für Reich. Zum ersten Mal erlaubte er sich, rückhaltlos zu glauben, daß er eine Strahlung beobachtete, die von den SAPA-Kulturen unabhängig war, und auch – obwohl er es mit nichts beweisen konnte – unabhängig von subjektiven Lichtphänomenen. Erst als er fühlte, daß er es mit einer Energie außerhalb des Körpers zu tun hatte, ja sogar außerhalb der Materie überhaupt, konnte er sich von der konventionelleren Terminologie für eine Energie im Körper – Libido, Bioelektrizität – trennen und seine Entdeckung »Orgon-Energie« nennen. (...) Darüberhinaus bedeutete die Erfahrung am Mooselookmeguntic den schärfstmöglichen Kontrast zur damaligen Wissenschaft. Nur zehn Monate zuvor, am 11. Oktober 1939, hatte Roosevelt den Brief von Einstein erhalten, in dem dieser auf die Entwicklung einer Atombombe drängte, da Hitler höchstwahrscheinlich mit aller Kraft in dieselbe Richtung arbeitete. Dieser Brief setzte das historische Los Alamos Projekt in Gang. Und Reich focht seinen einsamen Kampf mit der primitivsten Ausrüstung und mit »albernen« Beobachtungen in finsteren Kellern und über einem See. Diesen Kontrast stellte er oft heraus: auf der einen Seite der ganze überwältigende geistige und technische Aufwand, der den „Todesstrahlen" gewidmet war; und dagegen auf der anderen Seite die primitiven Mittel, mit denen er sich ohne jede Hilfe von außen daran machte, die „Lebensstrahlen" zu entdecken. Dennoch sollte dieser Gegensatz nicht darüber hinwegtäuschen, daß es große Ähnlichkeiten zwischen Reichs Ansatz und der traditionellen Wissenschaft gibt. Reich stand keinem anderem Wissenschaftler nach in seinen Bemühungen nach objektiven Messungen. Seine visuellen Beobachtungen konnten sicherlich nicht als »entscheidendes Experiment« bestehen. So sollte er sich bald verifizierbaren Hypothesen und wiederholbaren Experimenten zuwenden.« (Myron Sharaf, Der heilige Zorn des Lebendigen, S. 336/337)

Dieser kurze und grobe Überblick über einige wichtige Stationen der Orgonomie sollte einen Eindruck davon geben, in welchem Zusammenhang der Orgon-Akkumulator entwickelt wurde. Das wissenschaftliche Gebiet, das hier betreten wird, ist so umfangreich, daß nach Reich kein Wissenschaftler in der Lage war, eine auch nur annähernd breite Forschung zu betreiben. Aufgrund des für die meisten „normal neurotischen" Menschen schwierigen Zugangs zur Orgonomie über das Verständnis der eigenen biologischen Funktionen, vor allem der eigenen Sexualität, erscheint es verständlich, daß sich nur wenige Wissenschaftler kompromißlos hinter die Erkenntnisse Reichs stellen. Das Interview mit James DeMeo „Regen in der Wüste" gibt einen Eindruck davon, mit welchem persönlichen Hintergrund eine solche wissenschaftliche Arbeit geleistet werden kann.

Beobachtbare Funktionen der Orgon-Energie

Die Orgon-Energie umgibt uns, wir bestehen aus ihr, sie macht in der Verbindung mit fester Materie und Wasser den Teil aus, der uns Leben verleiht. Wir leben in so dichter Verbindung mit dieser Energie, daß wir sie spontan kaum wahrnehmen und es uns schwerfällt, die Orgon-Funktionen getrennt von uns selbst zu erkennen.

Kreiselwellen: Wenn man den Blick auf den blauen Himmel richtet und ihn in etwa auf 2 Meter fokussiert, sieht man nach einigen Sekunden viele helle, tanzende Lichtpunkte, die sich kreisend bewegen. Je länger man hinsieht, desto deutlicher kann man sie erkennen. An den Kreiselwellen, die fast jede/r sehen kann, die/der dies versucht, kann sehr gut die zugleich subjektive und objektive Natur der Orgon-Energie begriffen werden. Es ist nicht auszumachen, wo diese Erscheinung stattfindet, ob in der Netzhaut der Augen, auf der Bindehaut oder in der Atmosphäre vor uns. Boadella schreibt dazu:

»Wenn solche Phänomene, wie Reich sie beschrieb, in der Tat am Himmel zu sehen sind, wie kommt es dann, so kann man mit Recht fragen, daß nicht schon andere Leute darüber geschrieben haben? (...) Jedermann, der in dieser Weise in den Himmel schaut, kann diese Lichtpünktchen sehen, und doch nehmen die wenigsten Menschen sie wahr, wenn man sie nicht ausdrücklich darauf aufmerksam macht. In den Annalen der Naturwissenschaft findet sich keine Darstellung dieser Lichtpunkte. Die Frage scheint nicht belanglos, ob es sich bei ihnen um artifizielle Produkte des menschlichen Auges (endoptische Phänomene) oder um Attribute der Erdatmosphäre (exoptische Phänomene) handelt, wie Reich glaubte; weder die humanbiologischen noch die meteorologischen Lehrbücher verschaffen uns Aufschluß über diese Erscheinungen. Sie wurden noch niemals untersucht, weil Wissenschaftler in der Regel ihre kostbare Zeit nicht dafür opfern, in die Dunkelheit, in leere Metallkästen oder in den blauen Himmel zu starren.« (David Boadella, Wilhelm Reich, S. 162f.)

Orgon-Flimmern: Das wellenartige Flimmern und Zittern, das man über Straßen, über Seen, Berggipfeln vor allem mit dem Fernglas sehen kann, oder auch in Filmaufnahmen, die mit extremem Teleobjektiv gemacht wurden, wird im allgemeinen als „Hitzewellen" bezeichnet. Ihre Funktion hat jedoch nichts mit „Hitze" zu tun. Sie erscheinen auch bei 30 Grad unter Null und sind an manchen heißen Tagen nicht auszumachen. Wärmewellen würden, da erwärmte Luft aufsteigt, von unten nach oben steigen, dieses Phänomen kann man in der Tat über einer aufgeheizten Herdplatte beobachten. Doch diese Wellen bewegen sich von Westen nach Osten in Richtung der Erdrotation, nur schneller als diese. Bewegte Luft ist nicht sichtbar, Wind kann man nur durch bewegte Dinge wie Blätter oder aufgewirbelten Sand sehen. Was wir hier beobachten ist die Bewegung des Orgonfeldes der Erde.

Himmelblau: Blau ist nach Reich »*die spezifische Farbe der Orgon-Energie innerhalb und außerhalb des Organismus*« (Wilhelm Reich, The Orgone Energy Accumulator... S. 15). Das Blau des Himmels ist die in der Atmosphäre erstrahlende Orgon-Energie. Wo DOR, eine erstarrte Form von Orgon in der Atmosphäre ist, erstrahlt sie gar nicht mehr oder weniger. Dort scheint der Himmel, besonders am Horizont, weißlich, trübe, und bei stärkerer Konzentration grau bis braun und violett. In den Wüsten sieht man DOR als schwärzliche Schichten, wie Rauch oder Abgase.

Auch die Bione erschienen unter dem Mikroskop mit einem hellblau erstrahlenden Energiefeld und ein Foto von der Erde aus dem Weltraum gesehen läßt die Atmosphäre unseres Planeten dem Energiefeld eines Bions sehr ähneln.

Das Grün der Pflanzen ist zusammengesetzt aus den erdigen gelb-braunen Farben des Pflanzenmaterials und dem Blau der Orgon-Energie. Zieht sich das Leben, die Energie und das Wasser, aus den grünen Blättern zurück, werden sie gelb oder braun. Auch die „roten" Blutkörperchen sind unter dem Mikroskop grün, wenn man es lebend beobachtet. Glühwürmchen und lumineszierendes Holz glühen blau, wie auch das St. Elms-Feuer und das Nordlicht. Die Beobachtung der Orgon-Energie in einem mit Metall ausgekleideten dunklen Raum, einem Orgon-Raum, zeigt, daß spontan leuchtende bläuliche Schwaden den Raum erfüllen.

Wie der Orgon-Akkumulator funktioniert

»Der Orgon-Akkumulator ist ein Gerät, das derart materiell angeordnet ist, daß *Lebensenergie*, die in der Atmosphäre unseres Planeten vorhanden ist, eingefangen, angesammelt und für wissenschaftliche, erzieherische und medizinische Zwecke eingesetzt werden kann.« (Wilhelm Reich, The Orgone Energy Accumulator..., S. 12)

»Dieser Mechanismus der Konzentration beruht auf zwei Tatsachen:
1. Organische Stoffe jeder Art ziehen Orgon an sich und halten es fest. Umgekehrt zieht orgonhaltiges Material kleine organische Partikel an und hält sie fest.
2. Metallische Stoffe, im besonderen Eisen, ziehen Orgon an sich, stoßen es aber rasch wieder ab. Umgekehrt stößt orgongeladenes Metall metallische Partikel ab.« (Wilhelm Reich, Der Krebs, S. 128).

Obwohl im Prinzip organisches Material Orgon anzieht, gilt dies jedoch auch
für eine ganze Reihe von Stoffen, die im chemisch-physikalischen Sinne als
anorganisch gelten und dennoch diese Eigenschaft haben. Reich erklärt dazu:

»Material, das ein guter Isolator für elektrische Energie ist, oder, was auf
dasselbe hinausläuft, ein schlechter elektrischer Leiter, ist gut dazu fähig, Orgon-Energie aufzusaugen.« (Wilhelm Reich, The Orgone Energy
Accumulator..., S. 16)

Diese Eigenschaften von Metall und Isolator sind im Orgon-Akkumulator zur
Anwendung gebracht, indem an der Außenseite Isolator verwendet wird und
innen Metall. Durch diese Anordnung wird außen Orgon aufgenommen und
gespeichert und innen vom Metall aufgenommen und schnell weitergegeben.
Durch die Anordnung der Materialien geschieht die Abstoßung vorwiegend in
den Innenraum. Werden Metall und Isolator in mehreren Schichten hinterein-
ander plaziert, immer Metall innen und Isolator außen, wird die Fähigkeit des
Geräts gesteigert, Orgon-Energie zu konzentrieren. Je eine Schicht Metall und
Isolator werden als eine „Doppelschicht" bezeichnet. Je mehr Doppelschichten
ein Orgon-Akkumulator hat, desto stärker akkumuliert er Orgon. James DeMeo
schreibt:»Ein dreischichtiger Akkumulator hat etwa 70% der Stärke eines 10-
schichtigen Akkumulators.« (James DeMeo, The Orgone Accumulator
Handbook, S. 42). Leider schreibt er nicht, mit welcher Methode er dies beur-
teilt.

Ein naheliegender, bisher jedoch noch nicht bewiesener oder experimentell
nachvollzogener Gedanke ist der, daß nicht die Anzahl der Schichten entscheidend ist, sondern die Fläche, an der sich Energie-Speicher und -Leiter berühren. Demnach wäre ein Orgon-Akkumulator um so stärker, je feiner und dünner ausgebreitet die inneren Schichten sind. Für mich klingt es plausibel, daß
es nicht die Zahl der Schichten ist – schließlich weiß der Orgon-Akkumulator
nicht wieviele Schichten er hat – sondern die Berührungsfläche, an der ein
Energiespeicher an das Metall Orgon in den Innenraum weiterleitet.

Für die Stärke der Akkumulation sind jedoch neben der Schichtenanzahl des
Geräts eine ganze Reihe weiterer Faktoren von entscheidender Bedeutung:

Orgonladung der Atmosphäre: Die erdnahe Atmosphäre ist sehr unterschiedlich hoch geladen. Optimal ist eine hohe Ladung im Bereich der Kumuluswolken, der Schäfchen- oder Schönwetterwolken im erdnahen Bereich, die sich
möglichst hoch auftürmen und möglichst scharf vom sie umgebenden tiefblauen Himmel abzeichnen. Der Horizont ist klar zu erkennen und weit entfernte Hügel, Berge oder Wälder erscheinen um so blauer, je weiter sie entfernt sind. Sehr gering ist die Ladung, wenn der Himmel blaßblau bis grau
gefärbt ist und keine oder nur verschwommen differenzierbare Wolken im erd-

nahen Bereich zu sehen sind. Der Horizont ist weiß bis graubraun verfärbt und verschwimmt im Dunst.

Luftfeuchtigkeit: Wasser bindet Orgon-Energie, und daher ist die atmosphärische Energie um so weniger an Wasser gebunden, d.h. „freier", je geringer die relative Luftfeuchtigkeit ist. Nach Reich sind 40-50% relative Luftfeuchtigkeit gute Bedingungen für die Akkumulation. Die schlechteste Möglichkeit wäre 99% relative Luftfeuchte, was Nebel entspräche.

Geographische Breite und die Höhe über dem Meeresspiegel: Mit der Höhe über dem Meeresspiegel nimmt die Bindung der Orgon-Energie an die Luft ab, sie ist also auch „freier", je weniger sie an Materie gebunden ist. Am wirkungsvollsten ist ein Orgon-Akkumulator also im Weltraum. Auch am Äquator ist der Orgon-Akkumulator wirkungsvoller, weil die Erde nicht ganz rund ist, sondern am Äquator etwas breiter (wie ein Brummkreisel). Deshalb ist dort die Orgonladung relativ zu den Polen höher. (Praktisch jedoch meistens nicht, da in den Tropen die relative Luftfeuchtigkeit sehr hoch und in den Wüstengebieten die Orgonladung sehr gering ist.)

Größe des Akkumulators relativ zum Organismus: Die inneren Metallwände des Orgon-Akkumulators sollten einen geringen Abstand vom Organismus haben. Je größer dieser Abstand wird, desto schwieriger wird es für die Energiefelder des Organismus und des Akkumulators, eine Überlagerung zustandezubringen. Optimal ist also immer ein relativ zum Organismus kleiner Akkumulator, der ihn genau einhüllt, ohne daß die Wände berührt werden müssen.

Anzahl der zusammenstehenden Akkumulatoren: Je mehr Orgon-Akkumulatoren in einem Gebäude stehen, vor allem, wenn sie eng zusammen stehen oder sogar ineinander gestellt sind, desto stärker wirkt jeder einzelne Akkumulator. Reich hatte in seinem Labor in Orgonon einen Raum als „Orgonraum" eingerichtet: Eine Kammer war innen ganz mit Metall ausgekleidet und in diesem großen einschichtigen Akkumulator standen viele weitere sowohl medizinische Orgon-Akkumulatoren zum Hineinsetzen, als auch Versuchs-Akkumulatoren für physikalische und biologische Versuche und Messungen. Jedes einzelne Gerät wirkte im Orgonraum stärker als alleine in anderer Umgebung.

Die organismischen Wirkungen des Orgon-Akkumulators

Die Wirkungen des Orgon-Akkumulators auf Organismen beruhen auf bestimmten biologischen und physikalischen Eigenschaften der Orgon-Energie. Das orgonomische Potential, der Grad der Ladung eines energetischen Systems, z.b. eines Organismus oder der Atmosphäre oder eines Orgon-Akkumulators, fließt immer vom schwächeren zum stärkeren System.
Der Orgon-Akkumulator ist ein künstlich erschaffenes energetisches System. Durch seine Anordnung in Form einer Energieblase hat er ein Energiesystem, das dem eines Organismus recht ähnlich ist. In bezug auf die Atmosphäre ist er das stärkere System.

»In bezug auf den Akkumulator ist der Organismus das stärkere Energiesystem. Dementsprechend wird durch den eingeschlossenen Körper ein Potential von innen nach außen hergestellt. Biophysikalisch gesprochen bildet der lebende Organismus das erste, der ihn umgebende Akkumulator das zweite, umhüllende orgonotisch abstrahlende System. Die Energiefelder der beiden Systeme schließen Kontakt und nach einiger Zeit, abhängig von der bioenergetischen Stärke des Systems innen, fangen beide -der lebende Organismus und das Energiefeld des Akkumulators - an zu 'erstrahlen', d.h. sie werden erregt, und, indem sie Kontakt schließen, treiben sie sich gegenseitig auf höhere Ebenen der Erregung.« (Wilhelm Reich, The Orgone Energy Accumulator..., S. 27)

Der Orgon-Akkumulator ermöglicht also dem Organismus, erheblich mehr Orgon-Energie aufzunehmen, als es ohne seine Anwendung möglich wäre. Es gibt keine andere Methode, die einen ähnlichen oder gleichen Effekt hätte. Dennoch kann man davon sprechen, daß auch andere Behandlungen bestimmte Aspekte der Orgonladung beinhalten - Sauna, Sonnenbaden, Massage, Akupunktur, Medikamente. Oft geht es bei diesen Behandlungen darum, die körpereigene Energie zu stärken, zu erregen, die Abwehrkräfte zu steigern. Dennoch werden immer nur einzelne Aspekte der Ladung im Orgon-Akkumulator angesprochen. Das spezifische dieser Ladung, die auch spezifische Wirkungen hat, ist die Erregung und Überlagerung zweier, (wenn man die Erdatmosphäre mitzählt, auch dreier) Energiesysteme, die dazu führt, daß der Organismus erheblich mehr Energie aufnehmen kann als ohne die Apparatur. Die Erfahrung, die dieser Erregung von Energiesystemen am nächsten kommt, ist die energetische Verschmelzung in der genitalen sexuellen Umarmung zweier Liebender.

»Im Orgon-Akkumulator haben wir nun endlich ein angemessenes medizinisches und prophylaktisches Gerät zu unserer Verfügung, um damit wirksam fertig zu werden, was gewöhnlich und hilflos KRANKHEITS-

DISPOSITION genannt wird. Diese Disposition ist etwas sehr Konkretes: ES IST NIEDRIGES BIOENERGETISCHES NIVEAU UND SCHWACHER ENERGIEWANDEL IM ORGANISMUS.« (Wilhelm Reich, The Orgone Energy Accumulator... S. 34)

Chronische Unter- und Überladung des Organismus

Jeder Organismus hat eine bestimmte optimale Ladungskapazität, die Fähigkeit, eine bestimmte Menge an Orgon-Energie aufzunehmen. Ist diese Kapazität nicht ausgefüllt, spricht man von orgonotischer Unterladung. Ist ein Organismus höher geladen, als seine Kapazität es erfordert, spricht man von Überladung. Sowohl chronische Unter- wie Überladung führt zu „Biopathien".
Myron Sharaf schreibt dazu:

»Er benutzte diesen Begriff»Biopathie«, um eine ganze Reihe von Krankheiten abzudecken, wie Krebs, Herzkrankheiten und Schizophrenie. Er meinte, daß die Grundursache für solche degenerative Krankheiten in der chronischen Unterfunktion der biologischen Energie des Organismus liegt. Diese Leiden müssen unterschieden werden von infektiös oder bakteriell verursachten Krankheiten, denn die Entwicklung von Biopathien ist vor allem abhängig vom emotionellen Leben des Patienten. (...)
Reich betrachtete den Orgon-Akkumulator als möglicherweise wichtigste Waffe im Kampf der Gesundheitsvorsorge. Die orgonotische Ladung des Blutes könnte die Krankheitsdisposition auf breiter Basis senken und eine große Zahl von Krankheiten, die auf der geschwächten Abwehr basieren, bekämpfen.« (Myron Sharaf, Der heilige Zorn des Lebendigen, Kap. 22)

Heutzutage kann man davon ausgehen, daß der überwiegende Teil der Bevölkerung chronisch unterladen ist, ein kleiner Teil chronisch Überladen. Nur sehr wenige Menschen sind energetisch gesund.

Die „Erstrahlung", die spezifische Erfahrung im Orgon-Akkumulator

Die „Erstrahlung", der energetische Kontakt zwischen den Energiefeldern des Orgon-Akkumulators und des Organismus, ist die spezifische sinnliche Erfahrung bei der Ladung im Akkumulator, ein sehr wohltuendes, intimes Gefühl der Ausdehnung, die jede einzelne Körperzelle erfaßt und dementsprechend vielseitige Erscheinungsformen hat, vom leichten Kribbeln auf der Haut über angeregte Darmtätigkeit bis hin zu kosmischen Strömungsgefühlen, die an die tiefe Verschmelzung im Orgasmus erinnern, aber genauso an das Gefühl frischer Verliebtheit oder der ersten wärmenden Sonne im Frühjahr.

In der Tat gibt es deutliche Parallelen zwischen dem Gefühl in der sanften Frühjahrssonne zu sitzen und dem Gefühl der orgonotischen Erstrahlung im Orgon-Akkumulator. Nicht daß das eine dem anderen gleichzusetzen wäre oder beide gar austauschbar, es besteht jedoch eine gewisse Ähnlichkeit der Körpererfahrung. Gleich ist das Gefühl, daß „etwas" Warmes von allen Seiten auf den Organismus einströmt und hineindringt und sich als körperliches Gefühl der Freude bis in die letzte Zelle ausbreitet.

Diese Phase der Erstrahlung, die immer als positiv, wohltuend erlebt wird (auch wenn manche Menschen aus emotionellen Gründen vor dieser intimen „Berührung" zurückschrecken und dann den Orgon-Akkumulator ablehnen), sollte man ausdehnen, solange sie als wohltuend erlebt wird. Reich beschrieb dieses Gefühl als „sanftes Glühen" oder als „zarter Schein auf der Haut".

„Lust" ist nach Reich eine Grundfunktion des Lebendigen, in der sich das vegetative Nervensystem streckt und das Gewebe sich ausdehnt und sich jede Körperzelle prall mit Energie und Flüssigkeit anfüllt. In diesem Sinne ist die Benutzung des Orgon-Akkumulators als lustvoll zu bezeichnen und so wird die Erstrahlung auch meistens erlebt.

Wilhelm Reich nennt die Benutzung des Orgon-Akkumulators „medizinische Anwendung" und er hat damit recht, wenn man die Einwirkung auf den Organismus ganz allgemein als medizinisch begreift. Dennoch besteht ein Unterschied zwischen einer gezielt medizinischen Anwendung des Orgon-Akkumulators als „medizinische Behandlung" und einer Anwendung zur allgemeinen bioenergetischen Aufladung. Die Grenzen sind fließend, jedoch muß dieser Unterschied sowohl sachlich (medizinische Behandlung als Einwirkung auf bestimmte Krankheiten) als auch juristisch (nur Ärzte und andere zugelassenen Heilkundige dürfen den medizinischen Einsatz anleiten) gemacht werden.

Man sollte jedoch nicht vernachlässigen, daß die Benutzung des Orgon-Akkumulators eine sehr lustvolle Sache ist und die meisten Menschen, die ihn benutzen, tun dies nicht nur, um sich selbst im medizinischen Sinne zu stärken, sondern weil die „Erstrahlung" eine so intime Erfahrung ist. Wilhelm Reich und die orgonomischen Ärzte seiner Zeit haben diesen sinnlich attraktiven Aspekt der Benutzung des Orgon-Akkumulators fast gar nicht dargestellt, was angesichts der unsachlichen Pressekampagnen gegen Reich und die Orgonomie auch sehr verständlich ist. Was die Sensationspresse an zotigen, verzerrten Aussagen über den „Sex-Kasten" veröffentlichte, war auf eine sehr neurotische, entstellende Art wahr. Reich selber hat wie viele andere den Orgon-Akkumulator benutzt, weil es so viel Spaß machte und nicht, weil es vernünftig gewesen wäre. Reich war schwer herzkrank und er war sehr hochgeladen, wenn nicht gar chronisch überladen, wenigstens in den letzten Jahren nach Oranur. Es war also recht unvernünftig von ihm, den Akkumulator weiterzubenutzen und ich kann mir nur vorstellen, daß er auf diese unvergleichlichen sinnlichen

Erfahrungen nicht verzichten wollte. Daß er diesen Aspekt der Ladung im Orgon-Akkumulator nicht besonders herausgestellt hat, mag auch daran liegen, daß ihm am Herzen lag, den Orgon-Akkumulator als medizinisches Gerät in der Fachöffentlichkeit durchzusetzen.

Außergewöhnliche Sinneseindrücke im Orgon-Akkumulator

Da auch Nervenzellen erregt werden, gibt es auf der Ebene aller Sinneserfahrungen besondere Sensationen, die auftreten können, jedoch nicht müssen. Diese Sinneserfahrungen gibt es vor allem in der ersten Phase, wenn der Organismus noch nicht seine optimale Ladungskapazität erreicht hat und sich das Nevensystem noch nicht an die regelmäßige Hochladung gewöhnt hat. Nervenzellen reagieren nur auf die Veränderung von Reizen, also das plötzliche Auftreten oder Fehlen eines Sinneseindrucks. So werden im Orgon-Akkumulator möglicherweise Nervenzellen außerhalb ihrer normalen Funktion angeregt und aktiviert. So kommt es zu Prickeln, Kitzeln und Wärmewahrnehmung auf der Haut, Lichtblitze und leichtes bläuliches Glimmen im dunklen Akku, leichtes Rauschen in den Ohren, salziger oder „elektrischer" Geschmack auf der Zunge und einem ausgeprägt metallischen, frischen Geruch. Jede dieser Wahrnehmungen kann auch ohne Orgon-Akkumulator spontan auftreten, da die partielle plötzliche Hochladung einzelner Körperpartien auch natürlich auftreten kann.

Optimale Ladung und Überladung

Die Fähigkeit lebender Organismen, das Ladungspotential zu steigern, läßt sich aus biologisch-energetischen Zusammenhängen erklären. Die Energieaufnahme findet immer statt, vor allem über die Haut und über die Atmung. Dabei kann sich der Organismus in Situationen, in denen mehr freie Energie vorhanden ist, also bei trockenem, klarem Wetter, diesem höheren atmosphärischen Energieniveau anpassen. Er setzt sich instinktiv dem „guten Wetter" aus, indem er sich dann gerne im Freien aufhält und bewegt. Ist weniger Orgon-Energie in der Atmosphäre frei - d.h. bei feuchtem, trübem Wetter, bei Nebel und Regen -, schützt er sich und versucht, die gespeicherte Energie so lange wie möglich zu halten. Diese Fähigkeit des Organismus zur Anpassung an die unterschiedliche energetische Beschaffenheit der Atmosphäre führt dazu, daß er sich im Orgon-Akkumulator höherladen kann. Hier herrscht sozusagen - im energetischen Sinne - immer „gutes Wetter" im Vergleich zur unmittelbaren Umgebung.

Der Prozeß der Ladung ist theoretisch unendlich, praktisch stößt der Organismus irgendwann an seine Grenzen, indem er das Gefühl der „Überladung" entwickelt.

»Eine empfindsame Person wird nach einiger Zeit 'genug gehabt' haben. Das erklärt sich aus der Tatsache, daß, in wirklich selbstregulierender Weise, der Organismus nur soviel Orgon-Energie aufnimmt, wie er benötigt. Man sollte die Orgonbestrahlung nicht mit dem mechanischen Auffüllen eines Fasses mit Wasser vergleichen; die Vorstellung ist falsch, es wäre um so besser, je mehr Energie man in den Organismus 'schüttet'. Nachdem ein gewisses Niveau erreicht worden ist, werden die Wahrnehmungen unangenehm.

Druck im Kopf, leichte Übelkeit, allgemeines Unwohlsein und Schwindelgefühle sind die häufigsten Anzeichen dafür, daß die Überladung eingesetzt hat. Man verläßt einfach den Akkumulator, und, wenn man zuviel gehabt hat, geht man an die frische Luft und die Anzeichen für Überladung verschwinden rasch.« (Wilhelm Reich, The Orgone Energy Accumulator, S. 30)

Mit dem Orgon-Akkumulator als Instrument zur Aufnahme konzentrierter Orgon-Energie ist es also möglich, dem Organismus mehr Energie zuzuführen, als er von seiner Ladungskapazität her zu Vertragen in der Lage ist. Um eine solche Überladung zu verhindern genügt es vollkommen, sich auf seine subjektive Wahrnehmung zu verlassen. Bisher gibt es auch keine andere Möglichkeit, Überladung festzustellen.

Um die organismische Funktion der Überladung zu verstehen, bietet sich der Vergleich mit der Nahrungsaufnahme an. Auch beim Essen gibt es das untrügliche Gefühl, „genug gehabt" zu haben, bevor man in seinem Wohlbefinden erheblich beeinträchtigt wird. Auch hier handelt der Organismus völlig selbstreguliert und es kommt nur dann zu Störungen, wenn man die Selbstregulation, sei es willentlich, sei es durch eine emotionelle Fehlhaltung, außer Kraft setzt und die Warnungen des Organismus überhört. Nur in Ausnahmefällen kann es sinnvoll sein, die organismischen Warnungen zu mißachten, d.h. bei Krankheit wird man fasten, auch wenn man Hunger hat oder bei Hungersnot mehr essen, als für das Überleben wichtig ist. Genauso, wie man die Erfahrung macht, wie man sich fühlt, wenn man zuviel gegessen hat, wird man die Erfahrung machen, was ein Zuviel an Orgon-Ladung bedeutet, und wenn man in der Lage ist, rational zu handeln, wird man die Überladung zukünftig verhindern.

Die Erfahrung selbst ist im allgemeinen harmlos, wenn man sich ihr nicht gleich stundenlang aussetzt oder bereits eine schwere Überladungskrankheit hat. Deshalb sollte man unbedingt vermeiden, in einem Orgon-Akkumulator oder unter einer Orgon-Decke zu schlafen. Überladung ist vergleichbar mit einem leichten Sonnenstich (natürlich ohne die Hautverbrennungen), der in der Tat ebenfalls eine Überladungskrankheit darstellt.

Nach einer Überladung geht man in frischer Luft, möglichst bei Wind spazieren oder man nimmt ein ausgedehntes lauwarmes Wannenbad. Wasser ist wie gesagt in der Lage, Energie anzuziehen und zu binden. Bei schwerer Überladung oder auch nach DOR-Kontakten ist es gut, wie James DeMeo rät, ein Vollbad zu nehmen, nachdem man dem Wasser jeweils ein Pfund Meersalz und Natron zugesetzt hat.

Die Dosierung der Akkumulator-Sitzungen

Wie lange sollte man im Orgon-Akkumulator sitzen? Fast täglich höre ich diese Frage und bisher gab es nur die eine Antwort, daß man seine Wahrnehmung aufmerksam beobachten soll um herauszubekommen, wann die Überladung einsetzt. Solange die Empfindungen angenehm sind, ist es gut, den Akku zu benutzen.

Manche Menschen erleben die Erstrahlung zuerst mit einem kleinen Schrekken, wenn sie „berührt" werden, was viele Menschen tatsächlich lange nicht erlebt haben. Jedoch ist auch diese Erfahrung im allgemeinen so fein, daß viele eher enttäuscht sind, weil die Sensation vielleicht nicht so bombastisch ist wie in den Vorstellungen, die man sich zuvor gemacht hat.

In der ersten Zeit ist es am besten, oft und nicht zu lange in den Orgon-Akkumulator zu gehen, also mehrmals täglich 20 bis 30 Minuten. Der Organismus lernt dann schneller, mit der neuen energetischen Situation umzugehen, als wenn man einmal lange hineingeht.

Natürlich ist es sehr gut, wenn man die Möglichkeit hat, diese neue, ungewohnte Erfahrung mit jemandem besprechen zu können, die oder der weiß, wovon die Rede ist und einem selbst dabei hilft, die ersten Wahrnehmungen auszudrücken.

Wer sehr unterladen ist, hat möglicherweise in den ersten Sitzungen überhaupt keine besonderen Wahrnehmungen. Der Organismus muß sich dann erst einmal energetisch erholen, er braucht unter Umständen eine gewisse Zeit, sich an die Ladung im Orgon-Akkumulator zu gewöhnen. Es ist dann gut, oft und kurz hineinzugehen.

Nur langzeitige und regelmäßige Ladung im Orgon-Akkumulator gewährleistet eine Aufladung auf das eigene optimale energetische Niveau und nur die Weiterbenutzung kann dies dann aufrechterhalten. Wie oft und wie lange das dann sein soll, ist von Mensch zu Mensch sehr unterschiedlich. Es können 30 Minuten täglich sein oder auch 5 Minuten alle drei Tage. Man muß es ausprobieren.

Faktoren, die die Orgonladung im Akkumulator beeinflussen

Die Anzahl der Doppelschichten

Zu Beginn der Erforschung der medizinischen Wirkungen des Orgon-Akkumulators war Wilhelm Reich zunächst der Ansicht, daß man ohne medizinische Überwachung nur dreischichtige Geräte benutzen sollte. Dr. Walter Hoppe hat jedoch schon in den fünfziger Jahren 20-schichtige Orgon-Akkumulatoren benutzt und er hat Ende der siebziger Jahre seinen psychiatrischen Patienten empfohlen, 10- bis 20-schichtige Geräte zu benutzen. Stärkere Geräte laden z.T. erheblich schneller, so daß Menschen, die ein eher schwaches Energiesystem haben oder die aus medizinischen Gründen einen Akkumulator benutzen, besser mit einem 10-schichtigen oder stärkeren Gerät zurandekommen. Wer eher überladen ist (z.b. Herz-Kreislauf-erkrankte Menschen) oder zu Überladungen neigt, sollte eher einen 3- bis 5-schichtiges Gerät verwenden.

Die Wahrnehmbarkeit der spezifischen Phänomene hat mit der Stärke des Geräts nicht unbedingt etwas zu tun, sondern in erster Linie mit der Disposition des Organismus und anderen, eher atmosphärischen Bedingungen. Manche Menschen nehmen sogar in schwächeren Akkumulatoren mehr wahr als in stärkeren. Vielleicht liegt das daran, daß das körpereigene Energiesystem im schwachen Akkumulator mehr „Eigenleistung" aufbringen muß, um die Erregung aufrechtzuerhalten.

Insbesondere Ärzte und Heilpraktiker, die ihre Patienten in Orgon-Akkumulatoren setzen möchten, stehen oft vor dem Problem, sowohl schwachgeladene als auch überladene Patienten behandeln zu wollen. Sie müßten also eigentlich einen starken Orgon-Akkumulator aufstellen und einen schwachen, um die Patienten optimal behandeln zu können.

Um dieses Problem zu lösen, habe ich eine Konstruktions Wilhelm Reichs aufgegriffen, die ich in einer Abbildung in einem seiner Bücher gefunden habe und den „Kombinations-Akkumulator" entwickelt. Dieser Orgon-Akkumulator ist ein schwacher drei- oder fünfschichtiger Akkumulator, in dessen Wände noch weitere Rahmen hineingeschoben werden können. So kann man, aus dem dreischichtigen Akku mit wenigen Handgriffen einen 10-schichtigen oder gar 20-schichtigen machen.

Die atmosphärische Situation

Der zweite wichtige Faktor ist die Ladung der Atmosphäre. Man sollte es sich angewöhnen, einen Blick auf den Himmel zu werfen und die Luftfeuchtigkeit festzustellen, wenn man in den Akku geht. Die Unterschiede sind beeindruckend und leicht nachzuvollziehen, wenn man sich sachkundig gemacht hat. Noch einmal: Eine hohe Orgonladung zeigt sich in hochaufgetürmten Schäfchenwolken, die sich scharf vom tiefblauen Himmel abzeichnen. Der Horizont ist gut sichtbar, weit entfernte Hügel und Baumgruppen sind eher blau als weißlich verfärbt. Die relative Luftfeuchtigkeit soll möglichst gering sein.

Die Tageszeit

Um die Mittagszeit ist die Orgon-Ladung der Atmosphäre am höchsten. Am niedrigsten ist sie während der Abend- und Morgendämmerung und nachts ist sie sehr viel geringer als am Tage.

Die energetische Disposition des eigenen Organismus

Die eigene energetische Grundsituation ist immer auch für die Ladung im Orgon-Akkumulator entscheidend. Wer den Tag an der freien Luft an einem klaren, energetisch hochgeladenen Tag verbracht hat, wird den Orgon-Akkumulator ganz anders erleben, als derjenige, der im Großraumbüro unter Leuchtstoffröhren und vor Bildschirmgeräten gearbeitet hat. Falls man energetisch vergiftet ist, sollte man sich zuerst „entgiften". (Siehe im Artikel „Die Energie-Räuber").

Wie ich bereits beschrieben habe, ist die Grundladung des Organismus entscheidend dafür, wie lange man braucht, um eine Erstrahlung zu erreichen. Wer ein hohes energetisches Niveau hat, „vital" ist, wird schnell laden. Wessen bioenergetisches Niveau abgesunken ist, wird eventuell einige Sitzungen benötigen, um eine Erstrahlung zu erreichen und wer bereits überladen ist, wird sehr schnell, innerhalb weniger Minuten die Überladungssymptome erleben.

Braucht jeder Mensch einen Orgon-Akkumulator oder kann man bereits das optimale Ladungsniveau haben? Wie ich bereits beschrieben habe, beruht die Fähigkeit des Organismus zur Aufnahme höherer Energiequantitäten auf biophysikalischen Gesetzen (Ladung als „schönes Wetter"). Wer also organismisch und energetisch weitgehend gesund ist, sich viel an der freien Luft in gesunder Umwelt bewegt, mit sich selber und der sozialen und natürlichen Umgebung in Einklang lebt, hat gute Voraussetzungen, gesund zu sein. Gerade diese vitalen Menschen können die höhere energetische Ladung im Akkumulator besonders gut nutzen. Es wäre also unsinnig zu meinen, man bräuchte den Akkumulator nicht, weil man „gesund" ist. Im Gegenteil, wer eine gutentwickelte energetische Grundsituation hat, weiß die Vorteile der Ladung im Orgon-Akkumulator besonders gut einzuschätzen, weiß, wann eine Sitzung im Akku sinnvoll ist und vor allem: Wer ein gutentwickeltes Energiesystem hat, wird den Lustfaktor zu schätzen wissen, der mit der Erstrahlung im Akkumulator einhergeht. Wilhelm Reich und alle seine Mitarbeiter haben den Orgon-Akkumulator nicht nur aus medizinisch-therapeutischen Gründen benutzt, sondern auch weil es Spaß macht und dem Leben einen zusätzlichen Genuß zufügt.

Die emotionelle Disposition

Es gibt Menschen, die aus emotionellen Gründen den Orgon-Akkumulator nicht benutzen können. Grundlage einer Abwehrhaltung ist im allgemeinen die „Lustangst", wie Reich die Angst vor großer emotioneller Erregung, vor Sexualität und vor allem vor dem Orgasmus genannt hat. Die sehr intime energetische „Berührung" im Orgon-Akkumulator wird von sehr gestauten Menschen oft als zu direkt erlebt, so daß sie Angst bekommen. Andere Charaktere fangen an, dumme Witze zu machen oder scheinbar sachliche Argumente gegen den Akkumulator zu finden. Viele weigern sich, überhaupt zu erwägen, sich hineinzusetzen, andere wollen unbedingt alle möglichen Menschen hineinsetzen, nur sich selbst nicht, nach dem Motto: was anderen hilft, überzeugt irgendwann auch mich und wenn alle gesund sind, werde ich es auch sein.

Auch eine zu große Begeisterung für den Orgon-Akkumulator, noch bevor man ihn benutzt hat, kann eine Abwehrhaltung sein. Ich halte eine gesunde Skepsis gegenüber einer Sache, die man noch nicht kennt, für angebracht. Am besten ist es, offen zu sein und sich von den eigenen Erfahrungen und Ergebnissen überzeugen zu lassen.

Man sollte es auch vermeiden, Menschen, die den Akkumulator nicht benutzen wollen, dazu überreden zu wollen. Dahinter verbirgt sich oft eine Unsicherheit desjenigen, der zu überzeugen versucht.

Ich halte es auch für sehr problematisch, Menschen in den Orgon-Akkumulator setzen zu wollen, weil man überzeugt ist, es würde ihnen nützen. Nur Ärzte, die entsprechend fachlich qualifiziert sind, sollten Behandlungen anbieten. Ich erlebe es immer wieder, daß besorgte Angehörige einen Orgon-Akkumulator für den kranken Verwandten besorgen möchten. Oft geht das nicht gut. Man darf Menschen nicht entmündigen, es sei denn sie haben tatsächlich nicht mehr Gewalt über ihre Entscheidungen. Auch wer vom Arzt eine Behandlung vorgeschlagen bekommt, kann diese immer noch ablehnen.

Geographische und kosmische Faktoren

Je näher am Äquator und je höher in denn Bergen man sich befindet, desto stärker funktionieren Orgon-Akkumulatoren. Weitere Faktoren, die eine stärkere Orgonladung der Atmosphäre mit sich bringen, sind erhöhte Sonnenfleckenaktivität, Vollmond und Neumond.

Wetter- und Umweltfaktoren

Jede Wettersituation bringt eine spezifische orgonotische Ladung der Atmosphäre mit sich. Vor einem Gewitter ist die Wirkung des Akkumulators evtl. ganz aufgehoben. Genauso können Nebel- oder extreme DOR-Wetterlagen die

Ladung im Orgon-Akkumulator beeinträchtigen oder ganz unmöglich machen. Man sollte hier seinem Gefühl folgen und auch - um solch kritische Grenz-Situationen beurteilen zu können - von vornherein seine Wahrnehmungen im Orgon-Akkumulator schulen.

Der ideale Ort, einen Orgon-Akkumulator aufzustellen, ist eine Holzhütte auf einer sonnenbeschienenen Waldwiese, weit weg von Atomkraftwerken, Nuklear- und andere Waffendepots, Hochspannungsleitungen, Röntgenanlagen, vielbefahrenen Straßen, Fabrikanlagen jeder Art, Fernseh-, Radio-, Radar- und Telefonsendern, ohne Fernseher, Computerbildschirme, Leuchtstoffröhren oder auch ohne jedes elektrische Gerät und ohne Funktelefon. Möglichst auch noch ohne chemische Umweltgifte aus der Landwirtschaft und mit möglichst geringer DOR-Belastung. Wer eine solche Umgebung findet, kann sich glücklich schätzen.

Alle diese Faktoren können, wenn sie sehr stark auftreten, die Benutzung eines Orgon-Akkumulators erschweren oder gar unmöglich machen. Die Stärke oder Konzentration der Umweltbeeinträchtigung muß jeder für sich selbst einschätzen, meist kann das nur subjektiv bleiben. Nur eines sollte beachtet werden: Die Ladung im Orgon-Akkumulator ist die Verstärkung eines energetischen Prozesses, der sowieso ständig zwischen dem Organismus und der Atmosphäre stattfindet. *Wenn also der Orgon-Akkumulator wegen bestimmter Umwelteinflüsse toxisch wirkt, dann ist diese Umweltsituation auch ohne Akkumulator für Lebewesen ungeeignet und streng genommen tödlich.*

Ich würde es für mich und meine Familie ablehnen z.b. näher als 500 Meter an einer Hochspannungsleitung zu leben, in weniger als 20 km Entfernung zu einem Atomkraftwerk, näher als 2 km an einem Radio- oder Fernsehsender, oder in einem Haus, in dem eine Röntgenanlage (z.B. von einem Zahnarzt) in Betrieb ist. Ich könnte es mir auch nicht vorstellen, in der Nähe einer Wüste zu leben, z.b. im gesamten Mittelmeergebiet, wo die überwiegende Zeit eine DOR-Atmosphäre vorherrscht. Jeder Mensch muß für sich abwägen, in welcher Umweltbelastung er leben muß oder will und dann entscheiden, ob er dort einen Orgon-Akkumulator betreiben könnte. Wenn die Antwort negativ ausfällt, ist mein Rat, sich bald nach einem neuen Wohnort umzusehen. Zur Beurteilung der Umweltsituation steht mehr im Kapitel „Die Energie-Räuber".

Kleidung und weitere Faktoren

Bei der Benutzung des Orgon-Akkumulators sollte man möglichst leicht bekleidet sein, da schwere Kleidung, vor allem aus Wolle und Kunststoff, eine überflüssige isolierende Schicht bilden, die den Ladungsprozeß eventuell verzögert. Da die Körpertemperatur meist etwas steigt und man so ein Wärmegefühl entwickelt, ist sowieso leichte Kleidung empfehlenswert. Es gibt jedoch andererseits keinen Grund, ganz unbekleidet hineinzugehen. Der Organismus ist Kleidung gewohnt und kann sie normalerweise in sein Energiesystem integrieren. Falls der Akkumulator in einem kalten Raum steht, kann man zunächst wärmer bekleidet beginnen und nach und nach die Kleidung ablegen, so wie es angenehm ist.

Es ist unbedingt davon abzuraten, verschwitzt oder stark schwitzend in den Akkumulator zu gehen, da dann die Bleche beschlagen können. (Auch heiße, dampfende Getränke nimmt man wegen der Luftfeuchtigkeits-Steigerung besser nicht mit hinein.) Die Feuchtigkeit schlägt sich sofort an den relativ kalten Blechen nieder und dies kann die Ladung so gut wie völlig absorbieren, so daß man den Orgon-Akkumulator erst einmal innen trocknen lassen muß, bevor man ihn weiterverwenden kann.

Man sollte auch Schuhe anhaben (sinnvollerweise saubere Hausschuhe), da das Bodenblech vom Schweiß der Füße schnell oxydiert. Daher sollte man auch nicht unbedingt auf Strümpfen in den Orgon-Akkumulator gehen, da diese den Schweiß nicht aufhalten. Wenn man Wert darauf legt, daß die Bodenplatte nicht oxydiert, kann man ein Blech- oder Drahtgitter (aus verzinktem Eisen oder Stahl) hineinlegen, wie sie als Fußabtreter angeboten werden. Das empfiehlt sich auch bei Ärzten oder dort, wo Akkumulatoren von vielen Menschen benutzt werden.

Man sollte unbedingt mit sauberen Händen in den Orgon-Akkumulator gehen. Schwitzende Hände, Fettfinger, Verschmutzungen durch Essen, Getränke etc. sind ebenfalls sehr ungünstig. Die verzinkten Bleche reagieren oft sehr heftig mit Oxydation, so daß sie schnell stumpf werden, wenn sie mit Fett und Schweiß in Kontakt kommen. Verschmutzte Bleche mit Griffspuren etc. sollten so schnell wie möglich gereinigt werden. Wenn Reinigungsmittel verwendet werden müssen, muß mit einem feuchten Tuch ohne alle Reinigungsmittel nachgewischt werden, da Spülmittel, Alkohol etc. einen feinen organischen Film auf dem Blech hinterlassen. Ein relativ rückstandsfreies Fettlösemittel ist Aceton. Jedoch muß auch dieses feucht nachgewischt werden.

Ich werde oft gefragt, ob man Ringe, Ohrringe, Uhren etc. im Orgon-Akkumulator abnehmen sollte. Prinzipiell glaube ich, daß diese Gegenstände, wenn sie im Orgon-Akkumulator stören, auch sonst keine guten Wirkungen haben können.

Mögliche Beeinträchtigung durch
Informations-Übertragung im Akkumulator

In letzter Zeit sind mir immer wieder Menschen begegnet, deren sensible Wahrnehmung energetischer Strukturen und Prozesse – z.B. durch die klare visuelle Wahrnehmung oder durch eindeutige gefühlsmäßige Wahrnehmungen – mich auf die Problematik möglicher Informations-Übertragung im Akkumulator aufmerksam gemacht hat.

Nach der Benutzung von Orgon-Akkumulatoren oder Orgon-Decken kann möglicherweise ein Energie-Muster im Gerät zurückbleiben, das auf einen nachfolgenden Benutzer übertragen werden könnte. Es handelt sich bei dieser Beobachtung wie gesagt um eine rein subjektive, sensorische und emotionelle Wahrnehmung, die wissenschaftlich nict überprüft ist.

In letzter Zeit kommen immer mehr medizinische Konzepte in die Öffentlichkeit, bei denen die Behandlung durch reine Informations-Übertragung geschieht, z.b. die Homöopathie oder die Radionik. Das Gemeinsame dieser Methoden liegt darin, daß Organismen nicht mit grobstofflichen Informationen (z.b. in Form von chemischen Medikamenten oder auch Kräutern) behandelt werden, sondern über ein Trägermedium die Information feinstofflich weitergegeben wird.

Neuerdings wird sogar versucht, Orgon-Energie als Trägermedium für Informationsübertragung zu benutzen. Ich halte diesen Aspekt für einen wichtigen Ansatz. Es gibt noch unerforschte Verbindungen zwischen Akupunktur, Homöopathie, Bach-Blüten, Mora etc. und Orgonomie. Bedauerlich finde ich nur die Tatsache, daß in diesem Zusammenhang meist die sehr klar definierten, aus der orgonomisch-funktionalistischen Wissenschaft abgeleiteten Kriterien der orgonomischen Medizin auf der Strecke bleiben. Man sollte nicht die Orgonomie "benutzen" und gleichzeitig ihre wissenschaftlichen Grundlagen über Bord werfen. Aber das wäre ein anderes Thema.

Ich könnte mir gut vorstellen, daß ein Organismus – z.b. ein schwerkranker Patient – in einem Orgon-Akkumulator ein Energiemuster hinterläßt. Das relativ starke Energiefeld des Patienten und das schwache des Orgon-Akkumulators verschmelzen und bilden einen gemeinsamen starken Energiekörper, der viel Energie aus der Atmosphäre aufnehmen kann - soweit geht die Reich'sche orgonomische Medizin. Es ist durchaus vorstellbar, daß dieser Energiekörper die Struktur desjenigen enthält, der sich gerade im Akkumulator aufhält. Da der Orgon-Akkumulator selber ein schwaches Energiefeld beibehält, könnte es sein, dieser über eine gewisse Zeit das Muster des letzten Benutzers in sich trägt.

In einigen Versuchen – die ebenfalls lediglich auf entsprechenden subjektiven Wahrnehmungskriterien beruhen – habe ich festgestellt, daß diese Informations-Strukturen aus einem Orgon-Akkumulator entfernt werden können, wenn man das Energiefeld aus dem Inneren des Geräts mit einem DOR-Buster absaugt. D.h. die Rohre eines medical DOR-Busters werden von außen durch die Fensteröffnung eines Orgon-Akkumulator gesteckt und das Gerät wird einige Minuten lang mit fließendem Wassers verbunden. Die darin gespeicherten Informationen verschwinden und der Akkumulator bekommt wieder eine sehr frische, lebendige Struktur.

Besonders diejenigen, die als Ärzte oder Heilpraktiker viele verschiedene Benutzer in den Akkumulator setzen, sollten überlegen, ob sie das Gerät nicht

regelmäßig nach Benutzung mit einem DOR-Buster reinigen sollten. Lesen Sie
bitte in diesem Zusammenhang das Kapitel über den Medical DOR-Buster.

Gegenindizierte Krankheiten und Behandlungen

Im allgemeinen ist die Ladung im Orgon-Akkumulator harmlos, solange man
starke Überladungen vermeidet, denn die Orgon-Ladung ist eine körpereigene
biophysikalische Funktion und keine fremde Strahlungsenergie. Gegenindiziert
sind alle Krankheiten, die auf chronische Überladung hinweisen. Dann muß
von der Benutzung starker Orgon-Akkumulatoren abgeraten werden und es wäre
sinnvoll, eine Akkumulator-Anwendung orgonmedizinisch zu überwachen.
Anzeichen für chronische Übeladung sind:
– langandauernder stark erhöhter Blutdruck;
– Krankheiten, die auf Gefäßverengung zurückzuführen sind;
– hysterische Chraktere (im Sinne der Reich'schen Charaktere);
– unausgeheilte Herzfehler;
– Gehirntumore;
– Arteriosklerose;
– Schlaganfall (auch lange nach dem akuten Anfall keinen Akkumulator
  nutzen);
– Hautentzündungen;
– Augenbindehautentzündungen;
In allen diesen Fällen sollte der Orgon-Akkumulator bei akuten Krankheits-
symptomen gar nicht und nach der Genesung von der Symptomatik wenn über-
haupt nur in sehr kurzen Sitzungen und in sehr schwachen (3-schichtigen)
Geräten benutzt werden. Reich schreibt dazu:

»Die Länge der Sitzungen kann von Mal zu Mal langsam erhöht werden, bis man sicher ist, daß kein Kollaps ... auftritt, der durch eine plötzliche Kontraktion verursacht werden kann. Das Platzen von Blutgefä-
ßen, vegetative Schocks, Aussetzen des Herzschlags sind durchaus
möglich, wenn in solchen Fällen Überladung mit z.B. einem 20-fachen
Akkumulator geschieht. Es hat bisher in 10 Jahren der Anwendung von
Orgon-Energie keinen Todesfall wegen Überladung gegeben, aber die
Möglichkeit kann nicht völlig ausgeschlossen werden. Man sollte besonders im Falle hohen Blutdrucks wachsam sein, da dieser auf den
ausdehnenden vagotonen Einfluß der Orgon-Energie mit einem plötzlichen Anstieg anstatt mit einer Abnahme des Drucks reagieren könnte.«
(Wilhelm Reich, The Orgone Energy Accumulator..., S. 43)

Gegenindiziert sind alle Behandlungen mit starken allopathischen Medikamenten, vor allem mit Antibiotika und Cortison. Diese Medikamente stellen

u.a. organismische Gifte dar, die bestimmte körperliche Fehlfunktionen regulieren sollen. Man mag von ihnen halten, was man will - wenn man eine derartige Behandlung durchführt, muß sie auch entsprechend bis zum Ende durchgehalten werden. Der Organismus reagiert auf Gifte mit Abwehrreaktionen. Im Orgon-Akkumulator wird diese Abwehr unter Umständen erheblich gestärkt, so daß man sich durch eine gleichzeitige Anwendung des Orgon-Akkumulators in die Situation bringen kann, den medikamentösen Schutz bekämpft und abgebaut zu haben, ohne bereits eine starke Immunabwehr entwickelt zu haben. Außerdem wäre die Behandlung mit immunsuppressiven Medikamenten (Cortison) und die gleichzeitige Behandlung mit dem Orgon-Akkumulator, der die Immunabwehr stärkt, die Anwendung sich gegenseitig aufhebender Maßnahmen. Reich schrieb dazu:

»Vermische nie die Orgonbehandlung mit anderen, chemischen Behandlungen. Orgon-Energie ist eine starke Kraft. Wir wissen nicht, was für Folgen eine solche Mischung haben kann. (...) Vitamine, Eisenverbindungen zum Einnehmen, Penicillin und andere Medikamente biologischer Herkunft vertragen sich mit Orgon-Energie. Andererseits sollte auch die kleinste Menge anorganischer Komponenten wie z.B. Sulfonamide unter keinen Umständen verabreicht werden, weder äußerlich noch innerlich, da sie *den Regenerationsprozeß hemmen, der von der Orgon-Energie eingeleitet worden ist.«* (Reich, The Orgone Energy Accumulator..., S. 36/41)

Man sollte also, wenn man den Orgon-Akkumulator benutzt, möglichst Naturheilmethoden anwenden. Beginnt man allopathische Behandlungen, sollte man so vorsichtig sein, einen in Orgonmedizin qualifizierten Arzt zu fragen, inwiefern sich die Behandlungen gegenseitig unterstützen bzw. behindern, oder die Orgon-Behandlung unterbrechen, solange man chemische Medikamente einnimmt, über deren Wechselwirkungen mit einer konzentrierten Orgon-Behandlung unbekannt sind.

Gegenindiziert sind auf alle Fälle radioaktive Bestrahlungen. Nach einer Röntgenbehandlung, Kernspintomographie oder Strahlentherapie muß einige (mindestens drei) Tage gewartet werden, bevor man den Orgon-Akkumulator wieder benutzen kann, es könnte sonst zu einer organismischen Oranur-Reaktion kommen.

Shooter und weitere Orgon-Akkumulator-Konstruktionen

Wilhelm Reich hat einen kleinen Orgon-Akkumulator entwickelt, der die Funktion hat, kleine Körperregionen wie Schnitte, Verbrennungen, Frakturen etc. gezielt zu behandeln.

Die Ladung wird von den inneren Blechen über ein „BX-Cable", einen Metallschlauch aus verzinktem Eisen, der außen mit Plastik beschichtet ist, nach außen geleitet. Am Ende des Schlauches können dann Trichter aus verzinktem Eisen angebracht werden, in der Größe, die der zu behandelnden Körperstelle entspricht. Ohne eine solche zusätzliche Kontaktfläche wirkt der Shooter als Punktstrahler. Die Wirkungsweise des Orgon-Shooters entspricht vollständig der des großen Orgon-Akkumulators. Die beiden Energiefelder, d.h. das starke Körper-Energiefeld und das relativ schwache Feld an den Innenblechen des Shooters verschmelzen miteinander und das organismische Orgonfeld des Behandelten wird aufgeladen.

Die Anwendung des Shooters empfiehlt sich dann, wenn die Behandlung einzelner geschwächter Körperregionen oder von Verletzungen jeder Art schon zeitlich so aufwendig wäre, daß es nicht möglich wäre, den großen Orgon-Akkumulator so lange ohne Überladungsgefahr zu benutzen. Eine Überladung durch den Shooter ist kaum zu befürchten. Es ist auch nicht möglich, den Shooter als „Ersatz" für den großen Akkumulator zu benutzen, denn nur dieser kann zur ganzkörperlichen Erstrahlung der Energiefelder führen und die entsprechenden Erfahrungen vermitteln. Manche sehr hoch geladene Menschen können den Shooter spüren, aber die Ladung erreicht längst nicht das Niveau des großen Akkumulators. Es ist daher für diejenigen, die den Shooter zuerst sozusagen probeweise nutzen wollen, bevor sie einen großen Akkumulator benutzen, irreführend, die Wirkungsweise der beiden Geräte miteinander vergleichen zu wollen. Denn gerade für relativ schwach geladene Menschen ist die Wirkung des Shooters oft recht enttäuschend.

Es ist daher sehr zu empfehlen, den Shooter in Verbindung mit dem großen Akkumulator einzusetzen. Denn je höher geladen der Gesamtorganismus ist, desto besser nimmt er auch an kleineren Körperstellen Energie auf. Deshalb baue ich in jeden Standard-Akkumulator einen Shooter ein, der in der Sitzbank enthalten ist. Dafür ist es vollkommen ausreichend, die Sitzbank innen so mit Blech auszukleiden, daß ein metallener Raum entsteht, aus dem ein Metallschlauch herausführt. So kann man während der Sitzung im Orgon-Akkumulator den Shooter an kleineren Körperstellen gezielt einsetzen.

Man kann diesen Sitzbank-Shooter auch außerhalb des Orgon-Akkumulators einsetzen, wenn man den Metallschlauch durch die leicht geöffnete Tür nach außen führt und sich dann vor den Orgon-Akkumulator setzt. Diese Konstruktion mag etwas provisorisch erscheinen, aber dieser Shooter ist sehr stark, weil die Ladung des großen Akkumulators zur Verfügung steht.

Anders als der große Orgon-Akkumulator ist der Shooter eher ein medizinisches Gerät, dessen Einsatz bei Krankheiten in die Hände von geschulten Ärzten und Heilpraktikern gehört. Die private medizinische Anwendung sollte sich auf die Behandlung von kleineren Wunden, wie Schnitt- und Schürfwunden, kleineren Verbrennungen etc. beschränken, die man auch sonst nicht von einem Arzt behandeln lassen würde. Aber die Anwendung lohnt sich. Einerseits kann man, wenn man sich die Zeit dafür nimmt, die sehr erstaunlichen Heilungskräfte der Orgon-Energie studieren. Zum anderen kann man die verschiedenen Komplikationen vermeiden, die oft mit „normalen" Heilungsprozessen verbunden sind. Wie effektiv eine solche Wundbehandlung ist, hängt davon ab, ob man sich die Zeit nimmt, die Körperstelle lange genug zu behandeln. Dieses „lange genug" ist eine undefinierte Größe, die von all den Faktoren abhängig ist, die ich oben bereits aufgeführt habe, vor allem vom bioenergetischen Niveau desjenigen, der sich behandeln will. Man sollte also in jedem Fall eine gehörige Portion Geduld mitbringen.

Oft bringen auch solche lokalen Behandlungen ganz erstaunliche Ergebnisse hervor, z.b. nach Zahnextraktionen oder Zahnfleischbehandlungen oder anderen kleineren Operationen, die oft recht schmerzhafte Nachwirkungen haben können.

Der Shooter kann als kleiner Akkumulator natürlich auch für Experimente verwendet werden, z.b. Sprossenexperimente oder auch zum Laden von Trinkwasser oder von Nahrungsmitteln.

Der Orgon-Akkumulator:
wissenschaftliche und öffentliche Verantwortung

Wilhelm Reich hat ab 1922 über die Sexual- und Libido-Funktionen der Menschen gearbeitet und von 1939 bis zu seinem Tod 1957 an der Erforschung der Orgon-Energie. Er hat sich und seine Arbeit immer kompromißlos in den Dienst am Lebendigen gestellt und sich nie kommerziellen Interessen oder einer „Karriere" untergeordnet. Von Personen und Institutionen, die wissenschaftliche „Kompromisse" von ihm forderten, hat er sich getrennt, und von dieser Art Trennungen gab es viele im wissenschaftlichen Werden Reichs. Vielen erschien er in seiner Unbeugsamkeit und der starrsinnigen Beibehaltung eigener Zielsetzungen absonderlich und es wurden - gerade auch von enttäuschten ehemaligen Freunden und Mitarbeitern - Gerüchte über seinen Geisteszustand und vermeintlich unqualifizierte wissenschaftliche Arbeit in Umlauf gesetzt.

Kaum ein Wissenschaftler des 20. Jahrhunderts ist so angegriffen worden wie Wilhelm Reich. Seine Bücher wurden nicht nur von den Nazis sondern auch auf Betreiben der amerikanischen „Food and Drug Administration" verbrannt. Eine gehässige, die Tatsachen böswillig verfälschende Presse hat in Norwegen und in den USA regelrecht Jagd gemacht auf diesen Forscher, der keine Bomben oder Kampfstoffe entwickelte, sondern der die Lebensenergie entdeckte und ein einfaches Gerät, das den Menschen hilft, Lebensfunktionen zu unterstützen. Die US-Justiz hat die Orgon-Akkumulatoren und seine gesamte Literatur verboten, weil Reich das Gericht für nicht zuständig erklärte, über Naturgesetze zu entscheiden und er sich konsequenterweise weigerte, das Spiel der juristischen Tricks mitzuspielen. Als Reich dann das Urteil gegen ihn mißachtete, wurde er in einem weiteren Prozeß zu zwei Jahren Haft verurteilt. In diesem zweiten Prozeß konnte er sich nicht mehr inhaltlich in bezug auf die Orgon-Energie verteidigen und über die Tatsache der Mißachtung des ersten Urteils gab es keinen Zweifel - so wurde er, fast sechzigjährig, zu zwei Jahren Haft verurteilt. Reich war bereits seit dem Oranur-Experiment schwer herzkrank gewesen. Die Atmosphäre im Gefängnis schadete seinem Zustand sehr und wenige Tage vor seiner vorzeitigen Entlassung ist er an Herzversagen gestorben.

Reich selbst hat die Anfeindungen gegen sein Werk und gegen seine Person immer mit der Angst der Menschen vor der Erkenntnis ihrer eigenen energetischen und sexuellen Natur erklärt. Für neurotisch schwer erkrankte Menschen, die ihre eigenen natürlichen Lebensfunktionen fürchten, gibt es nichts Schlimmeres, als wenn sich ein Wissenschaftler mit der menschlichen Sexualität, dem Orgasmus, der Sexualität der Kinder und Jugendlichen beschäftigt und mit der physikalischen Energie, die hinter den Lebensfunktionen wirkt.

Wilhelm Reich hat selber gesagt, daß er „viel zuviel" entdeckt hat. Er hat immer wieder bedauernd festgestellt, daß die Fülle des zu erarbeitenden Materials und die Unüberschaubarkeit dessen, was noch erforscht werden müßte, ihn selber nur Ausschnitte und grobe Umrisse dessen hat erarbeiten lassen, was möglich und was notwendig gewesen wäre. Der Ansatz der Orgonomie ist derart grundlegender Natur, daß die gesamte Natur-, Geistes- und Sozialwissenschaft neu betrachtet werden müßte.

In einer Zeit, in der die verschiedensten esoterischen und alternativ-wissenschaftlichen Modelle in die Öffentlichkeit drängen und der etablierten Naturwissenschaft immer weniger vertraut wird, hat es die Orgonomie sehr schwer. Diese Wissenschaftsrichtung orientiert sich kompromißlos an der naturwissenschaftlichen Arbeitsmethode, auch wenn sie das Lebendige als Grundlage aller Erkenntnis begreift und sie lehnt alle mechanistischen und mystischen Ansätze ab. Es geschieht heute, daß der Orgonomie entweder überhaupt kein Vertrauen eingeräumt oder daß ihr geradezu unkritisch mystisch vertraut wird. Sie wird als Humbug abgetan oder als Heilslehre von Leuten angeboten, die nicht die geringste Ahnung von ihr haben.

Die Orgonomie Wilhelm Reichs ist unpopulär und wird es sicherlich bleiben, denn die Anforderungen an die Rationalität und Seriosität derjenigen, die mit ihr umgehen, sind sehr hoch. Wer über sexuelle Dinge Zoten reißt oder ängstlich jede Erwähnung sexueller Themen vermeidet; wer vor der Lebendigkeit von Kindern und Jugendlichen Angst hat und wer meint, es wäre natürlich, daß junge, gesunde Menschen asketisch leben; wer lieber einem Anzeigeinstrument vertraut als einer sinnlichen Wahrnehmung oder wer glaubt, ein Gott habe bestimmt, was wir wissen dürfen und was nicht; wer meint, ein

Mensch, der einen anderen liebend umarmt, ohne dazu von einer gesellschaftlichen Institution eine Lizenz zu haben, sei ein Schwein und wer aufgrund
falschverstandener Vorstellungen von Treue lebenslang auf Sexualität verzichtet sei ein Held - wer so oder ähnlich denkt, wird mit der Orgonomie, der
Wissenschaft des Lebendigen, Schwierigkeiten haben.

Wilhelm Reich hat streng darauf geachtet, daß sein Werk nicht für unseriö-
se Praktiken mißbraucht wird und daß sich niemand anmaßt, über Orgonomie
reine Meinungen zu vertreten, die nicht über orgonomische Arbeit und sach-
gerechtes Wissen erworben wurden.

»Es geschieht immer wieder, daß mit Fleiß ausgearbeitete und sorgfältig
dargestellte orgonomische Entdeckungen reinen „Meinungen" begegnen,
die keinerlei Grundlage durch Beobachtungen oder Experimente haben.
Wenn solche Meinungen von einem Chemiker oder Arzt geäußert werden, akzeptiert sie der Laie als „Autoritäts"-Entscheidung, ganz egal, ob
die Meinung auf Beobachtung basiert oder nicht. So entwickelt sich eine
falsche öffentliche Meinung.
   Da „Autorität" auf diese Weise im Interesse unehrlicher Geschäfts-
praktiken oder Politik mißbraucht wird, müssen wir darauf bestehen, daß,
wer immer eine Meinung über die medizinische oder andere Anwendung der Orgon-Energie äußert, zuerst nachweist, daß er die ... Regeln
für die Beobachtung orgonotischer Funktionen befolgt hat. (Wilhelm
Reich, The Orgone Energy Accumulator..., S. 44)

Sowohl in bezug auf seine therapeutischen Entwicklungen als auch was
den Mißbrauch seines Namens angeht, waren seine Warnungen und Forde-
rungen nicht unberechtigt.
   Nach seinem Tod haben sich diejenigen, die sich inhaltlich auf sein Werk
beziehen, in viele Richtungen aufgespalten. Viele derjenigen, die streng
orgonomisch orientiert sind oder waren, haben sektiererische Gruppen gebildet. Manche behaupten ernsthaft von sich, die einzigen qualifizierten Orgon-
Therapeuten zu sein und bezichtigen andere, die ebenso ernsthaft arbeiten,
rundweg als Schwindler. Das Erbe Reichs sind natur-, sozial- und geisteswis-
senschaftliche Erkenntnisse, die niemandem „gehören", auch wenn manche es
behaupten. Ich möchte den Leser hier einfach nur auffordern, kritisch zu sein,
und selbsternannten „Autoritäten" in Sachen Wilhelm Reich und Orgonomie
auf die Finger und in die Veröffentlichungen zu schauen.
   Und noch etwas: Fragen Sie nicht *irgendeinen* Arzt, Therapeuten oder Heilpraktiker, was er vom Orgon-Akkumulator hält. Ein seriöser Mensch wird zu-
geben, daß er keine Beurteilungskriterien hat, aber leider bringen nur wenige
diese Charakterstärke auf. So werden die meisten ablehnend reagieren, was
angesichts der vielen undefinierbaren Geräte, die auf dem „alternativ-

medizinischen" Markt sind, sicher keine falsche Reaktion ist. Aber sinnvollerweise sollte man jemanden fragen, der weiß, worum es geht.

»Ein Arzt ist keine Autorität über den Orgon-Akkumulator, es sei denn,
er hätte den Akkumulator fleißig studiert, ihn regelmäßig benutzt, die
subjektiven Reaktionen gespürt und die objektiven Funktionen gemessen. *Daher gibt es keine anderen Autoritäten auf dem Bereich der Orgonomie, außer denen, die kontinuierlich die Orgon-Energie-Funktionen
studiert haben.*« (W. Reich, The Orgone Energy Accumulator..., S. 45)

Reich wollte sicherstellen, daß diejenigen, die Orgon-Akkumulatoren herstellen und verkaufen und auch diejenigen, die sie benutzen, also alle, die aus der
orgonomischen Wissenschaft Vorteil ziehen, sich auch finanziell an der Orgonomie beteiligen. Daher hat er Orgon-Akkumulatoren zunächst nicht verkauft,
sondern sie nur vermietet. Diese Vermietung stellte einen nicht unerheblichen
Teil seiner Einnahmen für den Unterhalt von Orgonon, seinem wissenschaftlichen Institut in Rangeley, Maine dar. Myron Sharaf schildert, daß Reich zwar
mit Therapiestunden und mit wissenschaftlicher Lehrtätigkeit erheblich mehr
Einnahmen hätte aufbringen können. Aber Reich legte auch auf die eher sym-
bolische Handlung wert, daß jeder der Nutznießer einen Beitrag zu Orgonomie leisten müßte, auch wenn er noch so gering sei.

»Orgon-Energie kann man haben wie Wasser oder Luft und sie ist in
unbegrenzten Mengen vorhanden. Alles was man tun muß ist, dem Benutzer einen Mechanismus zu bieten, um sie zu konzentrieren; das ist,
wie gezeigt worden ist, der Akkumulator. Es müssen Bedingungen geschaffen werden, daß auch die ärmsten Leute sich die konzentrierte
Orgon-Energie leisten können.
    Also ist es die Verantwortung der orgonomisch Arbeitenden, die
Orgon-Energie der größtmöglichen Anzahl von Menschen zugänglich
zu machen. *Aber es gibt auch eine Verantwortung derjenigen, denen
die Orgon-Energie zugute kommt, die Zukunft der Orgon-Energie-For-
schung sichern zu helfen!* Es ist insbesondere nötig zu verhindern, daß
rücksichtslose Ausbeutung der Orgon-Energie stattfindet, sowohl durch
unbarmherziges Profitieren als auch durch Indifferenz gegenüber der Forschung seitens der Nutznießer. ...
    Es besteht nicht die Absicht, ein Monopol auf die Herstellung von
Orgon-Akkumulatoren zu schaffen. Im Gegenteil, kein solches Mono-
pol wäre akzeptabel. Hersteller können die Konstruktion des Orgon-
Akkumulators in größerem Ausmaß gegen eine angemessene Gebühr
und bei einem *vernünftigen* Gewinn für jeden Akkumulator übernehmen. Es sind auch Pläne in Vorbereitung, Informationen für diejenigen

zu liefern, die sich ihren eigenen Akkumulator bauen wollen. (Wilhelm
Reich, The Orgone Energy Accumulator..., S. 45/46)

Ich stelle selbst seit 1977 Orgon-Akkumulatoren sowie andere orgonomische
Geräte her, streng nach den Vorgaben, die Wilhelm Reich für deren Konstruktion herausgegeben hat. Für die Fortführung der Reich'schen wissenschaftlichen und medizinischen Arbeit, wie sie hier in Deutschland u.a. vom Wilhelm
Reich Institut in Berlin geleistet wird, sind korrekt konstruierte orgonomische
Geräte eine zentrale Voraussetzung. Ich versuche auch, mich in meiner Infor-
mations-, Produktions- und Verkaufsarbeit so klar wie möglich nach den
Reich'schen Vorgaben zu richten. So lege ich darauf wert, daß jeder Interessent
zunächst Material über die Orgonomie bekommt, woraus er ersehen kann, was
ein Orgon-Akkumulator ist, wie er funktioniert und wie er eingesetzt wird. Jedermann kann von mir die Informationen zum Eigenbau erhalten. Somit ist
gegeben, daß man sich zum Minimalpreis einen einfachen Orgon-Akkumulator
zum hineinsetzen bauen kann. Für die Herstellung und den Verkauf berechne
ich, wie Reich es für Orgon-Geräte gefordert hat, „vernünftige Gewinne", die
sich sehr von denen anderer Medizingeräte-Hersteller unterscheiden. Außerdem führe ich einen gewissen Anteil des Umsatzes für orgonomische Forschung oder im Reich'schen Sinne wohltätige Zwecke ab. Außerdem betreibe
ich keine Werbung im engeren Sinne. Anzeigen, die ich in Fachzeitschriften
schalte, enthalten wiederum hauptsächlich Informationen zur Orgonomie oder
bieten weitere Informationen an.

Ich meine, auf diese Weise im Sinne Reichs zu handeln. Ich wäre sehr froh,
wenn sich auch andere, die Orgon-Geräte herstellen, nach diesen Kriterien
richteten.

Kapitel 2

Heiko Lassek:
Medizinische Orgonomie
mit Orgon-Akkumulator
und Vegeto-Therapie

Wilhelm Reich wurde 1897 geboren, studierte in Wien zunächst kurz Jura, später Medizin und traf, nachdem er an der Wiener Universität ein Studentenseminar zur Sexologie gegründet hatte, bald auf die Psychoanalyse Sigmund Freuds. Er machte dann eine kurze Lehranalyse bei Paul Federn und wurde sehr schnell aufgrund theoretischer Beiträge und klinischer Beobachtungen als noch junger Medizinstudent in den engeren Mitarbeiterkreis Freuds aufgenommen. Er war in den 20er Jahren einer der brillantesten, wenn nicht der brillanteste Theoretiker der Psychoanalyse, war Freuds erster Assistent, also direkter Stellvertreter am Poliklinikum in Wien, und er leitete lange Zeit das technische Seminar der psychoanalytischen Vereinigung und damit zuständig für die Ausbildung der Analytiker.

Reichs Schwerpunkt und seine grundlegende Fragestellung war: Was ist die Energie der Neurose? Freud hatte ja ursprünglich eine primäre, körperliche, biologische und auch physiologisch nachweisbare Energie vermutet, die er „Libido" nannte. Er setzte sie zunächst zu einem gewissen Teil mit der Sexualenergie gleich. Aus den Blockierungen und Verdrängungen der Körperenergie ließen sich viele neurotische und teilweise auch psychiatrische Symptome erklären. Dieses Modell ließ Freud - nach Reichs Interpretation - etwa 1914 bis 1918 fallen. Reich äußerte sich dazu, nicht ohne Grund, recht wertend: Zusammen mit der gesellschaftlichen Anerkennung der Psychoanalyse rückte ein solches Triebmodell in den Hintergrund, weil darin zwei Reizthemen enthalten waren: zum einen die Verdrängung der Sexualität, zum anderen aber auch die Thematisierung der Hauptwege, über die die Verdrängung sozial weitergegeben wird: die Erziehung und die frühkindliche Entwicklung.

Mit diesem Modell ist also eine Gesellschaftskritik verbunden und so rückte die Betonung dieser beiden Faktoren in der Entwicklung der Psychoanalyse immer weiter in den Hintergrund. Es entwickelten sich eher metaphysische Theorien von Lebens- und Todestrieben.

Reich blieb aber dem ersten Triebmodell grundlegend verbunden. Sein Hauptinteresse war es, die physiologischen Grundlagen, also die medizinische oder naturwissenschaftliche Basis dieser Energie herauszufinden. Er wollte diesen frühen Traum seines Lehrers erfüllen. Freud hatte lange Zeit immer wieder geschrieben, daß es sein größter Wunsch wäre, eine solche anerkannte Begründung zu finden.

In aller Kürze: Nach zahlreichen Untersuchungen und Veröffentlichungen begann Reich, sich nicht nur für die verdrängten Inhalte zu interessieren, sondern auch dafür, *wie* sie verdrängt werden. Und dazu bezog er auch die Gestik und Mimik - den Körperausdruck - des Patienten mit ein - damals eine grobe Regelverletzung, heute eine Selbstverständlichkeit. Er war der erste, der darüber veröffentlichte und diese Faktoren in den Mittelpunkt stellte, und der sich seinen Patienten gegenübersetzte. Es mag jetzt selbstverständlich klingen - damals war dies ein Skandal in der analytischen Bewegung. Wenn Patienten über Träume oder über ihr Leben oder über konfliktbeladene Situationen redeten, beobachtete er die Mimik und achtete darauf, welche unwillkürlichen Bewegungen, z. B. Handbewegungen sie machten, ob sie erröteten und welche Emotionen sie zeigten. Und Reich ging dazu über - ganz vorsichtig -, den Körper des Patienten zu berühren, und sei es nur, um mit einem Händedruck die Atmung zu vertiefen. Das waren Ungeheuerlichkeiten für die orthodoxe Psychoanalyse.

Reich ist in Deutschland auch seit den 60er Jahren als soziologischer Theoretiker bekannt. In Österreich und Deutschland war er Mitglied in kommunistischen und sozialistischen Bewegungen. Eine seiner Hauptveröffentlichungen, die hierzulande sehr berühmt ist, war das Buch *Die Massenpsychologie des Faschismus*. Auch diese soziologische Komponente Reichs wurde für die orthodoxe Psychoanalyse immer störender. Das ganze spielte in die Zeit des Aufkommens des Nationalsozialismus hinein. Psychoanalytiker versuchten, - und das ist nicht nur Reichs Wertung, sondern inzwischen eindeutig belegt - sich den gesellschaftlichen Bedürfnissen immer mehr anzupassen. Namhafte Leute der damaligen Psychoanalytischen Vereinigung in Deutschland waren der NSDAP nahe. Reich wurde aus der Internationalen Psychoanalytischen Vereinigung 1934 ausgeschlossen, letztlich ohne gefragt zu werden und ohne sein Wissen. Und dabei waren diese beiden Gründe ausschlaggebend: die Überschreitung der Taburegeln der Psychoanalyse - wobei er mit der Widerstandsanalyse eine hocheffektive Therapie entwickelt hatte, was auch die Analytiker anerkannten - und eben seine Nähe zum sozialistischen Gedankengut wie sie sich etwa im Buch *Die Massenpsychologie des Faschismus* zeigte.

Reich mußte aufgrund dieses Buches vor dem sich ausbreitenden Nationalsozialismus fliehen und emigrierte nach Dänemark, wo er sehr viele Therapeuten ausbildete. Sein Einfluß als Lehrer und als Lehrtherapeut auf die Analytiker war auch außerhalb der Psychoanalytischen Vereinigung immer noch sehr groß.

Er entwickelte die Psychoanalyse zu einer Technik weiter, die auch den Körper miteinbezieht.

Er hatte z. B. eine Patientin, die ständig wechselnde Erregungen erfuhr. Sie hatte u.a.. Herzrasen, ein „Klopfen" in der Brust oder Erröten und dann wieder sexuelle Erregungen. Immer wenn eine Erregung auftauchte, verschwand eine andere. Bei dieser Patientin - das hat er in einigen seiner Werke beschrieben - stellte sich ihm das erste mal klar die Frage: Was ist das für eine Energie, die sich mal am Herz, mal am Genital, mal am Rücken, mal am Kopf zeigt - was ist der Ursprung, was ist die wirkliche Bedeutung dieser Vorgänge?

Die bio-elektrischen Untersuchungen zu Lust und Angst

Diese Fragen führten in ein Gebiet hinein, das damals sehr wenig bearbeitet war: in die Bio-Elektrizität des Organismus. Reich hatte die Möglichkeit, in einem physiologischen Labor der Universität in Kopenhagen sehr umfangreiche Experimente durchzuführen.

Den Versuchspersonen wurden Elektroden z. B. an die Hand, an die Stirn oder an die Zunge, aber auch an die Genitalien angelegt. Er beobachtete, daß der Organismus - jetzt stark vereinfacht - ein in etwa wellenförmig verlaufendes Grund-Potential hat. Die Versuchsperson hat nun - als ein Beispiel - eine Zuckerlösung auf die Zunge bekommen, in einer angenehmen, süßlichen Konzentration. Das Potential beginnt langsam anzusteigen. Wenn man dieser Person nun z. B. eine bittere Lösung auf die Zunge gibt, so fällt dieses Potential sofort rapide ab. Reich war der Tatsache auf die Spur gekommen, daß irgendein bioelektrisches Geschehen im Organismus auf diese Reize reagiert und machte sehr umfangreiche Untersuchungen dazu.

Bei lustvollen Reizen kommt es zu einer Oberflächenladung, die bei Unlust zusammenbricht. Sie braucht dann wieder einige Zeit um auf das normale Niveau zu kommen. Genauso erforschte er, daß es - wenn man einer Versuchsperson mehrere unlustvolle Reize gibt - immer länger dauert, bis das ursprüngliche Potential erreicht wird, daß also auch eine Art Körpergedächtnis mit der bioelektrischen Ladungsfunktion des Organismus verbunden ist.

Die Versuchspersonen konnten aufgrund ihrer subjektiven Reaktionen auf die verschiedenen Reize beschreiben, was der Versuchsleiter in einem anderen Raum am Kurvenschreiber sehen konnte.

Reich war einer psycho-physiologischen Identität auf der Spur. Er hat die Relationen zwischen Empfindungen, Anatomie und Bioelektrizität erforscht. Er hat sich langsam auf etwas zubewegt, was für ihn zunehmend an Bedeutung gewinnen wird: das Zusammenspiel zwischen den Gefühlen, d. h. dem psychischen Bereich und dem Körpergeschehen. Er hat eines seiner Hauptwerke darüber geschrieben, es heißt *Die bioelektrische Untersuchung von Sexualität und Angst.*

Reichs Modell von Gesundheit und Krankheit

Welche Strukturen im Körper können ein solches Potential auf- und abbauen, können zu solchen Phänomenen führen? Am naheliegendsten war das sogenannte autonome oder vegetative Nervensystem. Es ist das entwicklungsgeschichtlich älteste System, das alle lebenswichtigen Funktionen steuert wie Atmung, Blutgefäßerweiterung, Herzschlag, Verdauung. Aus diesem Grund wird es auch Lebens-Nerven-System genannt. Evolutionär gesehen entwickelte sich unser Gehirn - also unser Zentralnervensystem - sehr viel später.

Dieses vegetative System hat zwei verschiedene Anteile, auf die wir hier zu sprechen kommen. Das ist für Mediziner vielleicht etwas grob-schematisch. Es gibt einige Ausnahmen, aber es ist im großen und ganzen so richtig.

Es gibt den Sympathikus und den Parasympathikus, den wir, weil es gebräuchlicher ist, „Vagus" nennen. Der Vagus macht eigentlich nur den Hauptteil des Parasympathikus aus. Der Sympathikus ist ein Nervenstrang, dessen Funktion einhergeht mit Kampf-Flucht-Reaktionen. Streß etwa ist eine akute oder chronische sympathische Reizung. Dagegen hat der Vagus eher mit Entspannung zu tun, mit den sogenannten trophotropen, d.h. energiewiederherstellenden Funktionen, mit Ruhe und Grundregulation. Der Sympathikus ist eher verbunden mit der Anspannungsreaktion des Organismus und der Vagus eher mit der Weitungsreaktion, mit Entspannung.

Wenn wir dies mit den Forschungen Reichs in Kopenhagen zusammenfügen, ergibt sich der Gedanke, der ihn sein Leben lang leiten wird: Es gibt eine Quelle der biologischen Energie, die - als Arbeitshypothese - gleichzusetzen ist mit den großen, vegetativen Nervengeflechten im Körper. Das größte ist jedermann bekannt: das Sonnengeflecht. Und dann gibt es unzählige Geflechte in der Tiefe des Bauch- und Beckenraums, die paarig angeordnet auf jeder Seite der Wirbelsäule liegen. Darüberhinaus gibt es sie im ganzen Körper. Solange die Energie in diesen Geflechten generiert wird und aus ihnen herausfließt, hat man noch eine psychosomatische Einheit. Dann splitten sich die Funktionen und Wirkungen dieser Energie in die beiden bekannten Bereiche des Körpers: Psyche und Soma, in denen sie zur psychosomatischen Gegensätzlichkeit führen können. Lebendige Grundfunktionen wie Lust oder Angst können aufgrund der For-

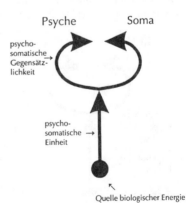

Psychosomatische Identität und Gegensätzlichkeit

schungen zum Oberflächenpotential als entgegengesetzte Bewegungen dieser Energie verstanden werden. Es gibt also einen Kernbereich, den Reich zunächst in den vegetativen Geflechten des Lebensnervensystems sieht. Das subjektive Gefühl der Lust würde demnach einhergehen mit einer Weitung, einem Ausströmen dieser Energie aus dem Kernbereich in die Peripherie: Muskeln, Bindegewebe, Blutgefäße und die Haut. Und die Reaktion der Angst kann man verstehen als eine Bewegung der Energie zum Zentrum hin.

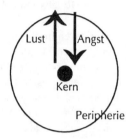

Der Urgegensatz vegetativen Lebens

Ich glaube jeder kennt die Schreckstarre: Der Organismus kontrahiert, wird blaß, erstarrt, der Kreislauf wird zentralisiert.

Zur psycho-physiologischen Identität

Angst ist das „Weg von der Welt", ein Rückzug der bioelektrischen Energie, und das ist mit einem Potentialabfall an der menschlichen Haut meßbar, während die Lust eine „Weitung zur Welt hin" ein „Aus-sich-heraus" ist - quantitativ eine Potentialsteigerung an der Peripherie, an der Haut. Dem liegt aber die gleiche vegetative Strömung zugrunde, die gleiche Lebensnervensystem-Energie, die nur in verschiedene Richtungen fließt.

    Die Sympathikusfunktionen werden mit der Einatmung stimuliert. Die Parasympathikusfunktionen gehen einher mit der Ausatmung. Diese Regulation umfaßt den gesamten Organismus mit allen Funktionen. Zum Beispiel beim Sympathikus: Eine Sympatikusaktivierung hemmt Verdauung, Ausscheidung, Geburtsvorgänge, Sexualfunktionen und Milchbildung bei der Frau und aktiviert Kampf- und Fluchtreaktionen, den männlichen Orgasmus, beschleunigt den Puls, bewirkt Adrenalin- (also Streßhormon-)ausschüttung und baut Zucker (Glycogen) in der Leber ab. Dagegen aktiviert die Vagus-Stimulation Verdauung, Ausscheidung, Geburtsvorgang, Sexualfunktionen und Milchbildung und dient grundsätzlich der Erhaltung, Speicherung von Energie im menschlichen Körper.

    Wir haben auf der biochemischen Ebene, z.B. im menschlichen Blut, bei

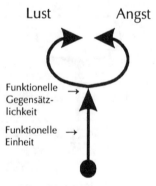

Die funktionelle Identität von Lust und Angst

Sympathikus-Dominanz im Nervensystem eine Zunahme von Adrenalin, Blut-zucker, von Calcium und anderen Elektrolyten im Serum, sowie von roten Blut-körperchen und Eiweißkörpern. Er bewirkt eine Zunahme des Gesamt-stoffwechsels und eine Abnahme von entsprechend anderen Parametern. Wir könnten noch viel weiter hinuntergehen, bis in die kleinste Ebene der biochemischen Übermittlerstoffe und sogar bis hin zur Ebene der Zellrezep-toren. Das vegetative System steuert die Augenreflexe, die Tränensekretion bis hin zur Hörfunktion, alle Drüsen... Es ist ein kleiner Ausschnitt eines sehr komplexen Bildes der Sympathikus- und der Vagusfunktionen. Es gibt kein Organ, das nicht von diesen Einflüssen durchzogen wird, alle unterliegen die-ser Grundsteuerung.

Überall um die Schlagadern liegen diese Nervenplexen, diese großen Geflech-te, die den gesamten Körper durchziehen. Wenn man eine Säure entwickeln könnte, die alles wegätzen würde, außer den Fasern des Lebensnervensystems, dann hätte man das Bild eines gesamten Menschen mit den Organen als Hohl-räumen und man könnte jeden denervierten, toten Zahn erkennen. So fein ist die Versorgung dieses Systems, daß es den gesamten Menschen abbildet.

Als ein letztes Beispiel, auch gerade in dieser Zeit für die meisten nachvoll-ziehbar: das Immunsystem. Alle Reaktionen sind gesteuert. Wenn ein Virus oder ein Bakterium eindringt, reagiert der Organismus zuerst mit dem Über-schuß des Vagus, des Parasympathikus: Die Blutgerinnung verändert sich, zunächst fällt die Temperatur ab und die weißen Blutkörperchen nehmen ab. In der zweiten Phase z. B. eines viralen Infekts ist der Sympathikus aktiv. Die Zusammensetzung der Blutflüssigkeit ändert sich stark, die Leukozyten, die weißen Blutkörperchen, die einen Teil der Immunabwehr leisten, werden akti-viert und andere Gruppen, die für allergische Reaktionen gebraucht werden aber jetzt nicht, fallen stark ab. In der dritten Phase greift wieder eine Vagus-funktion im Körper Raum, wenn der Infekt bewältigt ist und sich die Werte im Körper normalisieren.

Reich hat nun Forschungen im mikroskopischen Bereich gemacht. Er wollte wissen: Wie verhält sich das Lebensnervensystem bei niederen Organismen. Er nahm zunächst durchsichtige Würmer, die kein Gehirn haben, bei denen aber die Geflechte des Nervensystems direkt sichtbar sind - das ist nur bei wenigen Arten der Fall. In einem Aufsichtmikroskop sah er, daß sich das Nervensystem selbst weitete, wenn er die Würmer in eine für sie günstige Umgebung brachte, worauf eine Streckung des Gesamtorganismus, also des Wurms erfolgte. Wenn er dem Organismus Schocks versetze, sah er, daß zuerst das Nervensystem im Körper kontrahierte und dann der Gesamtorganismus des Wurms.

Das heißt: nach diesen Beobachtungen ist das Nervensystem selbst be-weglich, es ist selbst-kontraktil und Bewegungen des Nervensystems gehen den körperlichen Erscheinungen voraus - bei niederen Organismen und wahr-scheinlich auch beim Menschen.

Die Bione: Der Entstehungsprozeß des Lebendigen

Reich machte mit dem Lichtmikroskop - bei Vergrößerungen an der optischen Auflösungsgrenze - Untersuchungen an Einzellern und entdeckte einen Zerfallsprozeß, der für alle organischen Gewebe gilt und zum Teil auch für nichtorganische Materialien.

Zuvor hochstrukturiertes Gewebe zerfällt in Kügelchen, die später einzeln oder in Haufen zusammenliegen und die verschiedene Phänomene zeigen. Sie erscheinen blaugrün im Lichtmikroskop, wenn man standardisiertes Licht und Filter verwendet, und zeigen Bewegungen: Sie rotieren, machen Zickzackbewegungen, sie rollen und - das ist das Entscheidende - sie konfluieren, das heißt, sie verbinden sich blitzschnell über eine Membran miteinander und bilden dann voll entwickelte Protozoen aus. Ich habe darüber Video-Filme hergestellt und öffentlich gezeigt.

Später kommt Reich darauf, daß dieser Prozeß, den er zunächst am Heuaufguß beobachtete, sehr ähnlich, fast gleichartig, im menschlichen Körpergewebe abläuft. Ein derartiger bioenergetischer Zerfall führt dazu, daß amöbenartige Zellen im menschlichen Gewebe entstehen, die denjenigen Zellen entsprechen, die eine Metastasierung im Körper ausmachen.

Diesen Prozeß hat er zunächst jahrelang am Botanischen Institut der Universität Oslo erforscht, mit den damals besten Lichtmikroskopen; er ist durch Filmaufnahmen damals und durch neuere Videoaufnahmen sehr gut dokumentiert. Es ist ein grundlegender Prozeß, der die gesamte Natur durchzieht. Er zeigt einen ganz anderen Verlauf der Biogenese, der Lebensentstehung, als bisher bekannt ist. Die Gleichartigkeit der Vorgänge im botanischen und im animalischen Bereich, bis hin zum menschlichen Körper, ergibt möglicherweise einen neuen Schlüssel für ein ganz anderes Verständnis der Krebserkrankung: nämlich als bioenergetische Erkrankung des Gesamtorganismus. Durch immer geringer werdendes bioenergetisches Ladungsniveau kommt es zum Zusammenbruch von Zellstrukturen. Aus diesem Zellzerfall bilden sich neue Formen, die körperfremd sind oder körperfremd reagieren. Sie tolerieren die Zellgrenzen nicht - wie Zellen das normalerweise tun - und gehen in starke Teilung über. Das sind Merkmale von Krebszellen.

Bei diesen Untersuchungen fiel Reich auf, daß er bei bestimmten Präparaten immer wieder auf einem Auge Entzündungen bekam, wenn er an einem Mikroskop arbeitete, das nur ein Okular hatte. Er hat es zunächst nicht beachtet. Als dies aber auch noch anderen Mitarbeitern geschah, fragte er sich: Geht von diesen Kulturen eventuell eine Art Strahlung aus? Wenn er Reagenzgläser mit diesen Kulturen auf die Haut brachte, ergaben sich rötliche Flecken, also eine Durchblutungssteigerung. Er beobachtete, daß Warzen verschwanden, wenn Kulturen in ihre Nähe gebracht wurden. Das waren zunächst alles mehr oder weniger zufällige subjektive Beobachtungen. Es gab aber mehr und mehr Hinweise dafür, daß eine Art elektrostatischer Strahlung oder Energie von Reagenzgläsern ausgeht, in denen hochkonzentrierte Lösungen dieser Partikel waren, die er Bione nannte.

Die Entdeckung der Orgon-Energie

Der Erforschung dieser Strahlungseffekte widmete Reich über 20 Jahre seines Lebens. Zahlreiche elektrostatische, thermische, elektroskopische Versuche, Wasserverdunstungsversuche usw. zeigten, daß eine Strahlung in diesen Kulturen verborgen liegt und von ihnen ausgesendet wird, die bisher unbekannt ist und die sehr starke organismische Wirkungen hat. Reich versuchte, diese Strahlung abzuschirmen und besser zu beobachten und konstruierte dazu einen Faradaykäfig. Das ist ein Metallschirm oder Metallkasten, um elektromagnetische Energie abzuschirmen. Ein Beispiel dafür wäre ein Auto: im Auto hat man z. B. keinen Radioempfang, deshalb muß die Antenne außerhalb angebracht werden. Nur so können elektromagnetische Signale nach innen geleitet werden. Eine Person im Faradaykäfig ist selber keinen elektromagnetischen Energien ausgesetzt.

Reichs erste Idee war, einen Eisenkäfig aus verzinktem Eisenblech zu bauen, mit einer Luke darin, um dann diese Strahlungsphänomene beobachten zu können. Ihm war aufgefallen, daß in gut abgedunkelten Räumen - nach einer gewissen Zeit, in der sich die Augen an die Dunkelheit adaptieren konnten - um diese Kulturgläschen herum ein bläulicher Schimmer sichtbar war. Das testete er zunächst ganz subjektiv. Er ließ Leute, die davon keine Ahnung hatten, in einen dunklen Raum gehen, sich an die Dunkelheit gewöhnen und dann sollten sie ergreifen, was sie eventuell sehen konnten. Die große Mehrzahl der Versuchspersonen konnte im Dunkeln die blaugrauen Schwaden um diese Röhrchen sehen. Diesen Effekt wollte Reich isolieren, daher der elektromagnetische Abschirmungskäfig. Er stellte die Kulturen hinein und sah, daß das Leuchten genauso stark war, daß also offenbar keine elektromagnetische Energie in diese Röhrchen von außen hineinkommt, sondern, daß sich die Quelle der Energie in den Kulturen selbst befinden muß.

Zu seinem großen Erstaunen waren die Leuchterscheinungen jedoch immer noch darin, als er die Kulturen aus dem Käfig herausnahm. Er machte dann um diesen Eisenblechkasten eine Abschirmung aus organischem Material als Isolatorschicht, z.B. aus Holz oder anderem Nichtleiter. Die Effekte an den Reagenzgläsern verstärkten sich. Ja die Leuchteffekte blieben auch sichtbar, wenn die Reagenzgläser herausgenommen worden waren. Reich zerlegte die Kästen, baute sie wieder zusammen, doch es gab in ihnen auch ohne die Reagenzgläser Leuchterscheinungen.

So entstand der Gedanke: Es muß eine Energie in einem solchen Apparat vorhanden sein, die auf irgendeine Weise von außerhalb, aus der Atmosphäre

und durch die Wände in eine solche Konstruktion gelangt und dort akkumuliert
wird. In weiteren Experimenten zeigte sich:
Je mehr Schichten an Isolator und Metall
um den Innenraum aus verzinktem Eisen
angeordnet sind, um so stärker ist der Effekt im Inneren. Diesen Kasten nannte
Reich „Akkumulator" und später, als er die
Energie nach zahlreichen Experimenten
„Orgon" nannte, „Orgon-Akkumulator".

Reich begann dann zahlreiche Untersuchungen zu dieser Energie, zum Beispiel
Temperatur-Untersuchungen, indem er ein
geeichtes, sehr präzises Labor-Thermome-
ter ins Innere eines solchen Akkumulators
hineinragen ließ und es mit einem Ther-
mometer außerhalb verglich. Er stellte eine
konstant höhere Temperatur innerhalb des
Akkumulators fest. Er machte dazu auch
zahlreiche Experimente im Freien. Wenn er
die Kästen z. B. halb in die Erde eingrub,
dann wäre zu erwarten, wenn die Nacht
kühl ist - dort wo Reich die Experimente
machte, wurde es nachts sehr kalt - daß
der Akkumulator am Morgen viel länger
kalt bliebe als ein kleineres Vergleichs-

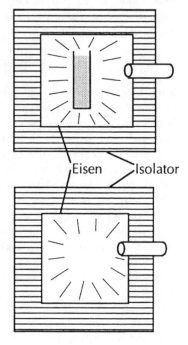

Eisen   Isolator

Strahlungsphänomene
im Orgon-Akkumulator

gefäß. Aber er blieb trotz Auskühlung immer konstant wärmer als ein Vergleichs-
kasten. Hier mußte nach Reichs Interpretation tatsächlich eine Energie am wirken sein, die sich zumindest mit einem ihrer Effekte als thermische Energie
äußert.

Ich will nicht auf alles eingehen, er hat unzählige Experimente gemacht.
Besonders interessant wurde es, als er begann, statische Elektrizität zu messen. Er hat die Entladungsgeschwindigkeit am Elektroskop im Akkumulator
verglichen mit der außerhalb. Hier zeigten sich ebenfalls konstant verringerte
Entladungsgeschwindigkeiten im Akkumulator.

Dabei schwankten die Meßergebnisse sowohl hinsichtlich der Temperatur
als auch der Entladungsgeschwindigkeit der Elektroskope. Nach Monaten bemerkte Reich, daß die Schwankungen der Ergebnisse tageszeit- und wetter-
abhängig waren. Das heißt, sie stehen in Relation zu atmosphärischen Prozes-
sen, die in irgendeiner Art mit dieser Energie, die im Inneren des Geräts gespeichert wird, zu tun haben mußten. Es gab typische Kurven: Höhepunkte um die
Mittagszeit; aber wenn zum Beispiel starker Regen einsetzte, gingen die

Entladungsraten sofort auf Null, genauso bei Gewitter - ein weiterer Hinweis darauf, daß diese Energie atmosphärischer Natur ist und in irgendeiner Weise mit dem Akkumulator in Wechselwirkung steht.

Der nächste Schritt war, Geräte zu bauen, in die er sich selbst und auch seine Mitarbeiter, vorwiegend Ärzte, hineinsetzte. Sie erforschten die Wirkungen dieser Energie auf den menschlichen Organismus. Viele Menschen - bis auf einige wenige, die längere Zeit brauchen, sich daran zu gewöhnen - bekommen nach ca. 20 Minuten in einem solchen Kasten Wärmeschauer, Prickelempfindungen, eine deutlich hörbare Zunahme der Darmperistaltik und eine stärkere Hautdurchblutung. Bei Untersuchungen wurden Veränderungen im EKG, des Hautwiderstandes und der Körperkerntemperatur festgestellt.

Das Sitzen in einem solchen Kasten hat starke Auswirkungen auf das Lebensnervensystem des Organismus und es vermittelt im Wesentlichen einen Effekt, der mit dem Einfluß des Vagus, also des Entspannungsnerves, gleichzusetzen ist.

Reich begann, mit Mäusen zu experimentieren, denen künstlich Wunden zugefügt wurden. Man kann es mögen oder nicht, er hat es jedenfalls gemacht. Es stellte sich heraus, daß die Bestrahlung im Akkumulator die Heilung von Wunden deutlich beschleunigte. Durch Zufall fand er heraus - und das ist bis heute eines der eindrucksvollsten Phänomene, die man am Akkumulator demonstrieren kann -, daß bei Verbrennungen eine ungeheuer beschleunigte Heilung stattfindet und vor allem auch eine deutliche Schmerzminderung eintritt. Außerdem verheilen die Verbrennungswunden meist völlig ohne Narben.

Ich will noch kurz aufzeigen, was heute gesichert erscheint an Wirkungen des Orgon-Akkumulators am Organismus, zum einen durch viele Untersuchungen von Reich selbst, aber auch zum Beispiel durch eine Doppel-Blindstudie an der Universität Marburg . Die Leute wurden dabei in zwei völlig gleich aussehende Kästen gesetzt, von denen einer ein Akkumulator war, der andere nicht, um Suggestion, auch der Versuchsleiter, auszuschließen. Diejenigen, die im Akkumulator gesessen hatten, haben meßbar veränderte Körperfunktionen gezeigt:

– Erhöhung der Hauttemperatur

– Erhöhung der Körperkerntemperatur

– Erhöhung der Herzfrequenz

– Zunahme der Hautdurchblutung

– Zunahme der Darmperistaltik

– Veränderung des Elektrokardiogramms.

Es gibt auch eine größere Reihe von Pfanzenuntersuchungen zum Orgon-Akkumulator. Es findet eine starke Zunahme der Keim-Wachstumsgeschwindigkeit unter der Bestrahlung mit dem Orgon-Akkumulator statt.

Von den physikalischen Effekten lassen sich einige nicht so klar nachweisen, wie Reich sie beschrieben hat. Da gibt es unter den verschiedenen Experimentatoren Differenzen. Ein schönes, einfach durchzuführendes und statistisch gut ausgewertetes Experiment von James DeMeo ist die konstant verminderte Wasserverdunstung im Akkumulator gegenüber Kontrollapparaturen, und zuletzt die Entwicklung von ionisierenden Wirkungen in nicht-ionisierten Vakuumröhren, d.h. sie beginnen nach Monaten im Akkumulator zu leuchten.

Das energetische Funktionsmodell des Organismus

Ich will jetzt aufgrund dieses medizinischen und physiologischen Hintergrundes den Sprung machen zu einem bioenergetischen Verständnis von Erkrankungen. In einem früheren Vortrag hatte ich die Reich'sche Blutdiagnostik vorgestellt, die es ermöglicht, den bioenergetischen Zustand eines Organismus zu erfassen und aufgrund des Lebendblutbildes eine eventuelle Disposition für eine schwere Erkrankung festzustellen.

Wenn wir Reichs Modell eines Gesamtorganismus nehmen, dann ist die Haut in einem einfachen Arbeits-Schema die Peripherie. Die mittlere Schicht besteht aus der Muskulatur, den Knochen, den Gelenken und dem Bindegewebe. Der vegetative Kern besteht aus dem Nervengewebe, das als Geflecht den Gesamtorganismus durchzieht. In diesem Kern wird Energie produziert. Diese Energie sucht Entladung durch die Schichten hindurch. Eine der Hauptfragen, die Reich erforscht hat, war: Wie entsteht Krankheit? Durch eine Blockierung des Lebensnervensystems, eine Blockierung der Oszillation zwischen Sympathikus und Parasympathikus. Die Energie stößt an Blockierungen im menschlichen Organismus und dies äußert sich über symptomatische Auslaßkanäle.

Wir nehmen zunächst ein einfaches Bild, es wird gleich komplizierter: Wir haben jemanden mit tränenden Augen, laufender Nase und mit Husten, also sehr banalen Erscheinungen. So haben wir das vertraute Bild einer ganz normalen Grippe, eines grippalen Infekts.

Wenn man jetzt therapeutisch in der Art wie ich es später noch demonstrieren werde, arbeitet, wird man versuchen, den ursprünglichen Energieimpuls vom biologischen Kern durchzulassen bis an die Peripherie des Organismus, bis hin zu einem psychophysischen Ausdruck. Was wäre wohl der primäre Impuls, der hinter einem solchen Geschehen steht: Tränende Augen, laufende Nase und Husten? Wir werden in den Bereich der Grundaffekte des Organismus verwiesen: Trauer, Sorge oder Weinen! Dieser

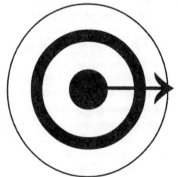

Primärimpuls

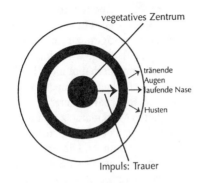

*Energetisches Modell
des menschlichen Organismus*

Impuls des Kerns ist in Richtung Peripherie geblockt und äußert sich in symptomatischen Entladungskanälen.

In der bioenergetischen Arbeit mit einem Patienten - und damit meine ich die Therapie nach Reich und nicht nach Alexander Lowen, ich benutze das Wort „bioenergetisch" umfassender - käme dieser Mensch innerhalb einer Therapiesitzung durch eine Mobilisierung der Körperenergie in ein ganz tiefes Weinen und Schluchzen. Die gesamten Krankheitssymptome könnten sich innerhalb eines Nachmittags erledigen. Der primäre Impuls des Kerns an den Organismus kann durchbrechen und die sekundären, kompensatorischen Mechanismen der Entladung sind als Symptome nicht mehr notwendig. Man verschafft der Bioenergie den ungehemmten Ausdruck im Gesamtorganismus.

Nehmen wir ein komplizierteres Modell: Wir haben den Kern und verschiedene mittlere Schichten und wiederum eine äußere Schicht: die Haut. Um zum Beispiel die Wirkungsweise von Medikamenten zu verstehen, nehmen wir folgende Schichten in diesem Schema an: Außen die Haut, dann Gelenke und Knochen, schließlich glatte, vom Lebensnervensystem versorgte Muskulatur wie Herz- und Darm-Muskulatur oder auch unzählige andere im Körper. Die letzte Schicht betrifft also eine sehr tiefe, nahe am Kernbereich befindliche Ebene. Jemand hat nun ein Ekzem, eine Hauterkrankung. Sie geht nicht weg. Ein tiefer, unausgedrückter Impuls vom Kern, z.B. Wut, die nicht ausgedrückt werden konnte, entlädt sich an die Haut. Man versucht es mit Salben, mit Homöopathie, mit allen möglichen verschiedenen Einwirkungen und es geht nicht weg. Zuletzt wird der Arzt Cortison empfehlen. Das Symptom verschwindet. Cortison ist ein sehr starkes, präzise wirkendes Medikament, das über Vermittlersubstanzen auch stark in das Vegetativum eingreift. Der sekundäre Entladungskanal der primären Energie wird verschwinden. Wie die meisten von Ihnen wissen: Nach einem halben oder dreiviertel Jahr mit Cortison, je nach Dosierung, werden sich Gelenkerscheinungen zeigen, rheumatoide Gelenkschmerzen. Die Energie ist zurückgedrängt vom ursprünglichen Ausdrucksort und streut jetzt in einen tieferen Bereich. Der rheumatische Formenkreis ist heute noch eine der häufigsten Todesursachen, was wenig bekannt ist. Man wird Versuche machen: mit Bädern, mit Linderungen durch verschiedene Medikamente, und mit großer Wahrscheinlichkeit wird Cortison helfen. Und wiederum wird das Symptom verschwinden und wieder wird das Entladungs-

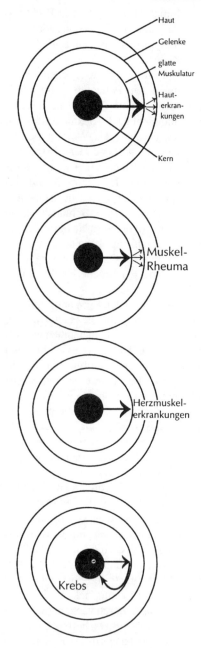

geschehen in eine tiefere Schicht zurückgedrängt. Die Grundlage, nämlich das Unvermögen zur bioenergetischen Entladung, wird durch diese Behandlung überhaupt nicht berührt. Und was geschieht, wenn der Mensch auch diesen Kanal verliert? Er wird an der glatten Muskulatur, z.B. am Herzmuskel, schwerwiegendste Entzündungen bekommen. Die Energie entlädt sich nun an dieser Schicht. Und so wird mit verschiedenen medikamentösen aber auch mit regulativen Behandlungen ein Symptom zum verschwinden gebracht, aber der Grundmechanismus, der Aufstau bioenergetischer Entladung, wird in keiner Weise berührt. In der letzten Phase, wenn alle Kanäle verschlossen sind wendet sich die Energie „back into the core" gegen den Kern selbst. Der Kern greift zur primitivsten biologischen Entladungsebene zurück, um diese aufgestaute Bioenergie doch noch zu entladen. Und das ist eben ungehemmte Zellteilung und das heißt: Krebs.

Symptome, die ein Mensch hat - das ist das Bedeutsame an diesem Modell -, werden grundsätzlich als kompensatorische Mechanismen der Entladung von körpereigener Energie gesehen. Nicht die Symptome liegen im Zentrum der Betrachtung, sondern das Grundgeschehen - die mangelnde Oszillation zwischen Vagus und Sympathikus, die mangelnde Pulsation zwischen Weitung und Anspannung, zwischen „nach außen" und „in sich zurück".

Ich glaube, jeder weiß, daß man, wenn man Sorgen oder Kummer hat mit dem Lebenspartner oder im Beruf - sich tausendmal eher eine Infektion zuzieht, als wenn man freudig und wirklich ganz vital ist. Man könnte im Winter nackt durch den Garten laufen. In einer anderen Stimmung reicht es, daß man 10 Minuten am offenen Fenster sitzt und man hat eine Erkältung. Wenn man Kummer hat, ist die Produktion solcher Symptome sehr wahrscheinlich. Wenn man dieses Modell übernimmt, ist es auch eine interessante Frage: An welchem Punkt greifen z. B Regulationstherapien wie Akupunktur oder auch Neuraltherapie ein? Wie weit greifen sie auf den Kern in diesem Modell zurück und auf die starke affektive Entladung der Energie oder wieweit modulieren sie eventuell - hoffentlich nicht, aber eben doch möglicherweise - nur das Geschehen an den jeweiligen Schichten. In allen naturheilkundlichen Therapien ist das Modell der Symptomverschiebung bekannt, d.h. ein Symptom verschwindet und innerhalb von drei bis vier Monaten kommt ein anderes hervor. Die kompensatorischen Mechanismen werden verdrängt und die Energien suchen sich dann nur einen anderen Weg der Äußerung, zumeist tiefer im Organismus und damit bedrohlich näher am Kern.

Die bio-physikalische und die bio-psychiatrische Organ-Therapie

Reichs Weg war - das will ich nur kurz erwähnen, weil es schriftlich vorliegt - die Behandlung von schwerkranken Menschen mit dem Akkumulator. Er hat viele Menschen behandelt und bei einigen ist nach seinen Aufzeichnungen der Krebs ganz verschwunden. Es waren von der Schulmedizin aufgegebene, sehr gut dokumentierte Fälle, einschließlich Röntgenaufnahmen. Staatliche Kliniken hatten ihnen den Befund gegeben, daß keine weitere Behandlung erfolgreich wäre. Er hat sie in den Akkumulator gesetzt und ganz erstaunliche Veränderungen in den Krankheitsprozessen hervorrufen können, in einigen Fällen sogar, wie gesagt, das Verschwinden der Tumore, Kleinerwerden oder Ödembildung und in manchen Fällen Stillstand. In wenigen Fällen sehr wenig oder gar nichts.

Auf jeden Fall zeigte sich, daß die Orgon-Energie tief in den Organismus, in die Kernbereiche hineinwirkt und daß eine grundlegende, tiefe Reaktion in Gang gesetzt wird. Reich nannte sie *B-Reaktion*, ähnlich wie er im Zusammenhang mit der Blutdiagnostik eine Reaktion, die einer typischen Reaktion bei krebskranken Menschen entgegenwirkt, *T-Reaktion* nannte.

Unter dem Einfluß des Akkumulators kommt es zu einer Dehnung des Organismus aus dem Kernbereich in die Peripherie. Die bioenergetische Ladung bewirkt - und das ist das Wesen der Orgontherapie - die Weitung, die Streckung, die Wiederentfaltung des Organismus.

Reich entwickelte über die Jahre hinweg aus seiner Arbeit mit dem Körper heraus ein therapeutisches Verfahren, die *Orgontherapie* - eine Therapie beruhend auf dieser atmosphärischen Energie, die in allen Organismen, allen lebendigen Organisationsstufen die biologischen Prozesse steuert. Die Orgontherapie hat zwei Säulen: die *bio-physikalische* und die *bio-psychiatrische* Therapie.

Die bio-physikalische Therapie ist der Einsatz des Orgon-Akkumulators und eines anderen Gerätes, das nach dem umgekehrten Prinzip funktioniert, das die Energie vermindern kann und daher sehr gefährlich ist, und das den seltsamen Namen „Medical DOR-Buster" trägt.

Die bio-psychiatrische Therapie ist die klassische Orgon/Vegetotherapie, direkt zwischen Behandelndem und Behandeltem, ohne jeden Einsatz von physikalischen Geräten.

Beide Aspekte haben nichts anderes zum Gegenstand und Ziel, als die Wiederherstellung der natürlichen Pulsation der Energie zwischen biologischem Zentrum und Peripherie, die Wiederherstellung der völligen Schwingungsfähigkeit dieser Prozesse im menschlichen Organismus.

Alle Krankheiten haben etwas damit zu tun, daß diese Schwingung gestört ist. Der Zustand einer Erstarrung des sympathischen Systems - ein akuter Streßzustand - führt dazu, daß diese Schwingung schneller und kleiner wird. Der Organismus reagiert mit Anspannung. Das ist an sich völlig normal, auch wenn es mal einen Monat dauert, bis sich wieder der normale Zustand einstellt. Wenn der Zustand aber länger anhält - verursacht durch Einflüsse aus der umgebenden persönlichen, familiären, kulturellen Welt -, wird diese Anspannung, diese Kontraktion chronisch. Und diese chronische Anspannung ist nichts anderes als der Ausdruck einer chronisch veränderten Energieleitung im sympathischen System, die zunächst noch funktionelle Symptome im Organismus zeitigen kann wie Krankheitsanfälligkeit, aber später auch zu morphologischen und anatomischen Veränderungen an Organen führt.

Zum Beispiel Bluthochdruck: Wir alle haben solche Schübe, das macht überhaupt nichts, im Gegenteil, jemand der wechselnde Blutdruckwerte hat, ist sehr viel gesünder, als jemand, der starre hat - das weiß man heute. Aber bleibt der Blutdruck über Monate und über ein Jahr erhöht, stellt sich das gesamte Regelsystem des Körpers darauf ein. Bleibt das der normale Hintergrundzustand des Organismus, den man vielleicht gar nicht bemerkt, dann gibt es z. B. Veränderungen an den Gefäßen, an den Hauptschlagadern oder an den Nierengefäßen. Diese Gefäße wirken jetzt selbstverstärkend auf den Hochdruck zurück. Es beginnt der Kreislauf, der dazu führt, daß Bluthochdruckerkrankungen neben Krebs die Todesursache Nummer eins sind in der westlichen Welt. Etwas ist chronisch geworden, hat sich innerhalb des Organismus auch körperlich, somatisch manifestiert. Ohne grundlegende Arbeit an den Energiezyklen hat man keine Chance, dem beizukommen und grundlegende Veränderungen zu erreichen. Morphologische Veränderungen sind allerdings in vielen Punkten überhaupt nicht mehr rückgängig zu machen, manche können aber vom Körper getragen werden.

Energiefluß im menschlichen Körper - Zentrum und Peripherie

Dazu ist ein sehr langer Artikel erschienen in *Energie und Charakter Nr. 10 - Zeitschrift für Biosynthese - Somatische Körpertherapie*, den ich nach acht Jahren Arbeit mit schwerkranken Menschen geschrieben habe. Ich berichte darin über den Weg, der sich für mich, d.h. für die Entwicklung meiner Patienten als der beste herausgestellt hat. Dort ist angerissen, was ich in Ausbildungen und Weiterbildungen weiterzugeben versuche.

Soweit ich weiß, hat niemand sonst auf somatischem Gebiet so wie Reich gearbeitet. Ich habe 1985 damit begonnen und habe viele Irritationen und Schwierigkeiten durchquert bei den Bemühungen, mit dem Reich'schen Modell mit schwerkranken oder von der Schulmedizin völlig austherapierten und aufgegebenen Menschen zu arbeiten. Es gab immense Widersprüche, die sich teilweise durch wiederholtes, vertiefendes Lesen von Reich aufgeklärt haben, die aber teilweise zu einer ganz neuen Terminologie führten und zu einer Erweiterung der Behandlungsmethode.

Es gibt drei verschiedene energetische Typen des menschlichen Organismus. Es sind drei verschiedene Typen der Bioenergie-Ladungs-Halte-Kapazität, zu denen jeder Mensch gehört. Bei der Geburt sehe ich die drei verschiedenen menschlichen Reaktionstypen noch als sehr nahe beieinanderliegend. Sicher gibt es auch Einflüsse, die vor der Geburt liegen - die Schocks, das, was die Mutter an Substanzen zu sich nimmt, das soziale Umfeld in das ein Mensch hineingeboren wird. Das alles und noch viel mehr - auch Faktoren die wir nicht kennen - wirkt in vielfältiger Weise auf den Organismus.

So bilden sich durch Umwelteinflüsse, durch soziale Gegebenheiten und möglicherweise auch durch genetische Disposition - das weiß ich nicht - verschiedene Strukturen heraus. Diese Strukturen können sich im Laufe des Lebens weiterentwickeln. Die Frage ist immer, wieweit ist er/sie in die eine oder andere Richtung fortgeschritten.

Nehmen wir einen Menschen auf der Krebslinie, dann ist er weit weg von der ursprünglichen Linie, der ursprünglichen Krümmung im Raum, wenn eine Krankheit auftaucht. Eine andere Linie, die sich weit nach hinten entwickelt, ist der Typ „Leukämie".Diese wird zwar auch als Blutkrebs bezeichnet, aber in allen Therapien naturheilkundlicher oder ganzheitlicher Art ist bekannt, daß Leukämie auf fast nichts reagiert und sich insbesondere bei Medikamenten, die

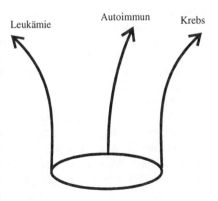

Leukämie   Autoimmun   Krebs

auch bei Krebs gegeben werden, völlig anders verhält als Krebs. Bei allen umfassenden Therapiearten werden bei Leukämie nie dieselben Medikamente gegeben werden wie bei Krebs, da diese oft zu einer Verschlimmerung beitragen.

Und der dritte Typ, der zunächst als der stabilste erscheint, ist der Typ der Autoimmunkrankheiten. Er kann unter ungünstigen Lebensbedingungen schwere Darmschleimhautveränderungen wie Morbus crohn, Colitis ulcerosa oder leichtere Sachen wie Allergien, Asthma bronchiale usw. entwickeln.

In der Orgontherapie ist nun die Frage, wo man einen Menschen auf einer dieser Bahnen trifft. Ist er schon sehr weit fortgeschritten, hat er eine ganz typische Reaktionsstruktur, die zunächst unbeeinflußbar erscheinen mag. In einem langen therapeutischen Prozeß, soll diese Reaktionsweise wieder so weit wie möglich zurückgedrängt werden, bis sie den anderen Reaktionstypen nahe ist.

Der Krebstyp: Ich rede jetzt zuerst über die älteren an Krebs erkrankten Menschen, mit denen auch Reich vor allem gearbeitet hat. Sie waren alle über 50 und darin liegt ein Schlüssel zum Verständnis dessen, was er gemacht hat. Die älteren Krebspatienten, werden charakterologisch oft als höflich, bescheiden, unfähig zu Aggressionen beschrieben. Der Organismus hat eine mangelnde Ladungshaltekapazität. Das heißt, weder die äußere Schicht - die Haut - noch die mittlere Schicht - Muskulatur und Bindegewebe - noch der biologische Kern sind stark geladen. Wie Reich in seinem Hauptwerk *Der Krebs* beschrieben hat, gibt der biologische Kern in seiner Energieproduktion selbst nach. Die Energie wendet sich daraufhin zurück, der Kern bricht zusammen und hat keine Ladungshaltekapazität mehr.

An Krebs erkrankte Menschen - und das war für mich so erstaunlich, als ich begonnen habe zu arbeiten - zeigen oft schon in der ersten Stunde wunderschöne, wellige, fließende Bewegungen der Körperenergie. Ich war völlig schockiert und mir wurde zuerst einmal das feste Bild weggenommen, weil Menschen mit schweren Metastasen, die nur noch kurze Zeit zu leben hatten, Bewegungen zeigten, die bei einer Therapie nach Reich von normal Gesunden nach vielleicht anderthalb Jahren erreichbar sind. Das war für mich ein absoluter Widerspruch. Es gibt eine Stelle in *Der Krebs* von Reich, die auf den ersten Blick das ganze Bild, das er vorher aufgebaut hat, umkippt: daß der Orgasmusreflex bei Krebskranken äußerst leicht zu erreichen ist! Das erscheint verrückt, weil der Orgasmusreflex, die wellenartige Bewegung des Organismus, bis dahin laut Reich das Kennzeichen der seelischen und körperlichen Gesundheit war, also des psycho-physiologisch guten Funktionierens.

Er hat nur ein paar Sätze dazu geschrieben, aber genau diese Sätze waren es, was ich über Jahre erfahren habe: Aufgrund der mangelnden Haltekapazität des Kerns wird jede Art der Energiezufuhr durch Atmung oder Bewegungsmuster und Spannungen, die wir in der Therapie benutzen, vom Körper aufgenommen und sofort wieder herausgegeben - in diese Bewegung. Das heißt, der Körper ist auf eine Art durchlässig, die von außen wunderschön erscheint, aber in Wirklichkeit nichts anderes bedeutet als: hinein und hinaus. Dem Organismus fehlt die Möglichkeit, diese Energie zu halten.

Im Gegensatz dazu ist bei schwer an Leukämie oder am Lymphsystem Erkrankten - ich sage als Beispiel „Hodgkin", das werden einige schon gehört haben - der Kern völlig überladen. Die Leute haben einen für sie selber oft als bedrohlich empfundenen „glühenden Vulkan" in ihrem Inneren, der aber nach außen gar nicht sichtbar ist. D.h. die Peripherie ist blaß, hat gar keine Energie, erscheint gewissermaßen hohl, was bei diesem Typ oft verdeckt ist, wenn er sehr muskulös erscheint, z. B. durch Sport, Bodybuilding und dergleichen. Aber, wenn man hineinfaßt, merkt man: Da ist keine Spannung, keine Ladung, keine Fülle-Kapazität vorhanden. Also das absolute Gegenteil zum ersten Modell: ein völlig überladener Kern, den man massiv auf allen Ebenen zur Entladung zu bringen versuchen muß, um diesen Vulkan zu entlasten, der sich sonst letztlich dadurch entlädt, daß er hunderttausende von weißen Blutkörperchen produziert. Das ist, vereinfacht gesagt, Leukämie, Blutkrebs.

Der dritte Typ ist der relativ gesündeste. Ich sage das, weil er am wenigsten vom Tod bedroht ist, weil er am verbreitetsten ist und weil immer noch eine gewisse Schwingung da ist. Es ist der Autoimmun-Typ. Ich nehme mal Asthma als Symptom dieses Typus, was nicht so weit auf dem Ast entfernt liegt, also nicht so sehr als Schwersterkrankung gilt, obwohl man auch daran sterben kann. Das ist der Typ, der eine hohe Spannung im Innern hat, die Ladung kommt in schweren Ausbrüchen an die Peripherie, ist dann überschießend und äußert sich in einem „Erfolgsorgan", was meist historische, lebensgeschichtliche, individualpsychologische Wurzeln hat. Zum Beispiel an der Lunge: der asthmatische Anfall. Oder am Hautgeschehen: Leute, die Erscheinungen wie Neurodermitis haben, werden gut nachvollziehen können, daß, wenn sie überschießende Streß-oder Wutreaktionen haben, die Energie aus dem Kern herausspringt. Aber es ist noch eine Kommunikation da zwischen allen Schichten. Auf einmal explodieren der Hautausschlag, das Jucken und die gesamten Symptome. Das wäre also - auch wenn es für den Betroffenen nicht besonders schön ist, weil aus dem Kern heraus immer noch eine überschießende Entladung erfolgt - der Typ, der noch am besten damit leben kann, jedenfalls nicht in solch große Bedrohungen hineingeht wie Krebs oder Leukämie.

Die plasmatische Pulsationsarbeit in der Vegeto-Therapie

Mit unserer Arbeit versuchen wir, vereinfacht gesagt, den Krebs- und den Leukämietyp so weit wie möglich von ihrem weit ausgeprägten Ast der Entwicklung zurückzubekommen und in Richtung Autoimmun zu verzweigen. Das heißt, die Leute reagieren mehr und mehr wie ein Autoimmun-Typ und das geht

mit der Reduktion und dem Verschwinden der Symptome einher. So haben
Menschen, die lange Zeit an Krebs leiden, oft jahrelange keine hoch-fieberhaf-
ten Infekte gehabt. D.h. der Körper reagiert nicht mehr. Reich nannte das gesunde Reagieren „Lumination", Zellerregung. Davon ist der einfachste Ausdruck das Fieber. Der Körper ist bei Krebskranken nicht mehr fähig, auf einen
Erreger so zu reagieren, daß der gesamte Organismus mit wirklich hohen Tem-
peraturen entflammt. Und ein Ziel von mir ist es - und ich habe es bisher immer
erreicht -, daß an Krebs erkrankte Menschen nach vielleicht anderthalb Jahren
hochfieberhafte Infekte bekommen. Dann weiß ich, daß sie weit aus ihrer, sie
bedrohlichen Entwicklungslinie herauskommen und andere Prozesse im Körper können greifen. Da sie nie krank waren kriegen sie oft Angst und dann
stehe ich plötzlich da und sage: „Ich
beglückwünsche Sie zum Fieber".

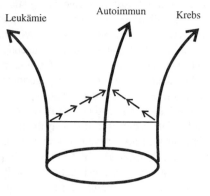

Viele große naturheilkundliche
Ärzte haben damit gearbeitet, daß
sie den an Krebs erkrankten Menschen zu künstlich erzeugtem Fieber gebracht haben. Bei Issels war
es der Schlüssel zu seiner Therapie,
den Körper mit Schüben von hohem
Fieber zu reaktivieren, wieder in
Lumination, in bioenergetische
Zellerregung zu bringen, und damit
das bioenergetische System wieder
in die Lage zu versetzen, Widerstand
gegen die Krebsgeschwulst leisten
zu können. Er ist einer der wenigen, der über die Heilung von schwersten
Krebserkrankungen sehr gut dokumentierte Akten mit Röntgenbildern hat.

Genauso ist es bei Reichs Orgon-Akkumulator. Er allein macht ein „mildes
Fieber", wie Reich es beschreibt, aber er allein reicht auch nicht. Der Orgon-
Akkumulator ist ein wunderbares Gerät für die harmonische Unterstützung
eines solchen Prozesses. Und welche unglaublichen Wirkungen er zeitigt, das
habe ich in meinem Bericht über siebzehn Menschen veröffentlicht, die ich
lange behandelt habe, die zum großen Teil vom Morphium herunterkamen auf
Aspirin und Orgon-Akkumulator zusammen - das haben meine Patienten entdeckt, nicht ich. Sie haben zum großen Teil dreimal solange, manche auch
länger, überlebt wie die prognostizierte Überlebensrate. Und das nur mit dem
Akkumulator. Nur wenn sie aufgrund von Blockierungen Schmerzen bekamen,
habe ich mit einigen wenigen orgontherapeutisch, also körpertherapeutisch
gearbeitet, um die Blockierung gegen die Aufnahme von Energie über den
Akkumulator zu beseitigen. Das sind Praktiken, die ich heute weitergeben kann.
Das können auch Angehörige durchführen, es sind präzise, gute Instrumente,

um Blockierungen bei an Krebs erkrankten Menschen aufzulösen, damit sie den Akkumulator weiterbenutzen können.

Ich kann nur sagen: Es ist kein Allheilmittel. Es ist ein wunderbares Mittel bei vielen Schmerz-Zuständen, eine so ungeheure Entdeckung von Reich in bezug auf die Schmerzlinderung und Erleichterung - auch des Sterbens - bei multipler Metastasierung, wie es normalerweise für Mediziner nicht vorstellbar ist. Die Apparatemedizin kann das nicht leisten.

Ich möchte jetzt noch darauf eingehen, wie man mit den drei Grundtypen arbeitet - drei verschiedene Modelle für die Mobilisierung von Energie im menschlichen Organismus, die drei verschiedene, sehr präzise Techniken benötigen, um mit dem jeweiligen Typ umzugehen. Es ist so, daß durch Körpertherapien, die auf der Mobilisierung und ausschließlichen Entladung von Energie beruhen, zahlreiche Menschen auch krank werden können.

Zum Beispiel kann für jemand, der in meinem Modell auf der Entwicklungslinie „Krebs" ist, mit einer Körpertherapie der neo-reichianischen Schulen der krebsbildende Prozeß verstärkt werden. Auch Personen des „Autoimmun"-Typs erkranken leicht, so daß es z.b. unter der Therapie zum Ausbruch von Hauterkrankungen, asthmatischen Anfällen, allergischen Reaktionen usw. kommt. Für den dritten Energietyp, dem „Leukämischen", der sich auch interessanterweise am meisten an eine solche Therapie wendet, - weil er sich selber als immobil empfindet und mobilisiert werden möchte - ist jede Arbeit der neoreichianischen Schulen gut, aber für den zu Krebs neigenden Typ halte ich für außerordentlich gefährlich.

Wie sieht diese Arbeit nun aus? Die einfachste Grundübung von allen ist die Mobilisierung von Energie durch den menschlichen Organismus und die Ermöglichung von Schwingung im menschlichen Körper.*

Wir arbeiten bei dieser Technik im Stehen. Der Behandelte und der Behandelnde stehen, arbeiten von den Füßen aufwärts wie in vielen uralten Systemen, etwa in der taoistischen Medizin und in verschiedenen anderen Heillehren. Über die Füße hinweg, über die Knie bis in den Beckenbereich leiten wir die Energie immer weiter nach oben, bis sie völlig durch die Extremitäten - also Arme und Beine - geht und zum Schluß den Kopfbereich erfaßt und das Gesicht zum Zittern bringt.

Die stehende Stellung ist die einfachste und die wichtigste Stellung zum Mobilisieren von Energie. Ich kanalisiere die Energie über verschiedene Druckpunkte.

Man kann sich vorstellen, daß bei jemandem, der ein chronisches Engegefühl in der Brust hat, und der vielleicht schon weiter fortgeschritten ist - mit schweren asthmatischen Erkrankungen - zunächst sehr heftige, schroffe Be-

---

* Heiko Lassek demonstrierte für den Vortrag die Grundübungen an drei Probanden, ein ausführliches Video über die anfängliche Arbeit am Organismus ist bei Fischer-ORGON-Technik erhältlich.

wegungen aufkommen. Es sind extreme Ausbrüche von Energie, die sich motorisch entladen, vor allem in der anschließenden liegenden Position. Diese Übungen bringen eine unglaubliche Entladung im Ausdrucksgeschehen, was auch - das darf man nie unerwähnt lassen - zu völlig veränderten psychischen Verhaltensweisen, z.b. gegenüber dem Partner oder im Berufsleben führen kann.

Was wir in dieser Therapie machen, ist, daß wir vom Anspruch her weder mit der Psyche, noch mit dem Soma, dem Körper, arbeiten, sondern wir versuchen ganz unten am biologischen Kern anzusetzen und den energetischen Fluß so weit wie möglich in Gang zu setzen, um eine Oszillation, eine Schaukelung in beide Bereiche zu bekommen. Der Einstieg in diese primäre, tiefste Arbeit, wie Reich sie zum Schluß in seinem Hauptwerk beschrieben hat, ist die „plasmatische Pulsationsarbeit", - für mich der zutreffendste Begriff von allen - d.h. das Plasma des Körpers wieder in Schwingung, in Pulsation zu bringen. Das ist die Arbeit direkt mit dem vegetativen energetischen Strom, der sich in beiden Bereichen äußert und zu immensen Veränderungen im Leben der Betroffenen führt - nur mit dieser einfachsten Technik.

Wenn jemand an Leukämie erkrankt ist, kann es vorkommen, daß er ein halbes Jahr lang in den Übungen steht und in den Extremitäten kommen keine Impulse an. Es gibt nur furchtbare Muskelschmerzen. Der Kern glüht und ist nur mit massivsten Interventionen, durch Drücken von Punkten und durch Anspannung, zur Entladung zu bringen. Gleichzeitig ergibt diese Arbeit von Woche zu Woche Unterschiede und Ergebnisse, die direkt mit dem Blutbild korrelieren. Es gibt Menschen, die mit 380.000 weißen Blutkörperchen - normal sind je nach Krankheit 4.000 bis 6.000 - zu mir kommen und eine rapide Abnahme haben, bis an die Grenze von 70.000, nach Jahren der Arbeit auf 17.000 bis 18.000, auf Werte also, die chronischen Infektionen entsprächen. So stark kann man mit einer solchen Entladungs- und Pulsationsarbeit selbst schwerste körperliche Störungsprozesse bei Erwachsenen grundlegend beeinflussen.

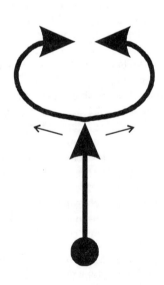

Und genauso gibt es sehr tiefe Techniken, die aber sehr viel längere Zeit brauchen, um bei an Krebs erkrankten Menschen über die Ladungs-Halte-Kapazitätserhöhung direkt an den Prozeß der Krebserkrankung heranzugehen. Dies geschieht in extrem schwierigen Positionen unter Kanalisierung des Körper-Energiesystems.

Als Arzt ist es für mich das höchste und würdigste Ziel der Humanmedizin, menschliches Leiden zu mindern und, so es gelingt, zu verhüten. Wenn das durch den Einsatz einer derart einfach herzustellenden Apparatur wie den von Wilhelm Reich entwickelten Orgon-Akkumulator zu leisten ist, darf diese Behandlungsmethode nicht länger außerhalb einer breiten öffentlichen und fachlichen Diskussion verbleiben.

Heiko Lassek

Dies ist die Abschrift eines Vortrags, den Heiko Lassek am 6. Januar 1995 an der FHW, Berlin im Rahmen der von Veranstaltungsreihe „Einführung in die Arbeiten Wilhelm Reichs" gehalten hat. Die Veranstaltung umfaßte außerdem noch einen umfangreichen Frage- und-Antworten-Teil, auf den an dieser Stelle aus Platzgründen verzichtet wurde. Diese Veranstaltung sowie weitere Vorträge von Heiko Lassek über orgonomische Medizin und Vegeto-Therapie sind bei Fischer-ORGON-Technik (Schlußdorfer Str. 52, D-27726 Worpswede, Tel. 04792-2503) auf Video-Cassetten erhältlich.

Teil 2

DOR
Die zerstörte Lebensenergie

Kapitel 3

Myron Sharaf:
Das Oranur-Experiment
1950 - 1953

*Der folgende Text ist ein Auszug aus dem Buch von Myron Sharaf: "Wilhelm
Reich – Der heilige Zorn des Lebendigen – die Biografie", das 1994 im Verlag
Simon und Leutner, Berlin, erschienen ist.*

Nach dem endgültigen Umzug nach Orgonon im Jahre 1950 beschäftigte Reich
sich vorwiegend mit der Beziehung zwischen Orgon-und Nuklearenergie. Er
interessierte sich dafür seit dem ersten Atombombenabwurf auf Hiroshima im
August 1945. Im November 1945 hatte er die folgenden Bemerkungen veröffentlicht:»Wir werden lernen müssen, der mörderischen Form von atomarer
Energie mit der lebensfördernden Funktion der Orgon-Energie zu begegnen
und erstere dadurch unschädlich zu machen.«

Der Koreakrieg, der am 25. Juni 1950 ausbrach, gab Reich das Gefühl, daß es
eile. Er hatte nie aufgehört, ein äußerst politisches Wesen im Sinne eines Staats-
bürgers zu sein. Er glaubte daran, daß der Akkumulator bei den Kriegsanstreng-
ungen hilfreich sein könnte, besonders bei der Behandlung von Wunden und
Verbrennungen. Es gab die große Furcht, daß der Koreakrieg zu einem globalen
Nuklearkonflikt führen könnte; Reich hatte die Hoffnung, daß die Orgon-Energie
womöglich als Gegenmittel gegen Nuklearstrahlung hilfreich wäre.

Diese Hoffnungen basierten auf verschiedenen früheren Entdeckungen.
Die wichtigste Erkenntnis war die, daß die Akkumulatorbehandlung die bioenergetische Lebendigkeit des Blutes steigerte. Somit könnte sie vielleicht
Störungen des Blutsystems (z.B. Anämie, Leukämie) mildern, die mit der Strahlenkrankheit einhergingen. Reich hatte festgestellt, daß durch Röntgenbestrah-
lungen verursachte Verbrennungen besonders gut mit Orgonbehandlung ge-
heilt werden konnten. Im Dezember 1950 veröffentlichte er einen kurzen Bericht, in dem er seine Entdeckungen beschrieb und ein Forschungsprojekt an-
kündigte, das untersuchen sollte, ob konzentrierte Orgon-Energie die gefährli-
chen Wirkungen der Nuklearenergie vermindern kann. Er nannte diese Studie
Oranur, eine Abkürzung für Orgon-Energie (orgone radiation = OR) gegen

(against = A) Nuklearenergie (nuclear radiation = NUR). Er hat klar vorformuliert, was er beweisen wollte: Zuerst soll durch Behandlung mit konzentrierter Orgon-Energie ein gewisser Grad an Immunität gegen Nuklearstrahlen erreicht werden. Dafür sollte eine Gruppe gesunder Mäuse mehrere Wochen lang mit Orgon-Energie geladen werden. Dann sollte der einen Hälfte dieser Gruppe eine halbtödliche Dosis radioaktiven Materials gegeben werden und der anderen Hälfte eine tödliche Dosis. Die Ergebnisse sollten dazu dienen, festzustellen, ob und bis zu welchem Grad präventive Orgonbehandlung nützlich sei.

Das zweite beabsichtigte Experiment bezog sich auf die Behandlungsmöglichkeiten. Einer Gruppe gesunder Mäuse sollte ohne vorherige Orgonbehandlung eine halbtödliche Dosis von Nuklearmaterial injiziert werden. Dann sollte die eine Hälfte der Mäuse mit Orgon-Energie behandelt werden, die andere Hälfte sollte als Kontrollgruppe unbehandelt bleiben.

Bevor er mit diesen Experimenten begann, tat Reich etwas, was sich als schicksalshafte Wendung herausstellen sollte: Er entschied sich, ein vorbereitendes Experiment durchzuführen, um die Wirkungen von Orgon-Energie auf radioaktives Material selbst festzustellen. So bestellte er zwei Ein-Milligramm-Einheiten reines Radium. Eine Einheit sollte konzentrierter Orgon-Energie ausgesetzt werden, das andere sollte der Kontrolle dienen. (...)

Obwohl die Ein-Milligramm-Einheiten, die Reich bestellt hatte, eine sehr kleine Menge darstellten, strahlt Radium doch so stark, daß man bei seiner Benutzung extreme Vorsicht walten lassen muß. Reich bewahrte das Radium in einem dicken Schutzmantel auf. Er und seine Assistenten benutzten bei der Handhabung des Materials Bleihandschuhe und Bleischürzen.

Bevor er das eigentliche Experiment begann, stellte Reich die »normale Strahlung« oder »Hintergrundstrahlung« fest. Nach der klassischen Wissenschaft ist immer eine gewisse Strahlungsmenge vorhanden, die von radioaktiven Materialien im Gestein und besonders von der kosmischen Strahlung herrührt. Im Dezember 1950 betrug die Hintergrundzählrate in Orgonon etwa 35 Zählungen pro Minute (counts per minute = CPM) von einem Geiger-Müller-Zähler (GM) gemessen.

Am 5. Januar 1951 plazierte Reich ein Milligramm des Radiums in seinem Bleibehälter als Kontrollmedium in eine Garage außerhalb des Labors. Es wurde keiner besonderen Orgonakkumulation ausgesetzt. Das andere, experimentelle Milligramm wurde in ein kleines, einschichtiges Orgonladegerät gelegt, das wiederum in einem Zwanzig-Schichten-Akkumulator plaziert wurde. Das ganze Experiment spielte sich in einem großen Raum ab, der aus Akkumulator-Materialien gebaut war und sonst als »Dunkelraum« für die visuelle Beobachtung der Orgon-Energie benutzt wurde (wird weiterhin als OR-Raum bezeichnet). Auf diese Weise wollte Reich herausbekommen, ob der Akkumulator die Wirkungen des behandelten Radiums im Vergleich zur Kontrollmenge neutralisieren könne.

Fünf Stunden, nachdem das Radium in den Akkumulator gelegt worden war, überprüfte Reich das Labor und empfand die Luft als geladen und drückend. Der akustische Anzeiger des GM »heulte auf«, wenn er nahe an den Akkumulator im OR-Raum gehalten wurde, d. h. die Impulse waren häufiger, als der GM messen konnte. Daß es keine Fehlfunktion der Batterie des Meßgeräts war, wurde deutlich, als Reich es an die frische Luft brachte, wo es wieder die normale Hintergrundrate von 35 CPM anzeigte.

Reich war nicht bereit, das Experiment abzubrechen, aber er wollte die unheilvolle Ladung im Labor reduzieren. Das experimentelle Radium, das noch im kleinen Orgonladegerät war, wurde aus dem OR-Raum genommen und zu einem etwa 50 Meter entfernten Unterstand gebracht. Das Labor wurde gelüftet in der Hoffnung, daß die hohe Ladung schnell verschwinden würde. Aber das Lüften schien nicht zu helfen. Auch verursachte das Radium als solches nicht die Belastungen, denn man konnte sehr nahe herangehen, ohne irgendwelche der ungünstigen Wirkungen zu spüren - atmosphärische Belastung, ein Druckgefühl, Kopfschmerzen, Übelkeit - die man im Labor fühlte.

Nach der Lüftung des Labors verringerte sich die Hintergrundzählrate. Es ist interessant, daß die GM-Messung die einzige Meßgröße war, die Reich benutzte, um eine neue, rätselhafte und möglicherweise gefährliche Entwicklung seines Experimentes zu bestimmen. Die quantitative Zählung war nicht ausreichend, um die qualitative Bedeutung des Phänomens festzustellen. Früher, im Jahre 1948, hatte Reich festgestellt, daß ein GM, der über mehrere Monate in einer orgonotisch hochgeladenen Atmosphäre aufbewahrt worden war, sehr hohe Zählraten aufweisen konnte, wenn er in einen oder nahe an einen Akkumulator gehalten wurde, ohne daß sich subjektiv gefährliche Wirkungen gezeigt hätten. Diesmal verminderte sich die Zählrate nach Lüftung des Raumes, jedoch setzten sich die subjektiven Wahrnehmungen weiter fort und verstärkten sich noch im Verlauf der nächsten Tage. Reich achtete sehr auf die Wahrnehmungen, die er und viele seiner Mitarbeiter machten: salziger Geschmack auf der Zunge; schwerer Druck in der Tiefe des Wangenknochens; Übelkeit; Appetitlosigkeit; Schwächegefühle; ein ringartiger Druck an der Stirn; Überempfindlichkeit im Zwerchfellsegment; Blässe; abwechselnde Gefühle von kalten Schauern und Hitzewallungen.

Ich assistierte Reich bei verschiedenen Aufgaben, die mit dem Oranur-Experiment zu tun hatten. Er war außergewöhnlich aufgeregt, als die Geiger-Müller-Zählrate anstieg, nachdem das Radium in das Labor gebracht worden war. Ich erinnere mich an seine Aufregung, Besorgnis und Wißbegierde in bezug auf die subjektiven Reaktionen. Er fragte seine Assistenten immer wieder: »Was fühlen Sie jetzt?«

Reich formulierte schnell die ersten Überlegungen zu den überraschenden Ergebnissen des Oranur-Experiments: Entgegen den Erwartungen hatte die Orgon-Energie nicht die Nuklearenergie angegriffen, sondern die Nuklearenergie hatte eher die Orgon-Energie verändert. Die Anzeichen dieser Transformation waren die hohe Hintergrundzählrate, auch nachdem das Radium entfernt worden war, und die unangenehmen subjektiven Wahrnehmungen. Die Wirkungen des ersten Tages waren so groß, daß in dem Gebäude alle Arbeiten sofort gestoppt wurden, die nicht absolut notwendig waren.

Kurz nach dem 5. Januar gab Reich der Orgon-Energie, die durch Nuklearstrahlung verändert worden war, zwei Namen. Der eine war DOR (Deadly ORgone = tödliches Orgon); der andere war einfach »Oranur«, aus dem Experiment selber entlehnt, der nun aber die Wirkungen der Nuklearenergie auf die Orgon-Energie meinte, also eher umgekehrt als vorher angenommen worden war. Reich sollte beide Begriffe abwechselnd benutzen.

Trotz der verschiedenen subjektiven Reaktionen seiner Assistenten setzte Reich das Experiment in seinem üblichen Wagemut fort. In den nächsten sechs Tagen plazierte er das experimentelle Radium eine Stunde täglich in den zwanzigfachen Akkumulator. Am 12. Januar blieb es nur eine halbe Stunde dort. Bald nachdem das Radium abgelegt worden war, bemerkten Reich und mehrere Personen mit ihm, daß die Atmosphäre im Labor sich verdunkelte. Sie zeigte eine blaue bis purpurne Farbe durch die Glasfenster. Reich hatte Magenschmerzen, und ihm war schwindlig. Bei Dr. Tropp zeigten sich ähnliche Reaktionen.

An diesem Punkt wurde das Experiment abgebrochen. Dennoch war Reich, wie wir sehen werden, in der Lage, eine ganze Reihe von Schlüssen über die Wechselwirkungen zwischen Orgon-Energie und Nurklearenergie sowie verschiedenen Formen der Umweltverschmutzung zu ziehen, die auch heute noch von großem Interesse sind. Das orgonbehandelte Radium wurde zur Lagerung eine halbe Meile vom Labor entfernt auf einem unbenutzten Feld vergraben.

Nachdem er seine eigenen und Tropps intensiven Reaktionen beschrieben hatte, kam Reichs Bericht zum Experiment auf verschiedene Reaktionen und Interpretationen von Ereignissen zu sprechen, die nach dem Experiment auftraten. Anders als viele andere seiner Schriften wurde dieser Bericht schnellstens vollendet, im wesentlichen bis Ende April 1951, und im Oktober veröffentlicht. Die unten aufgeführten Punkte sind im großen und ganzen diesem Bericht entnommen:

Diejenigen, die mit Oranur in Kontakt gewesen waren, hatten in einer ganz besonderen Weise reagiert. Jeder wurde an seinem körperlich schwächsten Punkt angegriffen. Alle litten in der Zeit danach wiederholt an den Symptomen, die sie direkt während des Oranur-Experiments gezeigt hatten.

Das dramatischste Beispiel, wie Oranur eine vorhandene Schwäche verschlimmerte, betraf Eva Reich. Sie hatte lange an einem verlangsamten Herzschlag gelitten. Im Februar nach dem Experiment säuberte sie eine mit Metall ausgekleidete Kammer im Labor; sie »roch« so etwas wie Oranur, und so steckte sie, um sich zu vergewissern, ihren Kopf in die Kammer. Sie bekam »einen

Schlag, als wäre sie vor eine Wand gelaufen«. Sie verlor das Gleichgewicht und wurde in das Observatorium gebracht. Reich untersuchte sie und stellte fest, daß der Puls sehr langsam ging, etwa 46 Schläge pro Minute. Er war beunruhigt, weil ihr Herzschlag sich weiter abschwächte und sie Atemnot hatte. Er gab ihr einen Cognac und zwang sie, weiterzusprechen, um den Kontakt mit ihm aufrechtzuerhalten. Nach zwei Stunden begann sie, sich zu erholen. Zwei Monate lang litt sie jedoch in abgeschwächter Form an den Wirkungen von Oranur. (...)

Ich selbst litt an Müdigkeit, Druck in der Augengegend und Kopfschmerzen - Symptome, die ich bereits früher unter Streß erfahren hatte. Tatsächlich war es so, daß Oranur zum Ausbruch brachte oder verschlimmerte, was bereits vorhanden war, so daß es keine spezifische Oranurkrankheit gab. Wie schon beschrieben, verschlechterte sich meine Beziehung zu Reich in jener Zeit, und ich neigte dazu, meine Symptome eher meinem emotionellen Zustand aufgrund der Meinungsverschiedenheiten mit ihm zuzuschreiben als Oranur. Rückblickend glaube ich, daß beide Faktoren ihre Wirkung taten.

Reich hielt noch zwei Beobachtungen fest: Perioden ungewöhnlichen Wohlbefindens wechselten sich mit Perioden der Oranur- oder DOR-Krankheit ab. Außerdem reagierten Personen, die von Anfang an am Oranur-Experiment beteiligt waren, weniger heftig als Besucher in Orgonon.

Diese beiden Faktoren führten Reich zu der Hypothese daß ein gewisser Immunisierungseffekt eintrat, wenn man Oranur ausgesetzt war. Er dachte zunächst, daß vielleicht doch das ursprüngliche Ziel einer echten Immunisierung erreichbar wäre. Am 11. Februar starben jedoch dreißig Experimentalmäuse plötzlich an Symptomen der Strahlenkrankheit (z.B. Störungen im Blutsystem). Diese Entwicklung und Evas dramatischer Zusammenbruch veranlaßten Reich dazu, die Idee vorläufig aufzugeben. Er war jetzt eher bemüht, die Reaktion aufzuhalten, die er nun als gefährlich einstufte. Er unternahm folgende Schritte:

(1) Alle Akkumulatoren in Orgonon wurden auseinandergenommen. Dadurch traten Probleme auf, denn in bestimmten Stadien der DOR-Krankheit war die Akkumulatorbenutzung hilfreich gewesen. Aber auch hier war das Aufhalten der Reaktion vorrangig.

(2) Reich verbannte jede Radioaktivität, wie gering sie auch sein mochte, aus seiner Umgebung. Peter Reich erzählte hier eine bittere Begebenheit: Nachdem er die Deckel von Cornflakes-Packungen eingeschickt hatte, hatte Peter einen im Dunkeln leuchtenden»Lone-Ranger-Ring« bekommen, auf den er sehr stolz war. Als Reich das mitbekam, bestand er darauf, daß der Ring weggeworfen wurde.»Die Substanz in diesem Ring ist gefährlich. Ganz besonders, wenn wir solche Experimente durchführen. Ich weiß nicht, wie dieses Material auf Orgon reagiert.«

Peters Reaktion:»Ich versuchte, ihn wütend anzuschauen, aber ich konnte ihn nicht einmal sehen, weil meine Augen so tränenüberströmt waren. Er wollte mich auch nicht ein kleines bißchen damit spielen lassen. Er dachte immer nur an seine Energie.«

»Er dachte immer nur an seine Energie« - und nun besonders an ihre Reaktion auf radioaktive Substanzen. Eva reagierte nun auch sehr empfindlich auf die Strahlung von Uhren mit einem Radiumziffernblatt, von Leuchtstoffröhren und sogar von Fernsehapparaten. Es ist wichtig noch einmal hervorzuheben, daß für Reich die Gefahr nicht in den Strahlungseffekten an sich lag, sondern in ihrer Wirkung auf die Orgon-Energie.

(3) Andere Vorsichtsmaßnahmen, die Reich verordnete, waren das häufige Lüften von Räumen, die Benutzung von Ventilatoren, um die Luft bewegt zu halten, tägliches ausgiebiges Baden und das Trinken von möglichst viel Flüssigkeit. Reich hatte seit langem festgestellt, daß Wasser Orgon-Energie absorbiert. Nun stellte er fest, daß es sogar noch schneller DOR aufnahm.

Was am eindrucksvollsten war und bleibt, ist die schnelle und tiefgehende Art und Weise, in der Reich die vielen Beobachtungen, die er seit dem 5. Januar gemacht hatte, verarbeitete. Er hatte mit der Hypothese begonnen, daß die Orgon-Energie die Nuklearenergie neutralisieren könnte. Aufgrund der hohen GM-Zählrate und den subjektiven Wahrnehmungen, die auch nach der Entfernung des Radiums bestehen blieben, ging er schnell dazu über, den Effekt der Nuklearenergie auf die atmosphärische und organismische Orgon-Energie in Hypothesen zu fassen. Soweit es den menschlichen Organismus anging, hatte er zunächst im Sinn gehabt, er könne mit hohen Orgonladungen die Immunität gegen spezielle Strahlensymptome wie Übelkeit, Schwächezustände und Störungen des Blutsystems fördern. Er war jedoch überrascht, wie die Leute mit ihren spezifischen Verwundbarkeiten auf die Oranurwirkungen reagierten. Nun beschrieb er die Strahlenkrankheit auf neue Weise: nicht als direkte Auswirkung der Nuklearenergie, sondern als Effekt dessen, wie die Nuklearenergie auf die organismische Orgon-Energie einwirkt. Kurz, die Nuklearenergie verursachte sowohl bei der atmosphärischen wie bei der organismischen Orgon-Energie ein »Amoklaufen«, was bedeutet, daß Menschen bzw. Organismen so reagieren wie ansonsten unter extremem Streß.

Reich beschrieb eine Drei-Phasen-Reaktion der Orgon-Energie auf die Nuklearenergie. Die erste Reaktion auf eine plötzlich auftretende Strahlung war Unterwerfung, Schock, Hilflosigkeit. In der zweiten Phase schlug die betroffene Orgon-Energie zurück, indem sie »wütend« wurde, »selbst zum Mörder wurde in dem Versuch, die störende Nuklearstrahlung zu vernichten. In diesem Kampf degeneriert sie selbst zu einem Mörder des Organismus, den sie beherrscht«. Dann postulierte er eine dritte Phase, in der die Orgon-Energie, soweit sie genügend in frischer Form vorhanden sei, die Nuklearenergie

und die Auslösung einer Oranur-Kettenreaktion überwinde. Reich gründete
diese Annahme der triumphierenden Orgon-Energie auf seine Beobachtungen
von Perioden sehr guter Gesundheit, der sich einige Mitarbeiter während des
Oranur-Experiments erfreuten. Sie gründete auch auf der Tatsache, daß einige
kleine Proben von Nuklearstrahlung, die Reich jahrelang gehabt hatte, an-
scheinend unschädlich geworden waren, nachdem sie längere Zeit Orgon-
Energie ausgesetzt worden waren; sie hatten beispielsweise ihre Ionisierungs-
kapazität verloren, um Elektrizität zu leiten. Während des Oranur-Experiments
selbst war Reich jedoch sehr viel mehr von der Realität der ersten und zweiten
Phase in Anspruch genommen als von der Möglichkeit irgendeiner realisti-
schen Hoffnung auf die dritte.

Mögliche positiven Ergebnisse verblaßten auch angesichts seiner Überraschung, eine tödliche Qualität in der Orgon-Energie zu finden, die er bis dahin
als völlig harmlos angesehen hatte. Er erinnerte sich in diesem Moment jedoch an andere Phänomene, bei denen sich gesunde Organismen bösartig verändert hatten. Zum Beispiel konnten sich gesunde PA-Bione selbst in zerstöre-
rische T-Bazillen verwandeln, wenn sie krankhafte T-Bazillen bekämpfen. Das
bestechendste Beispiel war für Reich aber die Tatsache, daß eine gesunde Person, die das Böse bekämpft, sich selbst verwandeln und dieselben Charakteristika entwickeln kann wie das, was sie bekämpft. (...)

Im März 1952 wurde Orgonon evakuiert; die hohen GM-Zählraten blieben
bestehen, genauso die subjektiven Beschwerden. Reichs Assistenten arbeite-
ten von ihren Wohnungen oder Häusern aus und hatten nur kurze Treffen mit
ihm im Observatorium. Ilse und Peter zogen in eine Wohnung nach Rangeley.
Reich selbst fuhr viel herum. Manchmal blieb er im Observatorium, aber nie
für sehr lange.

In dieser Zeit beschäftigte er sich mit einer neuen Entwicklung. Er bemerkte eine Qualität der »Stille« oder »Traurigkeit« über der Landschaft.

Reich war besonders von dem beeindruckt, was er »DOR-Wolken« nannte.
Diese haben eine bemerkenswerte Ähnlichkeit mit dem, was später Luftverschmutzung oder Smog genannt wurde. DOR-Wolken, schwarz und öde, können selbst bei schönstem Sonnenschein auftreten. Wenn sie da sind, werden
die Bewegungen der Tiere langsamer, die Atmosphäre fühlt sich »stickig« an,
und der Himmel scheint sein Glitzern zu verlieren. (...)

In einem Versuch, etwas gegen die schwächenden DOR-Schwaden zu unternehmen, stieß Reich auf die Idee zu versuchen, von den Wolken Energie
»abzuziehen« mit langen Rohren, die auf die DOR-Wolken gerichtet wurden
und durch Metallschläuche, die mit einem tiefen Brunnen verbunden waren.
Hier nutzte Reich die Beobachtung, was Orgon-Energie und DOR gemeinsam
hatten: Beide werden durch Wasser angezogen. Und tatsächlich, als er die
Rohre auf die Wolken richtete, fingen sie an, sich aufzulösen und die gespannte Atmosphäre entspannte sich.

Aus dieser anfänglichen Arbeit entwickelte sich das, was Reich später »Cloudbusting« nannte, eine Anwendung, die sich aber nicht nur auf DOR-Wolken begrenzte. (...)

Im März 1952, als Reich sich mit »DOR-Wolken« beschäftigte, bemerkte er Veränderungen, die im Felsgestein des Kamins des Observatoriums stattfanden. Sie schienen sich zu schwärzen und einem Prozeß des Zerkrümelns und des Zerfalls zu unterliegen. »Bei vielen Felsen haben die Oberflächen ihre Glätte verloren; die Felsoberfläche sieht »porös« aus, als wäre der Fels durchbohrt worden und als wären unzählige Löcher von etwa 1,5 bis 3 mm Durchmesser und Tiefe in die Oberfläche geschlagen worden.«

Einer der Felsen wies kleine Löcher mit einer puderartigen Substanz auf, die entfernt werden konnte, wenn man mit einem Finger die Oberfläche abwischte. Reich beobachtete den Felsen sorgfältig über längere Zeit und stellte eine stetige Vermehrung dieser Löcher fest. Er bemerkte auch, daß die pudrige Substanz mit schwärzlichen Partikeln durchsetzt war. (...)

Der DOR-Prozeß und das Cloudbusting führten dazu, daß Reich glaubte, einen wichtigen Schlüssel für das Verständnis der Wüstenbildung und der Wüstenbegrünung gefunden zu haben. Vier Jahre nach Oranur und zweieinhalb Jahre nach der Beobachtung der Schwärzung der Felsen sollte Reich seine Hypothesen überprüfen, als er im Spätherbst 1954 eine Expedition nach Arizona machte.

Fast gleichzeitig mit der Entdeckung der Orgon-Energie hatte Reich 1940 damit begonnen, Panzerungen im Körper als erstarrte Orgon-Energie zu bezeichnen. Im März 1952 wiederum begann er die im Körperpanzer gefrorene Energie als DOR zu bezeichnen, was eine neue Betrachtungsweise beinhaltete, die von seiner Beobachtung des atmosphärischen DOR herrührte. Wenn die Panzerung den freien Energiefluß behindert, wird die gesunde Energie einer Person blockiert. Orgon-Energie, die in den Panzerungen von Muskelspasmen gefangen ist, wird in DOR verwandelt, unabhängig von jedem atmosphärischen Einfluß. Hier zog Reich wieder eine seiner schwungvollen Verbindungslinien - eine Identität zwischen den schwarzen DOR-Wolken und dem »schwarzen« DOR im menschlichen Organismus.

Schwarz war mehr als eine Metapher für Reich, auch wenn die Farbe schwarz sehr gut zum metaphysischen Begriff des Bösen oder des Teufels paßte. Seine Hypothese der Existenz von DOR-Wolken und ihrer möglichen Beseitigung war durch den Gebrauch des Cloudbusters getestet worden. So hatte er den Gedanken, daß auch die Panzerung DOR enthielt. Etwa ein Jahr, nachdem er den Cloudbuster entwickelt hatte, kam Reich auf den Gedanken, dasselbe Prinzip, ja dasselbe Gerät nur in einem kleineren Maßstab zur Behandlung des menschlichen Körpers anzuwenden. Wieder einmal klingt es völlig unwahrscheinlich, daß ein solches Gerät irgendeine therapeutische Wirkung haben sollte. Und doch haben etwa fünfzehn Psychiater, die in orgonomischer Therapie ausgebildet waren, das Gerät zusammen mit traditionelleren Reich'schen Methoden bei der Behandlung von Patienten benutzt. Es gab nur eine gut kontrollierte Studie des DOR-Busters in der Behandlung von Krebsmäusen; es wurden positive Resultate erzielt. (...)

Die praktischsten Folgerungen aus dem gesamten Oranur-Experiment, so unvollständig es gewesen sein mag, betreffen seine Relevanz für das Verstehen und Bewältigen der wachsenden Umweltverschmutzung. Reich begann nur einige empirische Untersuchungen wie die mit dem Cloudbuster. Es soll hier noch einmal daran erinnert werden, daß es Reich letztendlich nicht darum ging, neue abstrakte Synthesen zu formulieren, sondern Konzepte zu entwikkeln, die verifizierbare Hypothesen hervorbrachten. Er konnte seine DOR-Untersuchung nicht lange fortsetzen, da eine andere »Untersuchung«, die der FDA, ihre eigene Frucht hervorbrachte - etwas, was Reich als eine weitere Erscheinungsform von DOR begreifen sollte: die »emotionelle Pest«.

Kapitel 4

Regen in der Wüste

Ein Interview mit Dr. James DeMeo

„Regen in der Wüste" ist der Titel eines Video-Dokumentarfilms, den ich über eine Cloudbusting-Aktion von dem US-amerikanischen reichianischen Umweltwissenschftler James DeMeo im Mai 1989 in der Wüste von Arizona am Colorado River gedreht hatte. Das Video ist im Besitz von James DeMeo. Ich habe dieses Interview mit ihm im Januar 1993 in Berlin geführt. Eine stark gekürzte Version ist im „Magazin 2000" Nr. 96/1993 erschienen.

Jürgen Fischer: Jim, ich möchte mit Dir darüber sprechen wie du mit dem Werk Wilhelm Reichs in Berührung gekommen bist und wie sich deine eigene Arbeit entwickelt hat.

James DeMeo: Ich war noch ein Teenager. Ich war gerade mit der Oberschule fertig und wollte auf die Universität gehen, als mir ein Freund meiner Familie ein Exemplar der „Ausgewählten Schriften" Wilhelm Reichs gab. Das Buch hatte eine erstaunliche Wirkung auf mich, es war so ziemlich das erste, was ich positiv auf meine eigene Sexualität, meine eigenen sexuellen Erfahrungen beziehen konnte.

J.F.: Wo und wann ist das gewesen?

James DeMeo: Im Süden der USA, in Miami, Florida. Ich bin in den fünfziger Jahren aufgewachsen und das Buch habe ich etwa 1968/69 bekommen. Ich wußte noch nicht, was ich mit meinem Leben anfangen wollte. Ich interessierte mich für Naturwissenschaften, aber auch für Musik. Dieses Buch weckte mein Interesse für mich selbst und etwa ein Jahr später beschloß ich, mich bei Robert Morris einer Orgontherapie zu unterziehen. Morris hat mich emotionell richtig geöffnet. Diese Therapie machte mich energetischer, sie war befreiend. Alle Interessen erwachten wieder, die ich als Kind an der Natur entwickelt hatte, die aber aus den verschiedensten Gründen unterdrückt worden waren, größtenteils weil das Schulsystem die Neugier sehr wirkungsvoll abgetötet hatte. So begann ich eine naturwissenschaftliche Ausbildung, zuerst in Medizin mit dem Plan, Arzt und vielleicht Orgon-Therapeut zu werden.

J.F.: Du hattest anfangs die Absicht Orgontherapeut zu werden?

James DeMeo: Ja, ich glaube, das ist ein typisches Motiv für die Leute, die sich einer Orgontherapie unterziehen und die an der Naturwissenschaft Interesse haben. Man fühlt sich durch die Therapie so sehr verändert und man will anderen Menschen helfen. Aber das waren nicht meine eigentlichen Interessen. Morris war als Therapeut so gut, daß er erkannte, daß ich weder entmutigt noch ermutigt werden durfte. Irgendwann fand ich meinen eigenen Weg, der mich zu eher traditionellen wissenschaftlichen Fragen führte und ich entschloß mich, meinen ersten Abschluß in Umweltwissenschaften zu machen.

Ich wollte dann für die Promovierung an eine Universität gehen, die es mir erlauben würde, offen Wilhelm Reich zu studieren. Zwei Jahre lang fragte ich bei vielen Professoren und Instituten an, meist mit negativen Reaktionen, aber schließlich fand ich einen Professor an der Universität von Kansas der dafür offen war, daß einer seiner Studenten mit dem Werk Wilhelm Reichs promovieren wollte. Um die lange Geschichte kurz zu halten: Ich konzentrierte mich in den zwei Jahren bis zum Magisterabschluß auf den Cloudbuster und verifizierte, daß der Cloudbuster jedesmal, wenn damit gearbeitet worden war, das Wetter über dem Staat Kansas beeinflußt hatte.

Später studierte ich sieben Jahre lang menschliches Verhalten anhand geographischer Daten, und aus diesen Studien entstammten die Entdeckungen über „Saharasia".

J.F.: Was heißt „Saharasia?"

James DeMeo: Es ist eine Begriff, der sich aus den Worten *Sahara* und *Asia* zusammensetzt, weil sich diese Forschung auf die größte zusammenhängende Wüste der Erde bezieht, die den nördlichen Teil Afrikas, Kleinasien und eine große Region bis nach Zentralasien umfaßt.

J.F.: In welchem wissenschaftlichen Gebiet?

James DeMeo: Das war auf dem Gebiet der Geographie. Geographie ist eine weitgesteckte, im hohen Maße interdisziplinäre Wissenschaft, die sowohl menschlich-soziale, als auch physikalische Umweltfaktoren umfaßt. Sie führte also von alleine genau zu meinen zweifachen Interessen.

Ich machte also meinen Doktor an der Universität von Kansas. Ich versuchte, meine Arbeiten in klassischen wissenschaftlichen Publikationen zu veröffentlichen und eine Lehrtätigkeit an einer Universität zu bekommen. Kansas ist eine der besseren Universitäten der USA. Wenn man also wie ich als Graduierter von einer solchen Universität kommt, ist es üblich, Professor zu werden und ein Leben der Forschung und der Lehre zu leben. Diese Vorstellung gefiel mir sehr. Das Problem war aber, daß die Universitäten nur bestimmte Themen für Forschung und Lehre zulassen. Über Orgonomie zu arbeiten, stellte sich als sehr schwierig heraus. Ich lehrte zehn Jahre lang an verschiedenen Universitäten, hauptsächlich an der Illinois State University und an der University of Miami.

J.F.: Du hast dich dann aber von den Universitäten unabhängig gemacht.

James DeMeo: In meinem Interessensgebiet zu forschen und zu publizieren wurden mit sehr gemischten Gefühlen aufgenommen, von Seiten der anderen Professoren meist sehr negativ. Und gleichzeitig wuchsen der Rahmen und die Dimensionen meiner Forschungen. Ich benötigte mehr Unterstützung, mehr Mittel, mehr Freiheit, um das zu tun, was ich vorhatte und irgendwann kam ich zu der Überzeugung, daß das, was ich tun wollte zwar normalerweise an die Universitäten gehört, aber bei einer kontroversen Thematik wie Reich, bei der Skeptizismus und Angriffe die hauptsächlichen Reaktionen der anderen Professoren waren, beschloß ich, mein eigenes Institut zu gründen und mich relativ unabhängig zu machen.

Das habe ich dann 1978 verwirklicht, indem ich das „Orgone Biophysical Research Laboratory" gründete. Hauptsächlich um an Mittel zu kommen, ohne von den universitären Bewilligungssystemen abhängig zu sein. Als ich dies in den ersten Jahren tat, war es, als müßte ich einen Jeep durch Minenfelder steuern. Durch das „Orgone Biophysical Research Laboratory" konnte ich meine Arbeit ausweiten, ich ging nach Kalifornien und setzte meine Arbeit dort fort. Es war ein großes Risiko, ein Spiel, denn ich hatte kaum Mittel, ich hatte nur wenige tausend Dollar in der Tasche und ich wußte nicht, was mich dort erwarten würde, außer daß die Frau dort lebte, in die mich verliebt hatte. Terry, meine Frau, war der Hauptgrund, warum ich dort hingegangen bin.

Als ich nach Kalifornien ging, um mit Terry zu leben und mich ganz der Arbeit in meinem Institut zu widmen, wurde ich von einem Gedanken angetrieben, den Reich ausgedrückt hatte und übrigens auch Goethe: Reich hatte darüber geredet, daß die Amöbe sich dorthin bewegt, wo sie Erregung spürt. Und das ist es, was Menschen wirklich motiviert, die gesund sind, daß sie sich in die Richtung von Erregung, von Leidenschaft bewegen. In der regulären Universität konnte ich das wirklich nicht, ich mußte mich beschneiden, mußte Kompromisse schließen und die Kritiker zufriedenstellen. Die Situation war unerträglich. Viel Zeit ging mit der Befriedigung der Belange von Komitees und Kritikern verloren, und ich kam nicht mehr richtig zu meiner Arbeit. Ich meinte, ich sollte lieber meine ganze Zeit meinem Institut widmen.

Reich hatte noch etwas gesagt: Reich verlangte sehr viel von seinen Studenten, ermutigte sie dazu den Mut aufzubringen, orgonomische Konzepte in ihre Arbeit einzubringen und ihr Wissen produktiv einzusetzen. Die meisten Studenten konnten das nicht, hatten Angst oder waren unfähig und er setzte sie unter Druck. Eines Tages sagte einer der Studenten zu ihm: „Für Sie, Reich, ist es einfach, unabhängig zu sein. Sie veröffentlichen Bücher und sie geben Therapie und haben darüber ein Einkommen, und dann ist es leicht, von der normalen Welt unabhängig zu sein." Reich antwortete: „Was glauben Sie denn, wie ich in diese Position gekommen bin? Man erreicht keine unabhängige Position, indem man ständig in grundsätzlichen Fragen Kompromisse schließt." Diese Aussage und das, was er über die Amöbe sagte, erschien mir ein guter Ausgangspunkt dafür, mutig zu sein und zuversichtlich, daß sich aus meiner Arbeit zukünftig auch die Möglichkeiten für ihre Finanzierung ergeben. Und dann war da das Gedicht von Goethe. Ich zitiere, was er essentiell aussagt: daß wenn du dich einer Sache ganz hingibst, sich die ganze Natur des Universums etwas verändert und dir Nutzen bringt, glückliche Zufälle und schicksalhaftes Zusammentreffen, die dir auf deinem Weg auf eine Weise helfen, die nie geschehen wäre, wenn du dich nicht emotionell hingegeben hättest. Das klingt etwas metaphysisch, aber ich denke dahinter liegt ein naturwissenschaftliches Prinzip. Man könnte es als Lumination (gegenseitige Erregung von Energiefeldern, J.F.) auf größere Entfernung betrachten. Jemand weit entfernt, der nichts von Dir weiß, und du sitzt hier und hast eine Idee und sie erregt dich. Ihr denkt dasselbe, ohne es zu wissen. Plötzlich nimmst du ein Buch in die Hand, darin ist eine Adresse und man ruft sich gegenseitig an. Das ist ein schicksalhaftes Zusammentreffen, nicht wahr?

Ein bekannter Biologe, der auch einer der Lehrer Reichs in Wien war, schrieb ein Buch darüber und C.G. Jung kopierte diese Idee in seinem Konzept der „Synchronizität". Es ist ein Prinzip der Natur, des Universums, das beschrieben wird, aber es gibt darin eine emotionale Komponente. Es ist wie bei der Amöbe. Du weißt nicht, warum du dich in eine bestimmte Richtung bewegst, aber es gibt einen grundlegenden Sinn dafür, daß es der richtige Weg ist, obwohl man den Pfad vielleicht nicht klar erkennen kann. Die meisten Menschen können das nicht, die meisten Menschen haben zu viel Angst. Deshalb hat Reich darüber gesprochen. Wenn ein Kind aufwächst hört es von den Eltern: „Du mußt einen Beruf haben mit dem du dein Geld verdienen kannst, einen guten Job in einer Fabrik mit guter Bezahlung." Es gibt viel Druck, sich gleichzuschalten, der das Gefühl abtötet. Das Kind möchte etwas anderes sein, ein Wissenschaftler, ein Künstler, ein Naturalist, etwas Lebendiges, was sich auf natürliche Weise engagiert. Das ist es, was Kinder natürlicherweise wollen und was ihnen durch diese Ängste ausgetrieben wird. Wenn die Kinder größer geworden sind und als junge Erwachsene an die Universität kommen, sind die Gefühle bereits so sehr unterdrückt, daß sie alle Doktoren und Anwälte werden. Ihre Gefühle sind abgetötet, denn es gibt nur wenige Ärzte oder Anwälte, die ihren Beruf aus Liebe zur Medizin oder zum Recht ausüben. Meist ist es eine Art, sich den Lebensunterhalt zu verdienen.

Nun ja, bei mir war es nicht so. Ich bin recht spät an die Universität gegangen und ich hatte ein gut entwickeltes Gefühl dafür, was ich tun wollte. Und nach zehn Jahren Lehrtätigkeit an Universitäten erkannte ich, daß dieses universitäre System meine Arbeit blockierte und nicht förderte. Und wenn man schon erkennt, daß etwas für die eigene Arbeit nicht förderlich ist, sollte man in diese Richtung nicht weitergehen.

Ich gründete also 1988 mein Institut in Kalifornien und betreibe es seitdem hauptberuflich und es waren erstaunliche fünf Jahre. Seither veröffentlichte ich das „Orgone Accumulator Handbook", es geht jetzt in die dritte Auflage und es wurde ins Deutsche übersetzt und erscheint im Verlag 2001. Ich habe ein weiteres Buch entworfen über meine Arbeit über „Saharasia". Und ich habe eine Menge Forschung und praktische Anwendungen mit dem Cloudbuster gemacht. In den USA habe ich in der Wüste von Arizona Reichs Original-experimente nachvollzogen. In Israel habe ich größere Operationen zur Beendigung von Dürreperioden durchgeführt, genauso in Südafrika. Das „Orgone Biophysical Research Laboratory" hat sich inzwischen einen gewissen Ruf erworben, der sich ausbreitet, als lebensfähiges Institut für Wüstenbegrünung. Wir haben zur Zeit drei Projekte in Arbeit. Eines ist das Dürrebekämpfungs-programm. Wir betreiben Cloudbuster an den Orten, an denen Dürreperioden auftreten.

Ein weiteres ist das Wüstenbegrünungsprogramm. Wir gehen in die Wüsten, die eine permanente Dürresituation darstellen, um zu sehen, ob wir eine Wiederbegrünung der Wüsten erreichen können; nicht nur eine zeitlich begrenzte Erleichterung der Dürresituation, sondern permanentes Ergrünen.

Und dann drittens ein eher begrenztes Projekt hier in Deutschland, das sich „Orgonomisches Projekt Waldheilung" nennt. Wir arbeiten mit verschiedenen deutschen Gelehrten zusammen, die an Reich interessiert sind. Es geht uns darum zu erforschen, was wir mit dem Cloudbusting in bezug auf die Reduzierung von Smog erreichen können.

Alle diese Projekte weisen zwar begrenzte, aber bedeutende Erfolge auf.

J.F.: Erkläre bitte den Begriff „Saharasia" genauer.

James DeMeo: Ich wollte in meiner Dissertation bestimmte kulturelle Charakteristika global aufzeichnen, um zu erkennen, ob man ihnen bestimmte geographische Dimensionen zuordnen kann. Ich wollte erkennen, wo bestimmte soziale Institutionen ihren Ursprung hatten, wie zum Beispiel die patriarchale Form der Heirat oder die Vererbung des Landes an die männlichen Nachkommen oder die Einstellung gegenüber der Jungfräulichkeit, das Jungfräulichkeits-Tabu. Wo haben alle diese Einstellungen ihren Ursprung? Wie ist deren geographische Verbreitung in der Gegenwart? Denn sie sind durchaus nicht global.

So entwickelte ich eine Anzahl von Karten verschiedener sozialer Institutionen und es entstand ein bestimmtes Muster. Es zeigte, daß sich in Nordafrika, im mittleren Osten und in Zentralasien die eine bestimmte Kulturform lokalisierte, die patriarchalisch, autoritär, kriegerisch und sexuell repressiv war. Diese Kultur straft die Kinder hart wegen jedes Ungehorsams, unterdrückt die Sexualität der Heranwachsenden, die Spontaneität der Kindheit, verlangt die Unterordnung der Kinder unter die Erwachsenen, die Unterordnung der Frauen unter die Männer und gibt Frauen eine untergeordnete Stellung. Diese Kulturform hat ihre strengste Form im Gebiet von Nordafrika, dem Mittleren Osten und Zentralasien.

Das ist deshalb sehr interessant, weil diese Gegend auch der Bereich der trockensten, härtesten Wüsten auf der Erdoberfläche ist: die Wüste Sahara und die Wüsten des Mittleren Ostens und Zentralasiens.

So gibt es also eine parallele Überschneidung zwischen menschlichem Verhalten und einem bestimmten Umwelt-Typ. Beide haben mit stagnierter, toter Energie zu tun, wenn man an die Energieblockaden in patriarchalen, autoritären, hochgradig gepanzerten Charaktertypen oder Sozialstrukturen denkt, wie Reich sie beschrieben hat: Blockade von Gefühl, von sexuellen Impulsen; die Unterdrückung der Interessen junger Menschen: Jeder muß sich dem Gehorsam gegenüber älteren Männern beugen, Kinder müssen den Eltern gehorchen und Frauen den Männern, jüngere Männer den älteren Männern und gewöhnliche Menschen den politischen und religiösen Hierarchien. Da wird viel Energie blockiert und es entsteht viel emotionelle und energetische Stagnation, die sich in der geographischen Landschaft wiederspiegelt, in der Wüste, die sich aufgrund des Mangels an energetischer Pulsation gebildet hat, was zum Austrocknen durch fehlenden Regen führte. Man kann das Austrocknen durch fehlenden Regen mit dem Austrocknen durch einen Mangel an Saftigkeit des Lebens der Menschen vergleichen, die in diesen Gebieten leben.

Reich hat in den fünfziger Jahren darüber geredet. Das hat mich motiviert, meine ersten Labndkarten zu erstellen. Meine Vermutungen gingen dahin, daß die Wüsten dieser Erde der Ursprung dieser harten, patriarchal-autoritären Sozialstrukturen sind. Das bestätigte sich viel eindeutiger, als ich erwartet hatte. Auf der Grundlage dieser Arbeit begann ich eine parallele archäologische Untersuchung. Ich bezog frühe archäologische und paläo-klimatische Studien mit ein. Paläo-Klimatologie befaßt sich mit den Klima früherer Erdepochen. Die Paläo-Klimatologen hatten in ihren Zeitschriften die Regionen Nordafrikas, des Mittleren Ostens und Zentralasiens, den heutigen großen Wüstengürtel als Gras- und Waldland ausgewiesen in einer Zeit etwa um 4000 v. Chr. Der gesamte Bereich der heutigen strengen Wüsten war also vor 6000 Jahren noch feuchtes und saftiges Land, in denen es sogar Flüsse gab und Tiere wie Elefanten und Giraffen, Flußpferde, Krokodile und Fische, Gazellen und Zebras.

J.F.: Ich habe gelernt, daß Nordafrika die Kornkammer des römischen Reiches war.

James DeMeo: Ja, der Prozeß der Austrocknung dauerte lange und er hält heute immer noch an. An der Küste gibt es immer noch einen schmalen grünen Streifen, aber bereits wenige hundert Kilometer südlich des Mittelmeers herrscht totale Wüste. Aber man findet Ruinen römischer Festungen, Städte und Bäder. Und wenn man weiter in die Wüste hineingeht findet man Ruinen noch älterer Kulturen und Zivilisationen. Man findet alte Flußbetten unter dem Flugsand.

Es ist total gesichert, daß diese riesigen Wüstenregionen fruchtbar gewesen sind, und zwar nicht nur während der Eiszeit, sondern noch zwischen der Eiszeit und etwa 4000 v. Chr. Viele tausend Jahre lang war Nordafrika feucht und saftig gewesen. Die Klimaveränderung war also keine Folge der Eiszeit. Was ich aus der Archäologie dieses Gebiets erkannte, war folgendes: In der feuchten Periode hatten die Menschen dieser Gegend keine Kriegswaffen, sie hatten keine Festungswerke, sie hatten keine Gräber oder Tempel für große Führer; die Kunst, die sie hinterlassen haben, die Höhlenmalereien, waren Abbildungen des täglichen Lebens: fischen, jagen, singen, tanzen, Tiere usw., viele Bilder von Frauen mit Babies. Aber wenn man die archäologischen Funde betrachtet, nachdem es trocken geworden ist, von der Bronzezeit bis heute, kann man erkennen, daß sie von kriegerischen Geräten und Handlungen total dominiert werden. Man findet Kriegswaffen, Festungsanlagen, Gräber großer männlicher Führer und Tempel, die auf politische und religiöse Hierarchien hinweisen. Man findet Beweise für Massenabschlachtungen von Menschen, niedergebrannte Städte, man findet enthauptete Körper in den Gräbern. Man entdeckt, daß ein Gruppe Menschen mit enormen Mengen an Geld und Reichtum bestattet wurde. Andere, arme Menschen wurden in Gruben geworfen. Man kann Ernährungsprobleme an den Knochen erkennen, die Menschen waren unterernährt. Die Höhlenmalerei entwickelte sich von naturalistischen Szenen des täglichen Lebens hin zu Krieg, Invasionen, Streitwaren, Pferden, Schwertern und Pfeil und Bogen und zu Schlachtszenen. Und die Qualität der Kunst nimmt ebenfalls ab.

Die Archäologie erzählt also eine Geschichte: daß es in der feuchten Periode keinen Krieg und keine weitverbreitete Gewalt gab. Das hatte bereits Reich von den frühen, ungepanzerten Kulturen angenommen, die den friedlichen Kulturen der jüngeren Vergangenheit, wie etwa der auf den Trobriand-Inseln, entsprechen. Diese waren um die Jahrhundertwende von Anthropologen studiert wurden. Sie waren sehr freundliche, friedliche, glückliche Menschen. Malinowsky, der auch in Psychoanalyse ausgebildet war, sagte, daß die Trobriander die psychisch ausgeglichensten Menschen waren, die er je getroffen hat.

Wir wissen, daß diese friedlichen Kulturen bis heute existiert haben, aber sie wurden - und werden - an den Rand gedrängt und als ‚Wilde" oder „Heiden" bezeichnet oder mit hundert anderen abwertenden Begriffen der patriarchalen Kulturen des „großen Gottes", unserer Kultur: weil sie nicht wie wir die Kleidung trugen, um ihre Sexualität zu verstecken, weil sie ein natürliches Verhältnis zur Sexualität hatten. Es war eine Herabwürdigung dieser Menschen. Denn sie lebten mit der sich frei in ihren Körpern bewegenden Energie. Daraus resultierte eine ganz andere Haltung der Natur gegenüber. Sie verehrten die Natur, sie fällten nicht die Bäume, sie erkannten Bäume als etwas, was mit ihnen in Beziehung stand. Wie könnte man einen Baum fällen, es ist als würde man seinen Großvater töten. Die nannten tatsächlichen die großen, alten Bäume „Großvater-Bäume" - ein ganz anderer Ethos als zum Beispiel in der christlichen Bibel, in der Gott den Menschen sagt, sie sollen sich die Erde unterwerfen, was dann als Rechtfertigung für jede denkbare Missetat gegen die Natur herhalten muß. Der Begriff „Saharasia" bezieht sich auf diese Region, in der Verhalten und Kultur einerseits und die Umwelt andererseits miteinander korrelieren. Und das bezieht sich nicht nur auf die Vergangenheit, sondern auch auf die Gegenwart, denn auch heute sind diese Gebiete bewohnt von den haßerfülltesten Menschen auf diesem Planeten. Man mag mir diese Aussage übelnehmen, aber wir wollen es genau betrachten. Die Menschen, die heute in Saharasia leben und an ihren Grenzen, sind die Menschen, die das viele Massenmorden verantworten. Und wenn man sich die historischen Einflüsse ansieht, die Europa geprägt haben, inklusive der Nazizeit, kann das alles zurückgeführt werden auf zentralasiatische Einflüsse und die Einflüsse aus dem mittleren Osten.

Saharasia hatte einen grundlegenden Einfluß auf die Kulturgeschichte dieses Planeten. Die Philosophien der Völker, die sich im Mittleren Osten entwickelten, beeinflußten Europa in dramatischer Weise, aber sie beeinflußten auch Afrika im Süden der Sahara, sie beeinflußten Indien und China. Und wenn man in der europäischen, indischen und chinesischen Geschichte zurückgeht bis in die Periode, in der Saharasia feucht und bewaldet war, gibt es auch in diesen Gegenden keine Belege mehr für Kriege.

J.F.: Vor mehr als 6000 Jahren gab es auf der Erde also weder Wüsten noch Kriege?

James DeMeo: In der Zeit vor 4000 v. Chr. existierten auf diesem Planeten keine Kriege und keine patriarchalen Kulturen. Und meine Forschung zeigt, daß die Gegenden, in denen die ersten Anzeichen für Trockenheit und Wüstenbildung auftraten, auch die ersten Gegenden waren, in denen sich kriegerische Kulturen bildeten. Worüber ich also hier in meiner Arbeit über „Saharasia" spreche, ist eine grundlegende Erklärung für die Entstehung von Krieg und von patriarchalischen, autoritären Staats- und Familienstrukturen in einer Folge verschiedener Umwelteinflüsse, die wunderschöne, saftige Wald- und Graslandgebiete in harte, rauhe Wüsten verwandelten. Die Verbindung scheint zu sein, daß Hungersnöte auftraten, als das Land vertrocknete und die Menschen zu Völkerwanderungen zwang.

Hunger ist etwas, was Gesellschaften grundlegend zerstört. Wenn man sich z. B. Äthiopien und Somalia ansieht, in denen es seit Jahren schwere Hungersnöte gibt: Ganze Dörfer sterben und die einzigen, die überleben, sind Individuen, die sich aufmachen und woandershin emigrieren, die es schaffen, effektiver um ihr Leben zu kämpfen als andere. Sie sahen hilflos ihre Familien sterben und wenn der Regen und die Nahrung endlich wiederkommen, dann sind diese Menschen so geschädigt, als hätten sie eine Armee überlebt, die alles Lebendige ermordet hat. Sie haben eine Massenvernichtung überlebt und sind total schockiert, emotionell zerstört. Und dieser Schaden scheint wie jeder andere emotionelle Schaden durch die Erziehung an die nächste Generation weitergegeben worden zu sein. Reich beschreibt, wie Lust- und Angstreaktionen funktionieren, wenn die Energie in emotionell gestörten Menschen nicht mehr so gut pulsiert oder fließt: Wenn die Kinder eine gewisse Lebendigkeit zeigen, reagieren die Eltern und es entsteht die Tendenz, das Kind so lange zu unterdrücken, bis es genauso verhärtet und reduziert ist wie die Erwachsenen.

J.F.: Wenn die Energie erst einmal in der Atmosphäre, im Individuum oder in der Gesellschaft stagniert ist, muß sie also durch Maßnahmen befreit werden? Kann sie sich nicht selber befreien?

James DeMeo: Die Selbstbefreiung ist sehr schwierig. Zuerst muß es einmal ein Bewußtsein über das Problem geben. Man kann emotionell blockiert sein und zwanghaft seine Kinder schlagen, weil man meint, es wäre der angemessene Weg, ihnen Benehmen beizubringen. Es kann sehr helfen, wenn man darin geschult ist, sich darüber bewußt zu werden, daß man nicht die Kinder schlagen muß, um ihnen Folgsamkeit beizubringen, nur weil man selber blockiert ist. Es hilft noch mehr, wenn man sich einer Therapie unterziehen kann, um die Emotionen wieder in Bewegung zu bringen. Aber wenn der Schaden erst einmal da ist, ist das äußerst schwierig. Es gibt einfach nicht genügend gute Therapeuten. Selbst wenn fünf Prozent oder nur ein Prozent der europäischen Bevölkerung Reichs Orgontherapie haben wollte... vergiß es, es gibt einfach nicht genug Leute, die Therapie geben könnten.

Die wirkliche Lösung ist Prophylaxe, die Vorbeugung gegen eine Panzerung in der nächsten Generation und das ist eine Frage der öffentlichen Erziehung. Der Schutz von Müttern und Babies, der Schutz von Kindern vor Mißbrauch und die Schulung der Erwachsenen darin, daß bestimmte Verhaltensweisen von Kindern, besonders sexuelle Interessen wie Masturbation und sexuelle Neugier der Kinder, der Jungen und Mädchen füreinander, völlig natürlich sind. Das sollte nicht unterdrückt oder zerstört werden, wie es zum Beispiel die Doktrinen des Papstes sagen.

Man muß sich klar machen, daß der Papst einmal der heilige römische Kaiser war. Der Papst und seine Priester waren militärisch-diktatorische Machthaber, die Millionen von Menschen abgeschlachtet haben. Die katholische Kirche und alle christlichen Kirchen - durch ihre Abstammung von der ursprünglichen katholischen Kirche - haben viel Blut an den Händen. Sie massakrierten Millionen, mit Sicherheit viel mehr als Adolf Hitler. Während Deutschland diese Schuld anerkannt hat und Reparationen bezahlt hat, hat die katholische Kirche nie einen Pfennig bezahlt für die Millionen von Menschen, die sie abgeschlachtet hat. Und noch heute haben sie großen politischen Einfluß und sie predigen in der ganzen Welt gegen Empfängnisverhütung und gegen die Sexualität von Jugendlichen und gegen Scheidung. Inzwischen weiß man wenigstens in den USA, daß katholische Priester kleine Jungen sexuell mißbrauchen. Einmal gab es einen herrlichen Vergleich in einer Fernsehsendung. Da wurde eine Gruppe von Priestern interviewt, die das Priesteramt verlassen hatte, um zu heiraten. Und eine zweite Gruppe von Priestern, die das Amt nicht aufgegeben hatten und die nicht verheiratet waren, wurde ebenfalls interviewt. Die Gruppe der verheirateten Priester waren wirklich gutaussehende junge Männer. Sie hatten strahlende Augen, einen lebendigen Blick, sehr vitale, sanfte Charakterstrukturen. Sie waren voller Leben und volle Liebe für das Leben. Und natürlich waren diese jungen Männer aus der Kirche geworfen worden. Hingegen waren die katholischen Priester, die nicht geheiratet hatten, jene ödemischen, blaßhäutigen Typen mit fettigen Haaren, die schon wie Kinderschänder oder Alkoholiker aussahen. Also die pathologischste Sorte Menschen, die man finden konnte, die gegen die Sexualität von Frauen und die Sexualität von Kindern predigten. Ekelhaft. Diejenigen, die die Kirche führen müßten, werden hinausgeschmissen.

J.F.: Kannst du noch etwas zum Cloudbusting sagen?

James DeMeo: Cloudbusting ist eine von Wilhelm Reich entwickelte Technik zur Wiederherstellung energetischer Pulsation in einer Atmosphäre, die bereits grundlegend energetisch tot ist.

J.F.: Was ist eine energetisch tote Atmosphäre?

James DeMeo: Eine energetisch tote Atmosphäre bewegt sich nicht, pulsiert nicht und hat ihr energetisches Funkeln verloren, das man in einer gesunden Atmosphäre mit den Augen als eine Lumination, eine gewisse Brillanz über der Landschaft sehen kann. Es ist eine ziemlich subjektive Beschreibung, aber es gibt auch andere Parameter, die eher objektiv sind. Zum Beispiel hat eine energetisch tote Atmosphäre mehr atmosphärischen Dunst. Dieser Dunst wird oft als höherer Grad von Luftverschmutzung beschrieben, aber die Arbeit Reichs und auch meine eigene Arbeit besagt, daß höchstens ein sehr geringer Anteil auf Luftverschmutzung zurückgeführt werden kann. Es gibt vielmehr einen energetischen Aspekt, der die Ausbreitung des Lichts beeinträchtigt. Die Brillanz der Atmosphäre vermindert sich und das läßt sie dunstig erscheinen. Es hat mit der energetischen Grundlage zu tun, durch die Licht übertragen wird. Es ist das Orgon-Energiefeld der Erde, das Reich beschrieben und objektiv gemessen hat.

J.F.: Du meinst, gewöhnliche Menschen könnten eine energetisch tote Atmosphäre ohne weitere Geräte sehen und erkennen?

James DeMeo: Nun ja, sicher! Man kann in die Atmosphäre sehen und die „Layer of Haze", die „Dunstschleier" erkennen, die über dem Horizont liegen und dreckig aussehen. Die blaue Farbe des Himmels ist abgeschwächt und erscheint weißlich, die Wolken in einer solchen Umgebung entwickeln nicht ihre volle Form, die etwa wie Blumenkohl aussieht, sondern sehen eher zerrissen aus und haben keine genau erkennbare Konturen. Und subjektiv empfunden ist es keine angenehme Atmosphäre, um spazierenzugehen.

Mein Eindruck ist auch der, daß sich die Menschen in Europa so sehr an zerstörte atmosphärische Bedingungen gewöhnt haben, daß sie glauben, sie wären schon gut, wenn sich die Anzeichen nur ein wenig verbessert haben. Man müßte nach Kalifornien kommen oder an gewisse andere Orte, die meist in der Nähe der Ozeane liegen, um eine wirklich gesunde, glitzernde Atmosphäre zu erleben. Eine so transparente Atmosphäre, daß man bis zum Horizont sehen und bis dorthin genaue Details zwischen Objekten und zwischen Wolken ausmachen kann. Die Wolken haben eine vollentwickelte Form, sie haben eine gute Struktur, wachsen gut und es fällt reichlich Regen aus ihnen. Das ist eine gesunde Atmosphäre.

Der Cloudbuster kann, richtig angewendet, der Atmosphäre soviel Stagnation, so viel Totes entziehen, daß die vitale Qualität wieder Oberhand gewinnt und aktiv wird. Und so kann man eine Transformation der Atmosphäre von einer solchen toten Situation zu einem lebendigen, pulsierenden Prozeß erreichen.

J.F.: Welche Auswirkungen hat diese Stagnation auf die globale Atmosphäre?

James DeMeo: Nun, global haben wir es mit einem größeren Problem zu tun. Diese tote, stagnierte Atmosphäre liegt hauptsächlich über den Wüstenregionen. Wenn man in die Wüsten geht, sieht man meistens eine sehr dunstige, stagnierte Atmosphäre. Manchmal gibt es auch in der Wüste eine sehr saubere und frische Atmosphäre, gewöhnlicherweise nach einem Regen, aber meistens ist das Wetter in den Wüsten von DOR erstickt. Ich sollte erwähnen, daß Reich der erste Naturwissenschaftler war, der eine Verbindung herstellte zwischen atmosphärischem Dunst und reduzierten Regenfällen.

Heutzutage wird in der klassischen Meteorologie bereits angenommen, daß der Grad der Trübung der Atmosphäre in Wüstenregionen mit dem Austrocknen der Atmosphäre im Zusammenhang steht.

Reich war auch der erste Wissenschaftler, der das Waldsterben genau beschrieben hat. Um sein Labor in Rangeley, Maine, beobachtete er bestimmte Veränderungen in der Qualität der Atmosphäre: Ansteigen des Dunstes, Absterben der Bäume, schwärzliche Verfärbung der Baumstämme und der Felsen. Damit verbunden waren höhere Säure- und Ozonwerte, sowie eine Verminderung der Regenfälle. Anstelle schwerer Niederschläge gab es nur noch Nieselregen. Er schrieb darüber etwa 1952, zehn Jahre, bevor die ersten vollständigen Beschreibungen des Waldsterbens in Skandinavien herauskamen, die diese verschiedenen Aspekte grundlegend bestätigten, aber natürlich bot die klassische Wissenschaft eine sehr biochemische Erklärung, die eine Luftverschmutzung als Ursache annahm. Während Reich sagte, daß, wie immer die Luftverschmutzung auch aussehen mochte, eine grundlegende energeti-

sche Fehlfunktion besteht, die das Hauptproblem darstellt. Mit dem Cloudbusting war er dann auch in der Lage, diese Situation in Maine ziemlich dramatisch zu verändern und die gesunde Situation in den Waldgebieten wiederher-
zustellen. Dies bietet den theoretischen Ansatz für unser begrenztes Projekt
zur Smog-Reduzierung hier in Deutschland.

Reichs Arbeit über energetische Bewegung in der Atmosphäre stellt tatsächlich eine Parallele dar zu seiner früheren Arbeit über die Bewegung der
Lebensenergie im Körper, im Organismus, über Zustände von emotioneller
und somatischer Gesundheit und Krankheit. Reich sprach immer davon, wie
sich die Energie im Körper bewegt und von bestimmten emotionellen oder
charakterlichen Haltungen blockiert wird, was sich sowohl in somatischen wie
in psychischen Störungen auswirkt. Dieser Ansatz Reichs in bezug auf menschliches Verhalten, auf Emotionen und auf Sexualität drückt sich auch sehr klar
in seiner atmosphärischen Arbeit aus und in dem, was ich tue, versuche ich
ganz klar, diese Tradition weiterzutragen. Einige versuchen, seine atmosphärische Arbeit neu zu interpretieren, und kommen mit neuen Theorien, um sie
zu erklären, aber dafür sehe ich keinen Grund. Seine Beschreibung der Bewegung von Orgon-Energie im menschlichen Körper wie in der Atmosphäre war
absolut richtig. Es bleiben noch eine Reihe von Fragen über die Details dieser
Energie, aber in bezug auf die Grundfragen über die Existenz dieser Energie und
ihre qualitativen Zustände gibt es meiner Meinung nach keine Zweifel mehr.
Seine Entdeckung der Orgon-Energie ist eine grundlegende wissenschaftliche
Entdeckung. Natürlich ist es ein Beweis für die Richtigkeit dieser Entdeckung,
daß wir fähig sind, sie anzuwenden. In Namibia, Israel und den USA in Arizona
haben wir unter schweren Dürrebedingungen Cloudbuster angewendet und
waren fähig, Regenfälle auszulösen.

J.F.: Welche Dimensionen hat diese Arbeit heute? Ist es ein begrenztes For-
schungsvorhaben oder versucht ihr, das globale Klima zu beeinflussen? Und
was könnte damit erreicht werden?

James DeMeo: Zurück zu deiner vorherigen Frage über die globalen Auswirkungen von DOR, dem Problem der atmosphärischen Stagnation. Die Wüsten
sind angewachsen seit etwa 4000 v. Chr. Dieser größte Wüstengürtel geht von
Nordafrika über Kleinasien bis Mittelasien. Ich habe Karten erstellt. Besonders eine Karte über Wüsten- und Dürregebiete zeigt die globalen Dimensionen des Anwachsens von Wüsten- und Dürregebieten. Die Konsequenzen für
den ganzen Planeten sind sehr ernst. Das Klima verändert sich kontinuierlich. Es
verändert sich so dramatisch, daß die Menschheit tödlich angriffen ist.

Wir treffen also nicht auf eine stabile Situation, auf die wir mit dem
Cloudbuster einwirken. Die Wüste dehnt sich ständig aus. Natürlich unterstützen die Menschen diese Entwicklung, indem sie Bäume fällen, Baumland in
Grasland verwandeln und dann wird das Grasland durch das Übergrasen und
durch andere unzulängliche, unökologische Anbaumethoden angegriffen, die

das Grasland in Wüsten verwandeln. So werden die Wüstenregionen größer und in jedem Jahr gibt es mehr Wüste als im Vorjahr. Mit dem Cloudbuster haben wir eine echte Chance, diesen Prozeß aufzuhalten, ihn sogar umzukehren. Aber es gibt so viele Variablen, so viele Dinge, die wir noch nicht wissen. Es gibt so gut wie gar keine offizielle Unterstützung dieser Arbeit, so daß wir sie völlig privat unternehmen. Zur Zeit bauen wir verschiedene kleine Gruppen rationaler Menschen an verschiedenen Orten der Erde auf, um diese Arbeit zu tun. Menschen, die die Kapazität haben und das richtige Verständnis. Wir konnten einige wenige Gruppen ausbilden. Hier in Deutschland gibt es eine solche Gruppe und eine hat in Namibia die Arbeit aufgenommen. Und wenn in einem Gebiet eine solche Gruppe von Menschen erst einmal aufgebaut worden ist, die diese neue Technologie anwendet, wird man dort keine längeren Dürreperioden mehr haben. Das ist meine Erfahrung aus den letzten zehn Jahren. Überall, wo wir eine Gruppe von geschickten Menschen aufbauen und mit den entsprechenden Geräten ausrüsten konnten, konnten Dürreperioden aufgehalten werden. Wenn die Dürren ausgeschaltet werden, wird auch das Problem das Anwachsens der Wüsten und der Wüstenrandgebiete reduziert. Nichts baut die Pflanzendecke eines Wüstengebiets so gut wieder auf wie ein guter Regen.

J.F.: Ist es nicht notwendig, daß diese Arbeit weltweit koordiniert wird? Es ist doch nicht möglich einfach irgendwo damit anzufangen?

James DeMeo: Absolut. Das hier sollte auf keinen Fall die Leute ermutigen, einfach eine solche Arbeit zu beginnen. Zunächst ist man auch gar nicht dazu fähig. Denn es ist gefährlich. Wie ich in einem Artikel in der „emotion" beschrieben habe, ist es weit einfacher, eine Dürre zu verursachen, als eine zu beenden, wenn man nicht weiß, was man tut. In den USA haben wir eine Arbeitsgruppe, die sich CORE-network nennt. Den Begriff CORE hat Reich geschaffen, er kommt von „Cosmic ORgone Engineering" (kosmische Orgontechnik). Wir haben ein Netzwerk verantwortlicher Leute, die an dieser Arbeit interessiert sind, und die meisten sind keine hauptamtlichen Wetterleute, die meisten haben Familie, ein Mathematiker, ein Landentwickler, ein Arzt, ein Umweltwissenschaftler. Es sind Menschen, die viel über das Cloudbusting wissen und die es überhaupt nicht mögen. Sie würden es viel lieber sehen, daß der Cloudbuster in seinem Schuppen steht und nie benutzt wird. Es macht sie glücklich, wenn sich die Natur von selbst bewegt. So geht es mir auch. Wir gehen nicht hin und spielen mit dem Wetter herum mit diesen Geräten, wenn die Natur gut funktioniert. Sie werden nur benutzt, wenn die natürliche Pulsation aus dem einen oder anderen Grund gestört ist.

J.F.: Könntest du eine Verbindung herstellen zwischen den „Saharasia"-Studien und dem Cloudbusting? Zunächst scheinen es sehr unterschiedliche Arbeitsbereiche zu sein.

James DeMeo: O. k. Sie scheinen unterschiedlich zu sein, aber das gemeinsame Funktionsprinzip ist der große Bereich der energetischen Stagnation, die in den Wüsten ihren Ursprung hat und sich immer schneller auf die feuchten Regionen der Erde ausbreitet, Dürre erzeugt, Lebensräume vernichtet und im doppelten Wortsinn verwüstet.

Sozial ist Saharasia der Bereich, in dem viele der großen patriarchalischen autoritären Imperien der Welt gewachsen sind und sich entwickelt haben und die dann die um sie liegenden feuchteren Regionen angegriffen haben. Sie haben erobert und geplündert und hatten einen zerstörerischen Einfluß, indem sie die Natur der Sozialstrukturen in der ganzen Welt veränderten.

Aber Saharasia ist auch die riesige Wüstenregion und die Atmosphäre von Saharasia bewegt sich in andere Gebiete und wenn das geschieht, breitet sich die Wüste in feuchtere Regionen aus, sie trocknen aus und es entsteht Dürre.

J.F.: Inwiefern sind Europa und Amerika angegriffen?

James DeMeo: Europa ist schwer angegriffen. Ich habe jetzt die Wetterdaten von Europa über viele Jahre beobachtet und jedesmal, wenn hier eine Dürre auftritt, geschieht das hauptsächlich, weil sich die Sahara nach Norden ausgebreitet hat. Klimatologisch gesehen steht die trockene Saison der europäischen Mittelmeerstaaten von Spanien bis Griechenland in eindeutigem Zusammenhang mit den jahreszeitlichen Bewegungen. Wenn sich die Sahara über das Mittelmeer ausdehnt, gibt es einen trockenen Sommer. Das geschieht in jedem Sommer. Manchmal bleibt er ein wenig länger. Die Wüste dehnt sich aus, wird größer. Man kann es nicht über dem Mittelmeer sehen, da gibt es keine sterbenden Wälder, die man beobachten könnte, aber die Wüste hat sich nach Norden hin ausgedehnt.

Obwohl ich das noch nicht beweisen kann, denke ich, daß diese energetische Stagnation auch teilweise für die Stagnation der Atmosphäre und das Waldsterben in hohen Lagen der Schweiz, in Deutschland und sogar in Skandinavien verantwortlich ist. Das hat auch mit dem Phänomen der Wüstenbildung zu tun. Wie gesagt, wir führen ein Forschungsprogramm in dieser Richtung durch, aber wir sind noch nicht soweit, die Ergebnisse publizieren zu können, aber sie sind recht eindeutig und erhärten diese These.

Und in Nordamerika: Ich bin in Florida aufgewachsen. Als ich noch ein kleiner Junge war, hatten wir immer wieder mal eine Dürreperiode. Man konnte auf die Straße gehen und dann lag morgens auf den Autos ein gelbes Pulver. Dann sagten die Nachrichten, daß es in der Sahara einen Sandsturm gegeben habe und daß dieser Sturm die Staubpartikel die ganze Strecke über den Atlantik getragen habe, bis nach Florida, nach Nordamerika.

Diese Beobachtung habe ich mein ganzes Leben lang nicht vergessen. Jetzt habe ich in meinen klimatologischen Karten Aufzeichnungen über den östlichen Teil Brasiliens und den nördlichen Teil Venezuelas, die bekanntlich Wüstengebiete sind, die zeigen, daß diese Wüsten durch eine ziemlich beständige Bewegung der Sahara westlich über den Atlantik hinweg verursacht wurden. In Florida ist das Phänomen ungewöhnlich, aber dort ist es üblich. Es gibt sehr wenig Regen und es ist eine richtige Wüste mit Kakteen usw. Während wir hier reden, trocknet Brasilien aus. Teilweise durch das Abholzen der Bäume, was die natürliche Fähigkeit der Atmosphäre zu reduzieren scheint, sich energetisch zu bewegen und Regen zu erzeugen. Aber eben auch, weil der sich westlich ausdehnende Einfluß der Sahara stärker geworden ist.

Wenn man Saharasia als Krebstumor betrachtet, gibt es eine gewisse Metastasenbildung in anderen Gebieten des Erdballs. Wir haben es mit einer äußerst ernsten und tödlichen Situation zu tun. Diese Austrocknung hat sehr ernste soziale Konsequenzen. An vielen Orten sterben die Menschen aus Gründen, die mit Dürre in Zusammenhang stehen.

Unser Ansatz ist der, die Cloudbusterarbeit in die Hände verantwortungsbewußter Menschen zu legen, die einen Sinn für den weiten Bereich des Werkes von Reich über energetische Zusammenhänge und Fragen haben. Die dann auch in verantwortungsvoller Weise weitergehen können. Aber das ist eine sehr schwierige Angelegenheit. Einerseits gibt es überhaupt keine staatliche oder offizielle Unterstützung. Andererseits gibt es eine Menge verrückter Typen. Sie lesen etwas über Reich und den Cloudbuster und fünf Sekunden später wollen sie einen bauen, wollen aber keine fünf Minuten verschwenden, etwas Reich zu studieren oder das zu erarbeiten, was bereits darüber existiert. Sie wollen nur einen bauen und ein großer Held werden. Das ist eine große Schwierigkeit. Ich habe über sieben Jahre studiert, bevor ich meinen ersten Cloudbuster gebaut habe. Und dann habe ich zuerst Leute gefragt, die mit dem Cloudbuster schon mit Reich zusammengearbeitet haben.

J.F.: In vieler Hinsicht gibt es weltweit zur Zeit einen schnellen Zerfallsprozeß, ökologisch, ökonomisch, sozial, viele Kriege... Glaubst du, daß die Reich'schen Methoden hier tatsächlich eine echte Möglichkeit darstellen?

James DeMeo: Wir haben keine andere Möglichkeit. Sieh mal: Die Sowjetunion ist zusammengebrochen, das ist ein Teil dieses Zerfalls. Das chinesische Zeichen für "Krise" bedeutet auch "Gelegenheit". Der Aufbruch der Sowjetunion ist in erster Linie eine Gelegenheit für alle möglichen positiven sozialen Veränderungen, wenn positive politische Führer sich mit einem wirklich demokratischen System durchsetzen. Der größte Teil des Geldes und der gesellschaftlichen Kraft wurde in Waffen gesteckt. Wenn wir die richtige politische Führung haben, wenigstens in den Demokratien dieser Welt, dann haben wir das Potential - lediglich das Potential - für alle möglichen positiven Veränderungen. Die Frage ist: Sind die Menschen so sehr verhaftet an eine kriegerische Mentalität daß sie diese Gelegenheit verpassen? Als Gorbatschow in die Vereinigten Staaten kam und die Sowjetunion im Aufbruch war, glaubten die amerikanischen Politiker zuerst an eine kommunistische Verschwörung. Aber das war es nicht. Ihre Ökonomie war zum Teufel gegangen. Es gab zu viele Bürokraten, die den

gewöhnlichen Menschen bei der Arbeit im Weg standen, so daß das System
nicht funktionieren konnte. Es war wie eine verkehrt herum gebaute Pyramide,
die irgendwann zusammenbrechen mußte. Das war sehr gut so. Aber was man
in Rußland sieht, ist, daß viele Menschen diese Pyramide wiederherstellen
wollen.

Ich erinnere mich an eine Frau in Rußland, die in einem Interview sagte:
„Wir sind den Kommunismus leid, wir sind dieses System leid, wir wollen den
Kapitalismus wiederhaben, wo alle dasselbe haben."
Aber es gibt trotzdem Hoffnung. Besonders für die USA gibt es Hoffnung,
denn nun müssen wir nicht mehr Milliarden Dollar für eine Raketenabwehr
aufbringen. Falls die Sache in Bosnien nicht aus dem Ruder gerät, gibt es ein
Potential an Geld, um es in die Unterstützung des Lebens zu stecken und nicht
in die Vernichtung von Leben.

Seit 6000 Jahren erleben wir nun diese Orgie von Krieg und Gewalt und wir
blicken auf die Politiker und warten auf Lösungen, die eigentlich in den Händen der gewöhnlichen Menschen liegen. Aber ich habe da keine Illusionen, es
gibt enorm starke Kräfte, die das alte System zurückhaben wollen oder andere
autoritäre Formen wie z. B. religiöse Fundamentalisten. Ich spiele nicht das
politische Spiel, ich beteilige mich nicht an der politischen Arena, obwohl ich
die Entwicklungen sehr genau verfolge. Und manchmal schreibe ich auch an
Politiker, um sie auf bestimmte Fragen und Antworten aufmerksam zu machen. Aber ich mache mir keine Illusionen, daß die Politik eine Antwort wäre.
Es wird kaum geschehen, daß Politiker zu mir kommen und mir ihre Unterstützung anbieten, um Reichs Werk durchzuführen und die Welt zu einem besseren Platz zu machen. Wir müssen das selber machen. Ich warte nicht darauf,
daß eine Universität einen Lehrstuhl gibt und die Forschungsmittel, damit ich
Studenten ausbilden kann. Ich werde ein eigenes Ausbildungs- und Forschungszentrum haben, wo die Studenten hinkommen können und wo sie eine Spitzen-
ausbildung in Orgonphysik bekommen und noch viele andere Dinge lernen
können.

Ich denke das ist es, was Menschen tun müssen, die Wissen und Kenntnisse
haben: Verantwortung übernehmen. Das hat Reich immer wieder gesagt. Man
kann so sehr erstarren, wenn man auf den einen oder anderen Aspekt in der
politischen Hierarchie oder der sozialen Struktur wartet, damit man endlich
die Unterstützung bekommt, um mit einem wichtigen Stück Arbeit weiterzu-
machen. Im allgemeinen kommt sie nie.

J.F.: Aber ist es nicht ein Zeichen des Zerfalls, daß Wissenschaftler wie Du,
Studenten, Therapeuten und eine ganze Therapiebewegung arbeiten und daß
die Wissenschaften des Lebendigen an keiner einzigen Universität der Welt
vertreten ist?
James DeMeo: Die amerikanischen Universitäten sind völlig korrupt. Es gibt
keine akademische Freiheit in den USA. Hier in Deutschland ist es ein wenig

besser. Die Leute tun hier Dinge an den Universitäten, die in den USA nie möglich wären. Es ist teilweise eine Frage des Geldes. Je mehr Geld in die Forschung geht, desto stärker wird sie im Sinne einer sehr orthodoxen Sichtweise kontrolliert. In den USA ist das ein ernstes Problem. Die Universitäten sind geradezu einkassiert worden von industriellen Interessen und der engstirnigsten Führung, die man sich vorstellen kann. In der University of California bekam der Präsident vor kurzen ein Geschenk von 2 Millionen Dollar, als er in Pension ging. Gleichzeitig war die Universität finanziell so gut wie bankrott. Es zeigt den sozialen Verfall und wie die Handlungen der politischen Führung ohne jede Verbindung sind mit dem, was in der realen Welt geschieht.

J.F.: Ich meine auch, daß junge, vitale Menschen auf falsche Wege gebracht werden. Sie widmen sich der Mystik oder dem puren Geldverdienen und sie überlassen die Welt sich selbst. Sie widmen sich nebensächlichen oder falsch gestellten wissenschaftlichen Fragen wie z.b. dem AIDS-Problem. So arbeiten hunderttausende gut motivierte junge Menschen an den falschen Projekten. Sie sind falsch geführt.

James DeMeo: Sie sind oft abgetrennt vom neuen Wissen.

J.F.: Dann gehen sie in die Metaphysik oder in mechanistische Wissenschaften.

James DeMeo: Oder sie werden einfach aus dem System verdrängt. Gewöhnlicherweise werden die vitaleren Studenten zerbrochen. Denn sie haben Interessen, die den Professoren unangenehm sind. So wie die Eltern ein Kind unterdrücken, das sich nicht anpaßt. Wenn sich das Kind oder der Student nicht beugt, dann finden sie einen Weg, ihn aus dem System zu katapultieren. Sie machen ihm das Leben so schwer, daß sich der Student zurückzieht.

Das ist sehr traurig. Denn Reichs Entdeckungen über Sexualökonomie und Orgonphysik beinhalten extrem machtvolle wissenschaftliche Entdeckungen. Es ist ein Grundsatz, daß es ins soziale Elend führt, wenn unkorrekte wissenschaftliche Entdeckungen sozial angewendet werden. Zum Beispiel die Rassentheorie, die von Hitler angewandt wurde, führte in die Zerstörung. Oder die Gen-Theorie, die in den USA angewendet wird. Oder die Theorie, daß das HIV-Virus AIDS verursacht, die in der modernen Medizin vertreten wird, und die absolut überhaupt keine positiven Wirkungen auf die Gesundheit und das soziale Leben hat. Peter Duseberg hat immer wieder gezeigt, daß HIV nicht die Ursache von AIDS ist.

Wir haben eine Situation in der folgendes geschieht: Weil Reichs Werk nicht so ernst genommen worden ist, wie es müßte, ist es nicht sozial angewandt worden. So gibt es in der Konsequenz eine Menge Probleme: soziale Probleme, Umweltprobleme, Fragen der grundlegenden Natur des Universums usw. Sie sind unbeantwortet. So geben sie in den USA 20 Milliarden Dollars für die Entwicklung des größten Teilchenbeschleunigers der Welt aus. Ein großer Reifen von 50 Meilen Umfang. Es ist wie die Erbauung der Pyramide. Es bindet so viel des Reichtums der Nation, daß andere Wissenschaftler keine Chance mehr haben, etwas zu bekommen, während die Physiker alles bekommen, was sie wollen.

J.F.: Ich erinnere an das Projekt von Robert Morris, das er seit Jahrzehnten vergeblich durchzusetzen versucht, menschliche soziale und emotionale Gesundheit zu erforschen.

James DeMeo: Projekte wie dieses bekommen nichts. Sein ganzes Leben lang hat er vergeblich versucht, das Geld zusammenzubekommen. Sehr traurig. Manchmal sehe ich mich neunzigjährig und an Krücken und immer noch denke ich an mein Forschungszentrum, und dann kommt jemand und sagt: "O.K., hier ist das ganze Geld, das du brauchst, bau dein Zentrum auf." Und dann bin ich zu alt.

J.F.: Aber Deine jetzige Situation zwingt Dich, in die Welt hinauszugehen, nach Europa, nach Namibia, um die Dinge zu tun, die möglich sind. Es gibt also auch Nutzen aus dieser Zwangslage, das Forschungszentrum noch nicht zu haben.

James DeMeo: NOCH nicht, ja. Ich glaube, wenn das Forschungszentrum da ist, wird das Herumreisen noch mehr werden und noch mehr Leute werden in meine Umgebung kommen und an den experimentellen Vorhaben teilnehmen können, über die ich in meinen Vorlesungen nur lehren kann, aber im Forschungszentrum können die Menschen dann die praktische Erfahrung machen. Es wäre so, als würdest du herumfahren und Vorlesungen über den Orgon-Akkumulator geben. Das kann die reale Erfahrung niemals ersetzen, einen zu bauen und zu benutzen.

J.F.: Man kann Leuten nicht die Erfahrung vermitteln, was passiert, wenn man im Akkumulator sitzt. Einmal hat es eine solche Veranstaltung gegeben. Es war schrecklich. Es gab nichts Essentielles, worüber man reden konnte, da die Erfahrung fehlte. Es war sehr trocken. Niemand verstand, worum es wirklich geht, da das nur gefühlt werden kann.

James DeMeo: Ja, das ist schwierig. Aber es ist vorstellbar, daß man dich einlädt, einen Vortrag zu halten vor Leuten, wo der Akkumulator noch nicht bekannt ist und ihnen beizubringen, wie man ihn baut.

J.F.: Das würde ich gerne in Amerika tun.

James DeMeo: Ich werde dich dann im Gefängnis besuchen. Es ist sehr eigenartig, daß der Akkumulator in Amerika immer noch verboten ist. Die Polizei geht immer noch herum und bricht die Türen von den Leuten auf, die alternativ-medizinische Methoden anwenden. Dutzende alternative Kliniken für Naturheilkunde wurden von der Polizei durchsucht, mit Maschinenpistolen im Anschlag.

J.F.: Niemand hat seither versucht, mit Orgon-Akkumulatoren zu arbeiten?

James DeMeo: In den USA kenne ich niemanden, der den Orgon-Akkumulator öffentlich zur Behandlung benutzt. Wenn überhaupt, dann tun sie es heimlich.

Das ist polizeiliche Unterdrückung von jeder klinischen Arbeit, die mit den Krebskliniken konkurriert. Wenn in den USA jemand an Krebs stirbt, dann hat die Krankheit rund 50.000,-Dollar gekostet. Das wollen sie nicht aufs Spiel setzen. Wenn sie den Akkumulator einsetzen würden, wären die Kosten höchstens ein paar tausend Dollar. Und dann bekommt nicht die Klinik das Geld, sondern der Tischler. Die Kosten für Medizin sind in den USA etwa doppelt so hoch wie in Deutschland. Die Ärzte sind zu Piraten geworden. Sie kümmern sich nicht um die Gesundheit der Menschen. Ein Teil des Gesundheitssystems hält sich eine Polizeitruppe, die jeden verfolgt und einsperrt, der mit billigen, einfachen Naturheilmethoden daherkommt, die damit konkurrieren, was die Ärzte in den Krankenhäusern anbieten. Das ist das Hauptproblem, eines der großen Probleme, die nicht von Clinton oder einem der Reformer des Gesundheitssystems angegangen wird. Sie wollen das Versicherungssystem verändern und hier und da die Preise kontrollieren. Aber niemand spricht von diesem Mißbrauch, die Polizei gegen alternative Forschung einzusetzen. Das regt mich sehr auf. Wir reden über die Universitäten und wie die wissenschaftliche Freiheit zugrunde geht. Es gab keine akademische oder professionelle oder journalistische Gesellschaft, die der Verbrennung der Bücher Reichs widersprochen hätte. Und wenn heute andere Ärzte angegriffen und ins Gefängnis geworfen werden und wenn ihre Wohnungen von bewaffneten FBI-Agenten gestürmt werden und ihr gesamtes wissenschaftliches und persönliches Eigentum beschlagnahmt wird, wird niemand dafür zur Rechenschaft gezogen.

Denn es wird alles von politischen Organen gedeckt. Es ist als würde die Verfassung der USA in Stücke gerissen. Niemand redet darüber. Auch Bill Clinton nicht, ich bin völlig enttäuscht von ihm und seinen Leuten. Es ist ein grundsätzlicher Angriff auf die Freiheit Amerikas und niemand redet darüber. Als ob nichts geschehen wäre.

J.F.: Wie und wo kann man etwas über das Cloudbusting lernen?

James DeMeo: Es gibt Informationsveranstaltungen sowohl in San Francisco als auch hier in Deutschland. Aber das sind keine Ausbildungen zum Cloudbusting, sondern hier vermitteln wir das Grundwissen und versuchen die Öffentlichkeit eingehend zu informieren über das Reich'sche Werk wie die Sexualökonomie. Für die eigentliche Arbeit am Cloudbusting haben wir Ausbildungskriterien, die ähnlich streng sind wie die für Kapitäne von Linienflugzeugen. Ich denke, es ist eine Frage des Verantwortungsbewußtseins derjenigen, die das Klima großer Regionen beeinflussen werden.

Unsere jetzigen Räume sind für die anstehende Forschung und Ausbildung nicht geeignet. Wir haben bereits einen Ort gefunden, der für unsere Zwecke ideal ist, für die Einrichtung eines Labors, für Ausbildungs-und Seminarräume und eine Bibliothek. Ich finde die Möglichkeit sehr faszinierend, daß es ein Center geben könnte, um unsere Programme auszuweiten. Dort können wir dann auch interessierte Menschen ausbilden, die sich der Sache wirklich ernsthaft widmen wollen. Ob wir es verwirklichen können ist in erster Linie eine Frage der Geldmittel, denn wir sind auf private Spenden angewiesen. Wir könnten in den nächsten Jahren Wüstenbegrünungsprogramme in einigen anderen Gegenden von Saharasia beginnen. Wir haben jetzt schon kleinere Möglichkeiten, die Wetterdaten auszuwerten, die wir aus der ganzen Welt erhalten. Die Technik entwickelt sich enorm schnell. Wir können praktisch die Wetterdaten und Satellitenbilder von jedem Ort der Welt erhalten. In unserem Institut haben wir die Einrichtungen zur logistischen Koordination, die mit denen eines großen staatlichen Instituts vergleichbar sind. Und in mancher Hinsicht sind sie besser, da wir keine Komitees haben und keine politischen Fragen, mit denen sich staatliche Stellen herumschlagen müssen.

Dieses Forschungs- und Ausbildungszentrum aufzubauen ist ein wichtiger Schritt in meiner Arbeit, es ist sehr aufregend, daß sich die Arbeit so weit entwickelt hat, viel weiter als in meinen Erwartungen, als ich 1988 nach Kalifornien ging ohne klare Vorstellung wie ich mein Wissen umsetzen könnte, ich wußte nur, daß ich mich dieser Arbeit völlig widmen wollte.

J.F.: Vielen Dank für dieses Interview, Jim. Ich wünsche dir viel Glück und Erfolg bei deinen Vorhaben.

Nachtrag: Dr. James DeMeo hat inzwischen seinen Plan, ein Forschungs- und Ausbildungszentrum zu errichten, in die Tat umgesetzt. Er ist im Februar 1995 nach Oregon übergesiedelt, wo er ein großes Grundstück gekauft hat, das ideal geeignet ist für die speziellen Zwecke eines orgonomischen Forschungslabors. Die neue Adresse lautet:
James Demeo, Ph. D. – Orgone Biophysical Research Lab
PO Box 1148, Ashland, OR 97520 USA
Tel./Fax: 001-503-552-0118

Veröffentlichungen von James DeMeo (Auswahl):

Der Orgonakkumulator - ein Handbuch, Verlag 2001, 1994

Pulse of the Planet - Research Report and Journal of the Orgone Biophysical Research Lab., Bisher erschienen: Issue 1 bis 4, bei: Adresse s.o.

So, du willst also einen Cloudbuster bauen? in: in emotion Nr. 9 (Verlag Volker Knapp-Diederichs, Berlin) – *Interview aus „Wildfire"* und *Entstehung und Ausbreitung des Patriarchats",* emotion 10 – *Empfängnisverhütungsmittel bei Naturvölkern,* in: emotion Nr. 11

Kapitel 5

DOR – Die zerstörte Lebensenergie

DOR ist eine Abart der Orgon-Energie. Sie läßt sich jedoch nicht mit den von Wilhelm Reich entwickelten Methoden wie Temperatur-, Elektroskop-, Vakuumröhren- oder Geiger-Müller-Zähler-Experiment zweifelsfrei nachweisen. Die im Oranur-Experiment gemessenen hohen Zählraten der Hintergrundstrahlung am Geiger-Müller-Zähler (siehe Kapitel 2) traten während der aggressiven Oranur-Phase auf, als die orgonotisch hochgeladene Atmosphäre sozusagen amoklief. Das atmosphärische DOR, die bleierne Erstarrung der Atmosphäre, ist bisher meines Wissens nicht mit physikalischen Methoden nachgewiesen. Insofern gilt bisher für DOR mehr noch als für Orgon, daß nur subjektive Kriterien aussagefähig sind, um das Phänomen zu beschreiben. Der subjektive Nachweis, d.h. die Beschreibung der Natur, so wie sie sich unseren menschlichen Sinnen darstellt, sollte als Methode der physikalischen Forschung erheblich mehr Beachtung finden. Ich will deshalb auch versuchen, in diesem Artikel die Qualitäten von DOR so ausführlich darzustellen, daß es für jeden, der es ernsthaft versucht, ohne weiteres möglich sein sollte, DOR wahrzunehmen, „aufzuspüren".

Auf diese Weise will ich versuchen, dem Begriff DOR seine mystischen Implikationen zu nehmen, die er zwangsläufig bekommt, wenn sich ein ständig diskutierter Begriff der Wahrnehmung entzieht. So ist im Sinne des orgonomischen Funktionalismus eine direkte, unmißverständliche Wahrnehmung von DOR unabdingbar, auch wenn man irgendwann mit einer „objektiven", d.h. einer naturwissenschaftlichen Kriterien entsprechenden Meßmethode, DOR mit physikalisch-technischen Instrumenten nachweisen sollte.

Der „orgonotische Sinn" als Wahrnehmungskriterium

Eine wissenschaftlich abgesicherte Nachweismethode für DOR existiert also noch nicht. Und da ich kein Physiker bin, keine naturwissenschaftliche Ausbildung habe, möchte ich auch gar nicht den Anspruch erheben, saubere physikalische Methoden entwickeln zu können. Andererseits hat sich auch Reich als Arzt und Psychoanalytiker auf vielen anderen Gebieten als „genialer Laie" betätigt und ist zu erstaunlichen Ergebnisse gekommen, die später auch von vielen anderen ernsthaften Wissenschaftlern bestätigt wurden.

Reich besaß etwas, was er den „orgonotischen Sinn" nannte, eine Fähigkeit, durch die eigene große Lebendigkeit, die „Vitalität", energetische Natur-
Prozesse direkt und unmißverständlich wahrnehmen zu können. Reich hat über
diese Voraussetzung zur orgonomischen Forschung viel geschrieben und großen Wert auf diese Form von Lebendigkeit gelegt. Daher war er auch immer
sehr interessiert am Urteil sogenannter „einfacher Leute", von Menschen, die
überhaupt keine wissenschaftliche Bildung hatten wie sein Hausmeister Tom
Ross oder sein Hersteller von Orgon-Akkumulatoren Templeton, die jedoch
andererseits einen sehr gut entwickelten orgonotischen Sinn hatten. Templeton
konnte Reich eine ganze Reihe grundlegender Eigenschaften der Orgon-Energie beschreiben, die Reich selber erst nach jahrelanger Forschung hatte benennen können.

Wie weit ich selber diesen orgonotischen Sinn entwickelt habe, sei dahin-
gestellt und ob sich meine Beobachtungen als qualifiziert herausstellen werden, wird die Zeit zeigen. Die Fähigkeit, die eigene Vitalität zur Beobachtung
von Naturprozessen zu Rate zu ziehen, dürfte an sich nichts Ungewöhnliches
sein, es ist nur nicht üblich, sich entsprechend öffentlich zu äußern, da man
sich „lächerlichen machen" könnte. Um den orgonotischen Sinn zur nachvollziehbaren Instanz zur funktionalistischen Naturbetrachtung heranziehen zu können, sind noch einige charakterliche Bedingungen nötig, die man als mechani-
stischer Wissenschaftler weniger braucht: Mut, Ernsthaftigkeit, Seriosität,
Selbstkritik und Selbstbewußtsein.

DOR wahrnehmen lernen – die Voraussetzung
zur Erforschung der athmossphärischen Orgon-Energie

Es dürfte klar sein, daß man ein Phänomen nur dann erforschen kann, wenn
man es kennt, es er-kennt.

Ich habe DOR erst wirklich erkennen können, nachdem ich mit James DeMeo
auf einer Cloudbusting-Expedition in Arizona gewesen bin. Ich wußte viel
darüber - dachte ich - weil ich vieles gelesen hatte. Aber mir fehlten die
Wahrnehmungskriterien dafür, DOR in der Atmosphäre eindeutig erkennen
und beschreiben zu können. Aus Gesprächen mit vielen Menschen, die sich
für die Reich'schen Methoden interessieren, weiß ich, daß ich dieses Problem
nicht alleine habe: Man muß die DOR-Phänomene beschrieben bekommen, um
sie wahrnehmen zu können (genauso wie die Orgon-Energie-Phänomene) und
am besten ist eine persönliche Anleitung, da DOR zwar bestimmte Grund-
Funktionen hat, aber doch immer auch örtlich unterschiedlich auftritt.

Atmosphärisches DOR ist in unseren Breiten so durchgängig vertreten,
daß es kaum möglich ist, DOR-freies Wetter zu erleben. Doch um DOR wahrnehmen zu können, braucht man unbedingt auch den Vergleich.

Ich habe es mir angewöhnt, die DOR-Situation mehr oder weniger ständig zu betrachten und so meine Sinne geschärft zu halten. Die wichtigsten Kriterien sind dabei:

1. die Wolkenbildung
2. die Durchsichtigkeit der Atmosphäre und die Farbe des Himmels
3. die emotionelle Verfassung der Natur

1. Die Wolkenbildung

Die Form der Wolkenbildung ist direkt abhängig von der Lebendigkeit der Atmosphäre. Eine lebendige Atmosphäre zeichnet sich dadurch aus, daß in ihr verschieden große Orgon-Ladungen existieren und in einem Wechselspiel miteinander stehen. Eine erstarrte Atmosphäre ist weitgehend gleichförmig, es findet wenig oder gar kein Austausch zwischen verschieden hoch geladenen Energiefeldern statt.

Besonders stark geladene Energiefelder binden die Luftfeuchtigkeit stärker als schwächer geladene Bereiche. So kommt es zur Wolkenbildung, d.h. orgonotisch korrekt wäre die Ausdrucksweise, daß ein Energiefeld „eine Wolke hat" und nicht umgekehrt daß eine Wolke ein Energiefeld hat. (Diese Ansicht entspricht unserer materiellen Sichtweise und ist daher nicht „falsch". Viele esoterische Schulen sprechen davon, daß der Energiekörper zuerst da ist, und dann kommt es zur Bildung des materiellen Körpers. Bei der Kirlian-Fotographie kann man beispielsweise die Energie-Form eines Blattes komplett abbilden, auch wenn ein Teil des Blattes fehlt.)

Man kann also davon ausgehen, daß erdnahe Kumulus-Wolken (Haufenwolken) ein Indiz dafür sind, daß in der Erdatmosphäre verschieden hoch geladene Regionen existieren, die im Austausch miteinander stehen. Je schärfer begrenzt diese Wolken sind, je dunkler der blaue Himmel zwischen ihnen, je höher sich die Wolken auftürmen, desto größer ist der Unterschied zwischen hoch- und niedriggeladenen Regionen und desto lebendiger die Atmosphäre. Je diffuser die Kumuluswolken sind, je blasser der Himmel zwischen ihnen, je weniger sie sich auftürmen, desto geringer sind die energetischen Unterschiede in der Atmosphäre und desto weniger lebendig ist diese. Das DOR-Extrem ist eine graue, diffuse Masse, deren Form als Wolken (im erdnahen Bereich, nicht die hohen Cirrhus-Wolken) kaum noch oder gar nicht mehr identifiziert werden kann.

Eine weitere Extremform ist der blaßblaue, wolkenlose Himmel. Hier ist das Fehlen von Wolken ein sehr häufig auftretendes Indiz für DOR, vor allem in Wüsten- und Wüstenrandgebieten, also z.B. in Südeuropa. Neben DOR kann es für das total wolkenlose Wetter auch die orgonotisch seltenere, aber durchaus mögliche Situation geben, daß die Erde höher geladen ist als die Atmosphäre, was vor allem oft nachts und in den Dämmerungen geschieht. Dann gibt es Hoch- oder Bodennebel oder gar keine Wolkenbildung.

In bezug auf wolkenfreies Wetter unterscheidet sich die Ansicht über orgonotisch „gutes Wetter" daher sehr von der üblichen Meinung in unserer Zivilisation. Die Ansicht, daß Sonnenwetter mit gutem Wetter gleichzusetzen ist,
kann ich für unsere mittel- bis nordeuropäischen Breitengrade damit erklären,
daß DOR-Wetter hier ein relativ neues Phänomen ist, das vielleicht erst in
diesem Jahrhundert wirklich massiv auftritt und früher unbekannt war. Somit
ist Sonnenwetter für diese Regionen tatsächlich mit gutem Wetter gleichzusetzen gewesen. In südlichen Regionen, in Asien, Afrika, Arabien etc. gilt histo-
risch gewachsen, daß „gutes Wetter" nicht warmes oder heißes, wolkenfreies
Wetter ist, sondern ganz im Gegenteil, kaltes, wolkiges Wetter (womit nicht
nasses oder feuchtes Wetter gemeint ist). Selbst in Tibet, das ja ein sehr hoch-
gelegenes und damit kaltes Land ist, gilt warmes, wolkenfreies Wetter als
„schlechtes Wetter". In diesen Regionen entlang der Sahara, der Wüsten Klein-
asiens und der Wüste Gobi ist die lähmende Wirkung des DOR-Wetters offenbar bekannt.

2. Die Durchsichtigkeit der Atmosphäre und die Farbe des Himmels

Orgon hat die Farbe blau, DOR ist eher weiß oder schwarz oder auch braun bis
violett, je nachdem in welcher Form es auftritt.

Die blaue Farbe von Orgon ist die Ursache für die Blaufärbung des Himmels. In einer lebendigen Atmosphäre ist der Himmel tiefblau, je blasser die
Blaufärbung, desto mehr muß man von DOR ausgehen, deshalb ist die Blaufärbung des Himmels ein recht gutes Indiz für die DOR-Situation.

In einer lebendigen Atmosphäre erscheinen entfernte Hügel und Berge um
so blauer, je weiter sie entfernt sind. In einer DOR-Atmosphäre erscheinen
Hügel um so weißer, je weiter sie entfernt sind. Das ist die einfachste und am
leichtesten nachvollziehbare Beurteilung der DOR-Situation.

Diese Weißfärbung der Atmosphäre beruht darauf, daß DOR tatsächlich
die Fähigkeit der Orgon-Energie beeinträchtigt, zu erstrahlen, d.h. Licht zu
„transportieren" (diese Bezeichnet Reich als „Lumination"). In den Kern-
regionen der Wüsten kann man dann auch die DOR-Schichten als schwärzliche Schleier sehen, die wie eine Art dünner Rauch bisweilen in mehreren Schichten übereinanderliegen. Dort ist die Beeinträchtigung der Lumination so groß,
daß das DOR tatsächlich als „Wolken" auftritt, auch wenn es keine Wasser-
wolken sind, sondern eher an stehende Autoabgase erinnert.

Eine weitere Wirkung der beeinträchtigten Durchsichtigkeit der Atmosphäre ist die Verschleierung des Horizonts. Auch dies ist ein untrügliches DOR-
Indiz, das man für die Beurteilung der DOR-Situation heranziehen kann. Man
sollte jedoch auch hierfür eine Vorstellung davon haben, wie ein Horizont aussieht, wenn es keine DOR-Belastung gibt: Er ist scharf gezeichnet, Wolken und
Erdformationen am Horizont sind deutlich unterscheidbar und auch in der gro-

ßen Entfernunug noch plastisch. Sie erscheinen erheblich näher und größer als bei DOR. Bei einer starken DOR-Wetterlage verschwimmt der Horizont, man kann ihn nicht mehr eindeutig identifizieren, Wolken und Erdformationen scheinen im Dunst, bzw. hinter einer Dunstwand zu liegen.

Sehr eindrucksvoll ist der Unterschied des Sonnenuntergangs bei lebendiger Atmosphäre bzw. bei DOR, vor allem, wenn man den Sonnenuntergang im Meer betrachten kann. Eine DOR-Atmosphäre wirkt, als wäre eine Art grauer bis brauner oder violetter Dunst-Schleier am Horizont, in den die Sonne hineintaucht. Wären es Wolken, müßte die Sonne hinter ihnen verschwinden, aber sie bleibt sichtbar. Wenn die Sonne dann breit und rot wird, während sie dem Horizont immer näher kommt, werden horizontale Streifen sichtbar, die auch mit dem Fernglas keineswegs als Wolken identifiziert werden können. In mehreren Schichten übereinander wird die Sonne in mehrere Scheiben zerschnitten: dort, wo die Sonne „schwarz" bleibt, d.h. hinter den DOR-Schleiern, wird das Sonnenlicht nicht transportiert. Ein DOR-freier Sonnenuntergang ist anders: Die Sonne versinkt als Kugel wie in einen Spiegel.

Sicherlich sind die schmutzig gefärbten DOR-Schleier, die oft am Horizont zu sehen sind, auch auf Luftverschmutzungen im chemisch-physikalischen Sinne zurückzuführen. Diese Färbungen sind in Industrieregionen intensiver als über dem Meer oder über Berg- und Waldgebieten. Ich habe diese starke Färbung jedoch auch in Wüsten, über dem Mittelmeer und über dem Pazifik und über den Alpen und dem Himalaja gesehen. Mag sein, daß diese Industrie-Verschmutzungen tatsächlich einen weltweiten Ring um die Erde bilden. Vielleicht sind sie auch vermischt mit Teilchen aus Staub, aus Vulkanausbrüchen etc. Es scheint erwiesen zu sein, daß der Smog der Industrieregionen zum großen Teil durch DOR mitverursacht ist - indem eine stagnierte Atmosphäre keine wirkliche Bewegung von Luftmassen und von Feuchtigkeit, aber vor allem auch von Energie mehr zuläßt.

Allein von der reinen Betrachtung der Phänomene her, ist der Übergang zwischen DOR und Smog fließend, so daß man Smog als speziell industriell verschmutztes DOR-Phänomen sehen kann.

3. Die emotionelle Verfassung der Natur

Wer seinem orgonotischen Sinn vertrauen kann, erlebt die Natur als emotionell reagierendes System, ohne sie zu mystifizieren oder ihr menschliche Eigenschaften zu geben. Die Erfahrung von Expansion = Lust und Kontraktion = Angst ist eine Naturerfahrung, die alle Lebewesen im weitesten Sinne erfahren und ausdrücken, also auch Tiere und Pflanzen, aber ebenso die Erdatmosphäre, die Wolken - alle energetischen Systeme, ja selbst Orgon-Akkumulatoren, deren künstlich geschaffenes Energiefeld ebenfalls „Freude" ausdrückt, wenn es frisch zusammengesetzt wurde und das auf die energetische Situation der

erdnahen Atmosphäre reagiert sowie auf ein zweites Energiefeld - das des
Menschen, der sich hineinsetzt - und mit ihm gemeinsam „erstrahlt".

Gefühle sind die wahrnehmende, eher passive Qualität - Emotionen die sich
ausdrückende, reagierende, aktive Qualität des Lebendigen, sie sind die „Aus-
druckssprache des Lebendigen" wie Reich einen Kapiteltitel in der *Charakteranalyse* nannte. Wenn man orgonomisch funktionell denkt, sollte man versuchen, die Begriffe „Gefühle" und „Emotionen" als die zwei Seiten lebendigen
Erfahrens zu sehen.

Wie unterschiedlich biologische Systeme auf energetische Grundzustände
reagieren, kann man sehen, wenn man die Natur in den Wüstenregionen ver-
gleicht mit den saftigen Landschaften Nordkaliforniens oder Irlands. In den
Wüsten herrschen die Farben gelb, braun und grau vor. Die grünen Pflanzen
sind meist blaß verfärbt, helles Oliv. Die Oberflächen sind hart, stachelig und
abweisend. Das Leben der Pflanzen scheint sich weit von der Oberfläche hinter harte Panzer verkrochen zu haben. Wie anders ist das saftige, in vielen
Differenzierungen strahlende Grün der Pflanzen in feuchten, energetisch noch
weitgehend vitalen Gebieten. In jeder Nische wächst weiches lebendiges Grün.
Die Natur drückt Freude und Lust aus.

In unsere Regionen, die lange Jahrtausende saftig und lebendig waren, dringt
die Wüste von Süden her hinein. Das Waldsterben ist das erste, auch von konventionellen Naturwissenschaftlern anerkannte Symptom des Absterbens der
Natur. Die mechanistische Wissenschaft kennt nur stoffliche Ursachen für lebendige Prozesse, muß also chemisch-physikalische Ursachen als grundlegend
annehmen, um diesen epochalen Wandel in unserer Natur verstehen zu können.

Um den emotionellen Ausdruck der von DOR beeinträchtigten Natur erkennen zu können, muß man sich vergegenwärtigen, wie die saftige, frische
und lebendige Natur ist. Wir sind selbst ein Teil dieser Natur, daher trifft der
Einwand nicht ganz zu, wir würden unsere eigene emotionelle Verfassung auf
die Natur übertragen. Es gibt so viele gute literarische Naturschilderungen, die
durch den emotionellen Filter des Betrachtenden zeigen, wie verschiedene
Naturzustände parallel gehen mit menschlichen emotionellen Erfahrungen. Man
nehme nur das Klischee einer Frühlingsnacht in Paris, Rom oder Amsterdam,
wenn die Bäume blühen, das Leben auf den Straßen pulsiert und die verliebten
Pärchen in den Straßencafés sitzen. Auch das ist Naturbetrachtung.

Man sollte es sich aber mit der Beurteilung der emotionellen Situation der
Natur nicht zu einfach machen. Es gehört schon ein wacher Blick und viel
Wissen dazu, wenn man wirklich beurteilen will, ob die Vögel vor Lebenslust
zwitschern oder weil sie sich gegenseitig vor einer Katze warnen wollen, ob
die lauten Schnarrgeräusche der Zikaden in einer südlichen Gegend nicht eine
Lebendigkeit vortäuschen, die gar nicht existiert, denn wenn diese Geräusch-
kulisse verstummt, „hört" man, wie traurig still die Natur ist.

In der Dämmerung verstummen die natürlichen Geräusche. Reich hat beschrieben, daß sich die orgonotischen Messungen in der Abend-Dämmerung, kurz nachdem die Sonne untergegangen ist, oft in ihr Gegenteil verkehren, daß sich also die Ladung aus der Atmosphäre in die Erde zurückzieht. DOR ist traurig. Die Blätter scheinen zu hängen, die Vögel sind stumm oder aggressiv, die Luft scheint - auch bei Wind - wie eine zähe Masse zu sein. Wie DOR auf lebendige Organismen wirkt, läßt sich an vielen Lebensprozessen erkennen. Orgon und Wasser haben direkte gegenseitige Affinität, daher ist Leben an Wasser gebunden. DOR hat dieselbe starke Anziehung an Wasser, jedoch ohne, daß daran lebendige Prozesse gekoppelt sind. DOR macht durstig, man kann scheinbar nie genug trinken. Der Körper scheint die Flüssigkeit nicht aufzunehmen, er scheidet sie aus und entwickelt mehr Durst. Das DOR bindet die Flüssigkeit. So ist die extreme Trockenheit der Wüsten- und Wüstenrandgebiete nicht unbedingt ein Resultat der Hitze, sondern ein Ausdruck von DOR. Das DOR bindet Wasser, das der Natur nicht mehr für natürliche Metabolismen zur Verfügung steht. So verschwindet das Wasser aus der Landschaft und steht auch dem Wechselspiel zwischen der Atmosphäre und den lebendigen Organismen nicht mehr zur Verfügung.

Woher kommt DOR eigentlich? Eine bisher unbeantwortete Frage.

James DeMeo beschreibt in seinen Vorträgen und Artikeln (siehe auch das Interview „Regen in der Wüste" in diesem Buch) sehr anschaulich, wie sich die Wüsten auf dem Erdball verbreitet haben, ausgehend von einem Ort irgendwo in der heutigen Wüste Sahara. Dieser Prozeß begann erst vor 6000 Jahren. Oder anders gesagt: Die DOR-Funktion, die sich auf dieser Erde in Wüsten- und Steppen-Landschaften manifestiert, ist gemessen am Alter der Erde und des Lebens auf ihr eine absolut neue Erscheinung, die innerhalb kürzester Zeit einen großen Teil der Landmassen (und meteorologisch gesehen auch der Ozeane) erfaßt hat und dabei ist, dem Leben auf dieser Erde ein Ende zu bereiten.

Parallel zur Ausbreitung der Sahara und der Wüsten Asiens (was DeMeo zu dem Begriff „Saharasia" führte) breitete sich gleichzeitig das Patriarchat aus, eine Kulturform der Menschheit, die den Prozeß der „Verwüstung" heutzutage mit technologischen Mitteln vorantreibt. Das Patriarchat als menschliche Existenzform sieht DeMeo also als eine direkte Folge des atmosphärischen DOR. Er weist dies mit archäologischen und ethnologischen Methoden nach. Diejenigen Völker, die durch die Wüstenbildung betroffen waren, konnten nur dann überleben, wenn sie eine entsprechend aggressive Gesellschaft entwickelten, in der Krieg, Hierarchie, Besitz etc. zu „Werten" wurden. Die Folgen dieser Periode der Unterwerfung und Vernichtung matriarchaler Kulturen entlang der Ausbreitung der Wüsten, erleben wir heute individuell in unseren

Charakterstrukturen, in denen alle patriarchalen Qualitäten voll aktiv sind und so von Generation zu Generation weitergegeben wurden und werden. Natürlich erleben wir sie aktiv in den weltweit vorherrschenden patriarchalen Sozialstrukturen, dem menschen- und naturverachtenden kapitalistischen Wirtschaftsstrukturen, in der Religion, in der Wissenschaft. „DOR" ist somit zwar eine „natürliche" Erscheinung, aber eine, die sich über den Umweg der menschlichen Kultur des Patriarchats zu einer wirklichen „intelligenten Naturkatastrophe" entwickelt hat.

Daß dieses DOR-Phänomen im Raum der Wüste Sahara entstanden ist, sagt immer noch nichts aus über ihren Ursprung. Und es gibt auch bis heute noch keine schlüssige Erklärung. Wir gelangen hier in den Bereich der Spekulation, das sei zunächst deutlich gesagt.

Wilhelm Reich hat DOR entdeckt, als er im ORANUR-Experiment ein Milligramm Radium in einen Orgon-Akkumulator legte. Er erfaßte den Ernst dieser Situation intuitiv und beendete sofort dieses Experiment. Man muß sich vergegenwärtigen, mit welch einfachen, ja fast urtümlich anmutenden Mitteln hier innerhalb weniger Stunden und Tage eine Kettenreaktion ausgelöst wurde, deren Wirkungen auch heute noch in den Gebäuden des damaligen Orgonon zu spüren sind, mehr als 40 Jahre später! Es ist zwar recht unwahrscheinlich aber denkbar, daß eine entsprechende Materialanordnung auch auf natürliche Weise entstehen kann. Es gibt Felsenhöhlen, denen heilende Eigenschaften zugeschrieben werden, deren Erde hohe Anteile an Metallerzen enthalten. Da Erze oft in Schichten lagern, könnte es durchaus geschehen, daß durch Erdbeben oder durch Erosion eine Höhle entsteht, die sogar sehr starke orgon-akkumulierende Eigenschaften hätte. Der zweite Schritt wäre dann zwar ein großer Zufall, aber dennoch denkbar: Wenn nämlich radioaktives Material, also Uranerz, durch Menschen oder Tiere oder ebenfalls durch Erosion in eine solche Höhle gelangt wäre. Diese Oranur-Reaktion, seither über Jahrtausende aktiv, könnte durchaus die Verwüstung der gesamten Erde zur Folge haben.

Aber dieses Modell ist nur eines von vielen möglichen. Es könnte ein Meteor mit stark radioaktivem Material in die Erdatmosphäre eingedrungen sein. Da durch die Erdatmosphäre der größte Teil der auf die Erde stürzenden Gesteinsbrocken verglüht, könnte gerade dieser Schutzmechanismus, der die Erde davor bewahrt, wie z. B. der Mond voller Meteoritenkrater zu sein, zur Katastrophe geführt haben, denn das radioaktive Material wäre über ein großes Gebiet fein in der Atmosphäre verteilt worden, was eine enorme Oranur-Reaktion zur Folge gehabt hätte.

Eine weitere Möglichkeit wurde auch von Reich sehr ernsthaft erwogen: die Einwirkung fremder intelligenter Wesen auf die Erdatmosphäre. Reich verfolgte sehr aufmerksam die Spuren von UFOs in der Umgebung von Orgonon und auch während des ausgedehnten Cloudbusting-Experiments in Arizona. Er war überzeugt davon, daß die Raumschiffe von Antigravitationsmaschinen angetrieben wurden, die reine Orgon-Energie verwenden und die DOR quasi als Ab"gase" entwickeln. Reich stellte fest, daß dort, wo UFOs gelandet waren, die Vegetation stark DOR-geschädigt worden war. Und er stellte fest, daß er den UFOs mit den Cloudbustern die Energie so stark entziehen konnte, daß sich diese entfernen mußten. In den 50er Jahren gehörte Reich zu den ersten Naturwissenschaftlern, die das UFO-Phänomen überhaupt so ernst nahmen, daß es in seine wissenschaftliche Diskussion einfloß. Ich weiß nicht, inwiefern Reichs Annahme, die Welt befände sich mit den fremden Wesen bereits in einer Art „kosmischem Krieg" korrekt war oder ist. Reich war so visionär in seinen Ansichten, daß er viele Naturphänomene beschrieb, lange bevor sie von anderen Wissenschaftlern bemerkt wurden, aber er unterlag auch derart grandiosen Selbsttäuschungen, daß ich mir gerade in diesem Punkt, in dem ich selber (wie die meisten anderen Menschen auch) keine Fakten aus erster Hand habe, kein Urteil anmaßen kann. Es ist eine der möglichen Erklärungen, und die wird auch von den Ansichten Wilhelm Reichs gestützt.

Es gibt viele Aussagen darüber, daß fremde Kulturen die Erde seit Hunderttausenden von Jahren beobachten, ja als eine Art Labor betreiben. Eine dieser Theorien hat eine erstaunliche Parallele mit den Forschungen von James DeMeo. Sie beschreibt, daß die Menschheit vor ca. 6000 Jahren von einer unorganisierten nomadisierenden Existenzform innerhalb weniger Generationen zu einer extremen Hochkultur aufgestiegen ist, die eventuell sogar entwickelter war als unsere jetzige Kultur. Sie kannte sogar bemannte Raumfahrt. Diese Kultur hatte Kontakt mit einer fremden Rasse, die den Ursprung dessen bildet, was als „Götter" in verschiedensten Kulturen auftritt. Es waren jedoch reale Wesen, die den Versuch unternahmen, die Menschen durch Information und Beeinflussung in eine entwickeltere Existenzform zu bringen. Nachdem ihnen dieser Versuch offenbar mißlungen war, beschlossen sie, ihn abzubrechen, was in Überlieferungen nahezu aller Kulturen als die „Sintflut" bekannt wurde. Jedoch auch dieser Versuchsabbruch ging nicht gut, denn es überlebten Menschen, und so hat die Menschheit eine Art „Bund" geschlossen, eine Gnadenfrist, in der dieses Experiment weitergeführt wird. Diese Spekulationen haben nichts mehr mit Reich zu tun, zeigen aber das Ausmaß der möglichen Ursachen für DOR, denn eine Hochkultur - ob nun von Menschen oder humanoiden Außerirdischen - hätte vor 6000 Jahren ohne Zweifel auch atomare und orgonomische Experimente unternehmen können, die entsprechend extreme Folgen gehabt haben könnten.

Um die Spekulationen zu beenden möchte ich nochmals auf die bekannten Fakten hinweisen: Im Oranur-Experiment entstand mit geringsten Konzentrationen an Nuklearenergie und einer hochgeladenen orgonotischen Atmosphäre eine Kettenreaktion, die in kürzester Zeit gefährlichste Ausmaße annahm und als sich die Amoklauf-Phase legte, entstand DOR, das „natürlich" hauptsächlich in Wüsten auftritt und das Reich als für die Wüstenbildung ursächlich annahm. James DeMeo wies andererseits nach, daß die DOR- und die Wüstenausbreitung erst 6000 Jahre auf dieser Erde aktiv ist, seither einen großen Teil der Lebensressourcen vernichtet hat und in immer wachsendem Tempo das Leben auf der Erde bedroht.

Die Zukunft der DOR-Erforschung

Wir müssen uns auch vergegenwärtigen, daß die DOR-Erforschung durch Wilhelm Reich und wenige seiner Mitarbeiter und nach Reichs Tod durch einige wenige Wissenschaftler wie James DeMeo nur einen allerersten Schritt gegangen ist, dieses Phänomen zu begreifen. Niemand kann sagen, wie tief wir bereits in die Erkenntnis des DOR-Phänomens eingedrungen sind und welche Erkenntnisse hier noch auf uns warten.

Oranur und DOR treten überall auf, wo konzentrierte Orgon-Energie und konzentrierte Nuklear-Energie aufeinandertreffen. Die energetischen Folgen der vielen über- und unterirdischen Atombombenexplosionen sowie die Auswirkungen, die Atomreaktoren, Lagerung und Endverwertung von Nuklearbrennstoffen auf das Orgonfeld der Erde haben, sind nicht erforscht und bisher überhaupt nicht einzuschätzen.

Nach dem Zusammenbruch der Sowjetunion wurde bekannt, daß es eine große Zahl atomarer Katastrophen gegeben hat, die z. T. größere Ausmaße hatten als der GAU von Tschernobyl. Ganze Landstriche sind seit Jahrzehnten plutoniumverseucht und unbesiedelbar. Daß diese Unfälle nicht auch im Westen früher bekannt wurden, liegt hauptsächlich daran, daß eine nukleare Meßtechnik in den 50er und 60er Jahren, als in der UdSSR Plutoniumwaffen entwickelt wurden und es zu diesen Unfällen kam, noch gar nicht existierte. Man muß sich daran erinnern, daß auch der GAU von Tschernobyl erst zugegeben wurde, als die nuklearen Meßstationen in Schweden ansprachen.

Nachdem einzelne Unfälle und Katastrophen im Nachhinein bekannt wurden, wäre es sicher sinnvoll, die Daten dieser Ereignisse mit denen des ORANUR-Experiments zu vergleichen. Vielleicht war ja Reichs Experiment gar nicht der Hauptverursacher dieser Situation, sondern nur ein weiterer Auslöser.

Die Orgonhülle der Erde bewegt sich in Richtung der Erdrotation, nur etwas schneller. Aus der Meteorologie ist bekannt, daß sich über die Nord- und über die Südhalbkugel jeweils die „Jet-Streams" bewegen, ebenfalls wie die Orgonhülle von West nach Ost in einer Kurvenform. Daher kommt das Wetter weltweit prinzipiell aus Westen, wobei natürlich auch regionale und zeitliche Ausnahmen möglich sind.

Eine Nuklearkatastrophe in Sibirien hat daher innerhalb weniger Tage entsprechende Auswirkungen auf die gesamte Nordhalbkugel, so daß ein orgonotisch extrem hochgeladenes Gebiet wie Reichs Forschungsinstitut

„Orgonon" auf einen solchen Unfall ebenso heftig oder auch heftiger hätte reagieren können wie auf das Oranur-Experiment. Weitere nukleare Zeitbomben ticken in unserer unmittelbaren Umgebung wie z. B. versunkene Atom-U-Boote und versenkte Schiffs-Atomreaktoren im Nordmeer. Die UdSSR scheint über Jahrzehnte ihren Atommüll einfach ins Meer geschüttet zu haben, und auch heute noch wird er in verdünnter Form im Meer verklappt. Darüberhinaus ist bis jetzt erst ein kleiner Teil der Nuklearstoffe „entsorgt" worden. Der größte Teil liegt noch in Atomkraftwerken, in Sprengköpfen und in Zwischenlagern. Und es gibt kein Konzept, wie diese Stoffe so unschädlich gemacht werden können, daß auch künftige Generationen damit umgehen könnten. Wie wenig wissen wir über die Gesellschaften auf dieser Erde vor 6000 oder 10.000 Jahren. Plutonium hat eine Halbwertzeit von ca. 50.000 Jahren, also werden auch noch in Hunderttausenden von Jahren die Lebewesen dieses Planeten mit den Stoffen zu tun haben, die heute in die Umwelt entlassen werden.

Es ist also wahrscheinlich, daß über die Nahrungskette, über Regen und Wind, sowie über direkte Einwirkung in ansteigender Menge künstlich erzeugte Nuklearstoffe wie Plutonium und vieles andere in die Umwelt gelangen werden. Die Wirkungen, die hier ausgelöst werden, werden die Situation des Lebens auf der Erde für viele -zig Jahrtausende beeinflussen.

Egal ob die Oranur-Wirkungen von einem Milligramm Radium oder von einer Plutonium-Nuklearkatastrophe auf der anderen Seite der Erde ausgelöst wurden - im Vergleich zu den riesigen Mengen an radioaktiven Stoffen, die so oder so in die Umwelt gelangen werden, ist das Oranur-Experiment sicher nur eine sehr kleine Reaktion gewesen. Wir können nur ahnen, was in naher oder ferner Zukunft auf diesem Planeten geschehen wird. Im orgon-energetischen Sinne gibt es keine „Abschirmung" von Orgon- und Nuklear-Energie voneinander, d.h. es ist egal, ob die Stoffe in Glas verschmolzen und in tiefe Schächte vergraben oder in verrottungsfestem Plastik gegossen auf dem Meeresgrund versenkt werden. Vor der energetischen Konfrontation dieser beiden Energieformen gibt es bisher keinen bekannten Schutz. Die Vorsichtsmaßnahmen, die jedoch bisher von Naturwissenschaftlern entwickelt werden, gehen alle nur von der direkten stofflichen Beeinträchtigung der Umwelt durch Nuklearmaterial aus, das Lebenwesen direkt „verstrahlt". Es ist weder bekannt, daß diese Verstrahlung wahrscheinlich eine starke lokale Oranur-Reaktion eines einzelnen Systems (Organismus) darstellt, noch, daß das Energiefeld der Erde und der Luft selbst „strahlenkrank" werden kann, was eine andere Sichtweise von Oranur wäre. Die Wüsten dieser Erde wären demnach ein Symptom für die Strahlenkrankheit des gesamten Erdballs.

Ich möchte den Aspekt des Sensationellen gar nicht so sehr in den Vordergrund rücken, obwohl mir zugegebenermaßen sehr unwohl wird, wenn ich an die Folgen denke, die unsere heutige Zivilisation diesem Planeten beschert.

Neben all den bekannten Katastrophen, von der Überbevölkerung bis zur Klima-katastrophe und den vielen unguten Entwicklungen, die die Menschen auslö-sen, ist die durch Nuklear-Material ausgelöste Oranur- und DOR-Katastrophe wahrscheinlich die gravierendste.

Die energetische Betrachtungsweise von Oranur und DOR ist für mechani-stisch-mystisch denkende Menschen kaum zu realisieren. Um orgonomische Erkenntnisse im öffentlichen Bewußtsein oder auch nur in einer kleinen wis-senschaftlichen Gemeinschaft umzusetzen, fehlen bisher die wichtigsten Vor-aussetzungen, damit Naturphänomene funktionell begriffen werden können. Reich hat viel darüber gearbeitet, wie charakterstrukturelle und massen-psychologische Phänomene hier einem Erkenntnisprozeß im Wege stehen. Es ist durchaus kein Zufall, daß Reich über den Weg der Psychoanalyse und der Körpertherapie zur orgonotischen Erkenntnis gelangte.

Erwarten wir also nicht zu schnelle und zu durchgreifende Bewußtseinsver-änderungen in Richtung eines orgonomischen Naturverständnisses. Es wäre schon ein großer Erfolg, wenn diejenigen, die sich bisher schon offen und interessiert gezeigt haben für verschiedene Aspekte des Werkes von Wilhelm Reich, diese Zusammenhänge wenigstens ansatzweise verstehen und auf sich einwirken lassen könnten.

Kapitel 6

Die Energie-Räuber

Elektrosmog, ORANUR und DOR zerstören die atmosphärische und organismische Orgon-Energie

Das Phänomen „Elektrosmog" – die Beeinträchtigung lebendiger Prozesse durch z.b. elektrische Geräte, Hochspannungsleitungen und Sendeanlagen – ist eine Erscheinung, die Wilhelm Reich bereits Anfang der fünfziger Jahre beschrieben hat. Er erkannte die negativen Wirkungen, die eine Aufreizung der Lebensenergie (Orgon) in der Atmosphäre und im Organismus mit sich bringt.

Wird die Lebensenergie durch bestimmte physikalische Faktoren aufgereizt, kann sie in einen erstarrten Zustand verfallen, in dem sie destruktive, lebensfeindliche Wirkungen hat. Diese Form der Orgon-Energie nannte Reich DOR, Deadly ORgone. Wilhelm Reich stellte grundsätzlich zwei Erscheinungsformen von DOR fest: eine „natürliche", deren Ursprung zunächst nicht geklärt ist, die für die Entstehung von Dürren und die Ausbreitung der Wüsten ursächlich ist; und eine „künstliche", die durch eine starke Aufreizung der atmosphärischen Orgon-Energie durch technische Faktoren wie Nuklearstrahlung, Elektrizität, Elektromagnetismus etc. entsteht.

Die alltägliche DOR-Verseuchung wahrnehmen lernen.

In meiner Eigenschaft als Hersteller orgonomischer Geräte habe ich viele Menschen beraten, ihre direkte Umwelt soweit irgend möglich von DOR frei zu halten. Ich habe selber lange Zeit gebraucht, das DOR-Phänomen zu verstehen und diese erstarrte Energie wahrzunehen. Genauer gesagt: ich habe mich lange Zeit dagegen gewehrt, meine tatsächlich bereits ausgeprägte „subjektive" Wahrnehmung von DOR so ernst zu nehmen, daß ich dazu fähig war, daraus Konsequenzen zu ziehen, darüber zu reden und interessierte Menschen zu informieren.

Für DOR gibt es (noch) keine technischen Meßinstrumente. Aber die Tatsache, daß ein physikalisches Phänomen nicht meßbar ist, sagt nichts über seine

Existenz aus. DOR kann von jedem Menschen wahrgenommen werden. Dazu gehört lediglich das Wissen über die Erscheinungsformen von DOR, etwas Aufmerksamkeit und ein gewisses Maß an Lebendigkeit.

Der letzte Punkt, „eine gewisse Lebendigkeit" ist am ehesten als „subjektiver Faktor" zu bezeichnen. Wie Goethe bezeichnete Reich den menschlichen Organismus als das Hauptinstrument der Naturerforschung. Er legte bei sich und bei seinen Mitarbeitern großen Wert darauf, der eigenen sinnlichen Wahrnehmung zu vertrauen und Körper und Geist in einer Verfassung zu halten, in der man seinen Wahrnehmungen vertrauen kann. Man sollte auch emotionell dazu in der Lage sein, seine Wahrnehmungen genau zu benennen und zu ihnen zu stehen, auch wenn die Umstände schwierig erscheinen.

Oranur und DOR in Gebäuden - der tägliche Todeskampf der Lebensenergie

Nachdem ich die eindrucksvollen Erfahrungen mit DOR-Phänomenen in der amerikanischen Wüste gemacht hatte, fiel es mir hier in Deutschland viel leichter, DOR zu identifizieren, sowohl das atmosphärische DOR des Wetters als auch das DOR in Gebäuden. Hinzu kam die Tatsache, daß nach vielen Jahren, die ich in Berlin gelebt hatte, sich nun meine eigenen Umweltbedingungen erheblich besserten, da ich nun in eine ländliche Umgebung umgezogen war. Meine Frau und ich entwickelten großes Interesse daran, die nach unserem Kenntnisstand besten Lebensbedingungen für unsere Kinder und uns selbst zu schaffen.

Die DOR-Phänomene in Gebäuden kommen ebenfalls durch den Oranur-Effekt zustande, auch wenn die Verhältnisse anders sind, als im Oranur-Experiment. Reich brachte eine höchst geringe Menge Radium in ein sehr starkes Orgon-Energiefeld. Der gleiche Effekt entsteht jedoch auch, wenn man starke Dosierungen aggressiver Energie auf eine normale Konzentration atmosphärischer Orgon-Energie einwirken läßt.

Dabei gibt es zwei Stadien: Im ersten wird die Orgon-Energie aufgereizt, z. B. durch einen Starkstrom, durch eine Quelle nuklearer Strahlung oder durch elektromagnetische Wellen. Im zweiten Stadium stagniert die aufgereizte Energie und wird zu DOR.

Reich verglich den Oranur-Effekt mit einem wilden Tier, das eingefangen wird. Zuerst tobt es in seinem Käfig wütend herum, bis es schließlich aufgibt und resigniert. Letztlich stirbt es.

Der Oranur-Effekt geht oft mit einer anfänglichen Belebung einher, eine Aufreizung, die vor allem von jüngeren Menschen als positiv eingeschätzt werden kann. Die Reizung macht hektisch, was eine besondere Form der Lebendigkeit ist: Das Lebendige wehrt sich. Ich habe selber einige Jahre Bildschirmarbeit gemacht. Meine Einstellung gegenüber derartigen Oranur-Belastungen war in dieser Zeit ganz anders als heute. Ich habe Oranur sogar gesucht, habe Cafés und Discos mit Leuchtstoffröhren-Einrichtungen besucht und in meiner Umgebung die Hektik durch Oranur genossen, viel Kaffee getrunken und bin oft bis zum frühen Morgen aufgeblieben. Wenn man sich die Menschen in bestimmten Betrieben ansieht, z. B. in Zeitungs-Redaktionen, Graphik- und Satzbüros oder die Nachrichtensendungen im CNN oder N-TV, sieht man die vielen Bildschirme laufen und erlebt diese produktive Hektik. Und ich habe erlebt, daß Oranur süchtig macht. Denn ein Erlahmen der Reize würde immer bedeuten, daß man die Stagnation des DOR erlebt, die sich im Hintergrund aufbaut, d.h. im Körper ansammelt und zum Herd biopathischer Krankheiten wird. Vielleicht bekommen Krebs und andere chronische Erkrankungen so eine andere plausible Erklärung.

Die DOR-Versuchung von Gebäuden hat ungeheure Ausmaße erreicht angesichts der rasanten Zunahme aggressiver Energiequellen, die ins tägliche Leben Einzug gehalten haben und die am Arbeitsplatz und zu Hause von jedermann angewendet werden. Ich beschäftige mich jetzt seit Jahren aufmerksam mit diesem Thema, aber es vergeht kaum eine Woche, in der ich nicht von dieser oder jener neuen technischen Beeinträchtigung des Lebens höre, die ich eindeutig den Oranur- und DOR-Phänomenen zuordnen kann.

Die Wahrnehmung von technischem DOR in Gebäuden ist nicht so eindeutig wie die des atmosphärischen DOR. Es gibt keine sichtbaren Phänomene, sondern in erster Linie fühlbare „subjektive". Aber wie subjektiv ist ein Phänomen, wenn die Mehrzahl der Menschen klagen, sie bekämen Kopfschmerzen, Schweißausbrüche, Beklemmungen, Hitzewallungen und ähnliche Symptome in klimatisierten, mit Leuchtstoffröhren ausgestatteten Kaufhäusern und Supermärkten!

Jeder Mensch reagiert auf DOR spezifisch, d.h. der Organismus meldet sich mit individuellen Symptomen. Wie Reich und seine Mitarbeiter im Oranur-Experiment erfuhren, erkrankte jeder an den Leidens-Symptomen, die er bereits latent in sich trug. Meine individuellen Symptome sind (ungefähr in dieser Reihenfolge): Schweißausbrüche, Mattigkeit, erhöhter Kopfinnendruck, Augentrübung, gespannte Gesichthaut, Kopfschmerz, Schwindelgefühle, Schwächeanfälle. Nachdem ich mich in DOR-verseuchten Räumen aufgehalten habe, hält sich lange das Gefühl, einen Helm auf dem Kopf zu tragen, ich fühle mich emotionell träge und innerlich sowie äußerlich schmutzig. Nach einer starken DOR-Versuchung bin ich, entgegen meines normalen Zustands, leicht reizbar, z.B. verleiten mich dann die Aggressionen anderer Verkehrsteilnehmer dazu, selber aggressiv zu reagieren. Ich beobachte, wie mich die Gereiztheit oder Bosheit anderer geradezu ansteckt.

Sicher sind meine Reaktionen auf DOR recht typisch, dennoch kann man sie nicht verallgemeinern. Einige reagieren auf DOR mit heftigem Stuhldrang, andere mit Kreislaufbeschwerden, rheumatischen Anfällen oder Depressionen.

Ein weiterer Faktor, der für die Wahrnehmung von DOR entscheidend ist, ist die Gewöhnung. Wer sich ständig in einer DOR-Atmosphäre aufhält, verliert die Fähigkeit der spezifischen Wahrnehmung. Die spontanen organischen und psychischen Reaktionen lassen nach. Dafür stellen sich aller Wahrscheinlichkeit nach chronische Biopathien ein, also Krankheiten aufgrund einer tiefgehenden Degeneration der Vitalität. Wenn man Angestellte in Supermärkten und Kaufhäusern fragt, wie sie diese Atmosphäre ertragen können, erntet man oft verständnisloses Kopfschütteln. Ich habe mir angewöhnt, Menschen über ihre eigenen Wahrnehmungen von DOR zu befragen. Diejenigen, die keine starke Beeinträchtigung spüren, sind meistens selber ständig starken DOR-Phänomenen ausgesetzt, sie haben sich daran gewöhnt, sind aber beileibe nicht immun geworden. Sie arbeiten z. B. in Großraumbüros, in Krankenhäusern oder an einem Bildschirm.

Wer die destruktiven Wirkungen von DOR nicht spürt, könnte also bereits erheblich geschädigt sein. Ich empfehle diesen Menschen, die Wirkungen von DOR nach einem Urlaub in frischer Luft zu studieren. (Also möglichst nicht in einem südlichen Land in einem vollklimatisierten Hotel, in dem die Zimmer, das Restaurant, die Bar und die Disco mit Leuchtstoffröhren ausgestattet sind, sondern im Zelt in Skandinavien oder einer Hütte in Schottland oder einem Pferdewagen in Irland.) Nach einem solchen Urlaub dürften die DOR-Phänomene in den ersten Tagen leichter wahrzunehmen sein. Vielleicht reicht auch schon ein Wochenende, an dem - im orgonomischen Sinne - schönes Wetter herrscht, an dem man sich ausgiebig draußen aufgehalten und bewußt alle aggressiven Energiequellen gemieden hat.

Die „subjektive" Wahrnehmbarkeit von DOR steigt mit geringer werdenden DOR-Kontakten und mit größerer orgonomischer Ladung an. Ich mache diese Erfahrung seit einigen Jahren selber und beobachte sie bei vielen anderen, die aufs Land gezogen sind und die DOR-Emissionen in Haushalt und direkter Umwelt reduziert haben. Man wird sensibler, die Wahrnehmungsfähigkeit gegenüber DOR-Phänomenen kann ganz erheblich gesteigert werden, ja sie kann dann erst recht unangenehm werden.

Auch die Nutzung eines Orgon-Akkumulators steigert einerseits die DOR-Wahrnehmung, führt allerdings auch andererseits zu einer größeren Beeinträchtigung durch DOR. Je höher die Orgonladung, desto unangenehmer werden die Oranur- und DOR-Effekte. Dieses Phänomen als negativen Effekt des Orgon-Akkumulators zu bezeichnen wäre recht kurzsichtig. Denn diese Sensibilisierung durch den Orgon-Akkumulator kann bei vernünftigem Umgang mit der Orgon-Energie nur dazu führen, daß man sich vor DOR schützt, weil man es besser identifizieren kann.

Der Faktor Vitalität spielt eine große Rolle. Sehr lebendige, junge Menschen, oder Personen, die längere Zeit einen Orgon-Akkumulator benutzt haben, reagieren auf DOR mit einem individuellen Oranur-Effekt. Sie werden aktiv, aggressiv d.h. sie reagieren mit gesteigerter Erregung. Wenn besonders vitale Menschen dem Oranur-Effekt ständig ausgesetzt sind, bildet sich aber auch in ihrem Organismus DOR. Das endet wie bei „normal neurotischen" Menschen nicht in einer emotionellen Erstarrung, sondern die Erregung weicht einer emotionell aggressiven Grundhaltung, die Reich als emotionelle Pest bezeichnet hat. Die emotionelle Pest ist eine charakterlich aggressive, besonders aktive und destruktive Reaktion auf die Unterdrückung der Vitalität, die nur bei sehr lebendigen, energetisch starken Menschen auftritt.

Man kann den Oranur-Effekt besonders gut an Montagen morgens in Grundschulen beobachten. Am Wochenende konnte sich die Atmosphäre in den Schulräumen erholen. Wenn dann die Leuchtstoffröhren am Montag in der Frühe angeschaltet werden, gibt es eine enorme Oranur-Reaktion, zuerst in der Atmosphäre der Räume, dann in den Organismen der Menschen. Und das löst besonders bei Kindern sehr große Erregung aus, führt zu Hyperaktivität und Aggressivität. Viele Grundschullehrer beschreiben dieses Phänomen und führen es meist auf die Überreizung zurück, die die Kinder am Wochenende durch Fernsehen und gestörte Familienverhältnisse erleiden. Das mag ein Faktor sein. Aber ich erkenne hier einen deutlichen Oranur-Effekt, denn die Schulen sind, da sie ausnahmslos mit Leuchtstoffröhren ausgestattet sind, die mit am stärksten verseuchten Gebäude.

Der gleiche Zusammenhang gilt auch für das Wetter. Bei „schönem Wetter", also geringer relativer Luftfeuchtigkeit, leichtem Wind, gut entwickelten Cumuluswolken und tiefblauem Himmel wirkt der Oranur-Effekt aggressiver als bei trübem, feuchtem Wetter oder stark DOR-belasteter Atmosphäre. Wenn man bei lebendigem Wetter einen DOR-verseuchten Raum betritt, wird man die Oranur-Wirkungen besonders deutlich spüren.

Auch wenn der Prozeß der DOR-Wahrnehmung mit vielen unangenehmen Erscheinungen verbunden ist: Es lohnt sich sowohl das atmosphärische DOR als auch das technische DOR in Gebäuden wahrnehmen zu lernen. Für mich selbst war die Erfahrung, nach vielen Jahren nicht mehr ständig in DOR-verseuchter Umgebung zu leben eine ungeheure Erleichterung. Ich würde heute nicht mehr freiwillig in eine Großstadt ziehen.

Die technischen Quellen für Oranur und DOR

Die Liste aggressiver Energiequellen, die ich hier aufführe, ist nach meinem heutigen Wissenstand relativ vollständig, aber ich bin überzeugt, daß es weitaus mehr gibt, die ich mir bisher nicht bewußt gemacht habe oder von denen ich einfach nichts weiß. Für weitere Anregungen, weitere DOR-Quellen auszumachen wäre ich den Lesern sehr dankbar. Ich werde diesen Bericht dann nach einiger Zeit aktualisieren und allen Interessierten in vervollständigter Form zur Verfügung stellen.

Wenn man sich diese Liste ansieht, wird man verstehen, welche ungeheure Dimension das DOR-Problem erreicht hat. Tatsächlich ist jeder Mensch von der ersten Minute seines Lebens an (und bereits vor der Geburt) von hohen DOR-Verseuchungen angegriffen. In Krankenhäusern, Kindergärten und Schulen; im Supermarkt, in der U-Bahn, in praktisch allen öffentlichen Bereichen. Sich dem technischen DOR entziehen zu wollen, käme einer konsequenten Kulturflucht gleich. Es ist also zur Zeit, solange die Problematik noch nicht öffentlich breit diskutiert wird, eher die Frage: Wie können diejenigen Menschen, die sich dieser Umweltgefahr bewußt geworden sind, in ihrem eigenen sozialen Umfeld Veränderungen vornehmen?

Geräte im Haushalt

Leuchtstoffröhren, Kathodenstrahl-Bildschirme und Mikrowellengeräte sind seit einiger Zeit als Kerbsverursacher in Verdacht. Zumindest ist ihre aggressive Wirkung auf den Organismus bekannt. In Schweden, wo die gleichen Naturgesetze herrschen wie hier, sind die Arbeitsschutzbestimmungen für Bildschirmarbeit und die Zulassungsbedingungen für Mikrowellenherde erheblich strenger als hier. Bildschirmarbeit gilt als Faktor für Mißbildungen beim Fötus. Warum also sollte diese aggressive Wirkung, die von der mechanistischen Wissenschaft auf elektromagnetische Felder zurückgeführt wird, nicht auch auf den normalen, erwachsenen Organismus pathogene Wirkungen haben?

Leuchtstoffröhren

sind wegen ihrer großen Verbreitung der Hauptübeltäter. Sie funktionieren folgendermaßen: In einer Röhre, die fast ein Vakuum enthält, werden wenige Restmoleküle eines Gases zum Leuchten gebracht. Sie werden durch eine sehr hohe Spannung aufgereizt, wobei sie unter anderen Frequenzen auch sichtbares Licht entwickeln. Dann genügt eine geringere Spannung und ein kleiner Strom, diese Aufreizung und die Lichtemission aufrechtzuerhalten. Schon in dieser kurzen Beschreibung kann man die Ähnlichkeit zum Oranur-Effekt erkennen. Tatsächlich werden nicht nur die Restmoleküle innerhalb der Röhre erregt, sondern ein großes Feld auch außerhalb der Leuchtstoffröhre. Eine kleine Leuchtstoffröhre ist in der Lage, die Atmosphäre eines großen Raumes zu zerstören.

Die unangenehmen Wirkungen der Leuchtstofflampen sind nicht nur sensiblen Menschen bekannt. Aber die Beschwerden werden der Farbe des Lichtes oder der jeweiligen Schwingungsfrequenz zugeordnet. Schlimmer noch: Die Menschen werden im Glauben gehalten, es handle sich um eine individuelle persönliche Störung, eine „Unverträglichkeit", nicht in der Technik stecke der Fehler, sondern im Menschen, der darunter leidet. So kommt es zu „Verbesserungen", die sich auf ein verändertes Farbspektrum beziehen, aber diese Lampen sind tatsächlich noch gefährlicher, da die Benutzer in bezug auf die Schädlichkeit in die Irre geführt werden. Hier rächt sich einer der Hauptirrtümer der mechanistischen Wissenschaft. Was nicht mit den üblichen technischen Geräten meßbar ist, existiert offiziell nicht. Daß Millionen Menschen unter dem Phänomen leiden, wird als „subjektiv" vernachlässigt. Eine funktionelle Wissenschaft nimmt die menschliche Wahrnehmung ernst und bezieht sich in allen Phasen der Forschung immer wieder auf den Organismus als das Haupt-Forschungsinstrument.

Eine besonders schlimme Erfindung sind die „Energiesparlampen". Welch ein tragischer Irrtum in dieser Bezeichnung liegt! Es sind gewundene Leuchtstoffröhren, die eine normale Schraubfassung für Glühbirnen haben. Sie gelten als besonders fortschrittlich, da sie langlebiger sind als Glühfadenlampen und da sie im Vergleich Strom sparen. Und so kommt es, daß Energiesparlampen einen großen Teil der konventionellen Glühlampen ersetzen, gerade dort, wo Lampen ständig benutzt werden, z.b. an Arbeitplätzen, in Läden, öffentlichen Bereichen aller Art und in Haushalten. Eine zusätzliche Gefährdung durch Energiesparlampen liegt darin, daß ihre Zünder radioaktives Material enthalten können. Sie verseuchen die Atmosphäre also auch im Ruhezustand und sogar noch nachdem sie ausgedient haben.

Leuchtstoffröhren sind in dieser Hinsicht weltweit eines der größten Energieprobleme, vergleichbar mit dem der Atomkraft oder der Emission von Schadstoffen durch Verbrennung. Was ist, wenn sich in vielen Jahrzehnten endlich der Nachweis erbringen läßt, daß eine der Hauptursachen für Krebs und andere schwere biopathische Leiden die DOR-Verseuchung durch Leuchtstoffröhren ist? Wieviele Menschen sind bis dahin unter großen Leiden zugrunde gegangen? In welchem Verhältnis stehen die eingesparten Kosten für Elektrizität zum wirtschaftlichen Schaden der durch Krebs, Herz-Kreislauferkrankungen, Alkoholismus und andere DOR-Folgeerkrankungen entsteht?

Alle öffentlichen Gebäude wie Schulen, Universitäten, Kindergärten, Krankenhäuser, Geschäfte, Banken, Büros, viele Arbeitsplätze in Innenräumen sind mit Leuchtstoffröhren ausgestattet. Wenn wir uns ihnen selber vielleicht entziehen, da wir zu Hause arbeiten können, so wird es unseren Kindern nicht gelingen. Und es wird sehr lange dauern, bis in diesem Bereich ein allgemeines Umdenken möglich wird.

Halogenlampen

Halogenlampen scheinen Ozon freizusetzen. Die Beeinträchtigung ist nicht so stark wie bei Leuchtstoffröhren, es ist jedoch, wegen der Gasbildung, davon abzuraten, viele Halogenbrenner lange zu betreiben. Bedenklich bei der Halogenbeleuchtung sind die starken Transformatoren, die sich oft im Wohnraum, d.h.

im direkten Umkreis der Menschen befinden. Wenn man schon eine solche Niedervolt-Anlage hat oder sie unbedingt nutzen will, sollte man darauf achten, daß Ringkern-Transformatoren angeschlossen werden, die ein weitaus geringeres elektromagnetisches Feld entwickeln. Außerdem sollte man den Transformator so aufstellen, daß sich niemand ständig unbeabsichtigt im Magnetfeld aufhalten kann.

Fernsehgeräte und Computerbildschirme

bilden einen zweiten Schwerpunkt für DOR-Verseuchung im Haushalt. Die Kathodenstrahlröhren wirken zweifach verseuchend auf die Raumatmosphäre: einerseits durch die Kathodenstrahlen, die durch das Frontglas nur unzureichend abgeschirmt werden können, andererseits durch das extrem starke Magnetfeld, mit dem die Kathodenstrahlen ausgerichtet werden. Man sollte sich einmal diese Magnetspulen ansehen und mit einem Meßgerät für elektromagnetische Felder die Atmosphäre um den Fernsehapparat herum messen.

Die träge, stumpfsinnige Haltung, die viele einnehmen, die stundenlang vor dem Fernseher ausharren, kann man getrost als DOR-Apathie bezeichnen.

Computerbildschirme bergen große Risiken. Weil man relativ nah sitzt, gibt es schnell einen Oranur-Effekt im Organismus, sowohl durch die direkten Auswirkungen der Kathodenstrahlen wie auch durch das Magnetfeld um den Bildschirm herum. Die Raumatmosphäre und der menschliche Organismus werden sehr stark erregt. Nach einiger Zeit, etwa einer halben Stunde bis einer Stunde, je nach Wetterlage und Grundbelastung des Raumes, entsteht DOR. Ich habe selbst einige Jahre lang einen Fotosatzbetrieb geführt und täglich acht bis zwölf Stunden vor großen Bildschirmen gearbeitet. Meine Partnerin, die genauso viel arbeitete, hat Neurodermitis bekommen. Ich war ständig verstrahlt von Oranur und DOR. Abends war meine Gesichtshaut gespannt. Ich hatte das Gefühl einen Helm zu tragen und ich fühlte mich dreckig und tot. Ich bekam dann nach einigen Jahren, in Verbindung mit Streß und Unmengen Kaffees, Herz-Rhythmusstörungen. Da ich den Betrieb nicht ausweiten wollte, um andere an die Bildschirme zu setzen, war meine einzige Möglichkeit, ihn mit großem finanziellen Verlust zu verkaufen.

Ich benutze immer noch Computer, da ich als Übersetzer und Autor arbeite, meine Briefe und Rechnungen am Computer schreibe und eigene Bücher, Artikel, Werbezettel etc. gestalte. Ich arbeite etwa ein bis zwei Stunden täglich am PC, manchmal auch acht bis zehn Stunden. Der überwiegende Teil dieser Computerarbeiten sind Texteingaben. Dafür habe ich mir einen Notebook- PC besorgt. Seitdem sind fast alle Symptome der Computerarbeit verschwunden. Ein leichter Oranur-Effekt bleibt jedoch erhalten. Wenn ich dann doch einmal am Bildschirm arbeite, weil ich einen Text graphisch gestalten will, sind auch alle Oranur- und DOR-Symptome wieder da.

Die Benutzung von LCD-Displays ist eine gute Alternative zu den Kathodenstrahlbildschirmen. Leider gibt es sie nur in Laptops und zudem sind sie als Einzelbildschirme fast unerschwinglich. Aber wenn man nicht gerade Graphikprogramme benutzt oder ganzseitige Texte gestaltet, sind diese Displays den Bildschirmen nur unwesentlich unterlegen.

Viele Menschen müssen täglich an Bildschirmen arbeiten, sie bilden daher neben den Leuchtstoffröhren heutzutage die Hauptquellen für DOR. Wer Einfluß auf die Gestaltung seines Computer-Arbeitsplatzes hat, sollte unbedingt auf einen Laptop-PC umsteigen.

Ein Computer gibt im übrigen schon durch seine Technik ganz erhebliche Mengen an störenden Schwingungen ab. Diese können durch eine Abschirmung abgedämpft werden, aber Oranur und DOR lassen sich nicht abschirmen. Die meisten Computer haben obendrein keinerlei Abschirmung. Auch die Lüfter haben durch ihren starken Elektromotor ein relativ großes Magnetfeld. Es lohnt sich also, den Computer abzuschalten, wenn man ihn nicht benutzt.

Fotokopiergeräte und Laserdrucker

sind eine ernstzunehmende DOR-Quelle. Der Oranur- und DOR-Effekt scheint durch die Halogen-Lichtquelle hervorgerufen zu werden oder durch die Ozon-Emission. Wichtig ist, daß sie einen erheblichen Oranur-Effekt auslösen, sobald sie zu arbeiten beginnen. Wer den Oranur- und DOR-Effekt sehr eindrucksvoll studieren möchte, sollte einen Fotokopierladen besuchen. Ich kann mich dort nur unter großen Schwierigkeiten aufhalten, bekomme Schweißausbrüche und Kopfschmerzen schon nach wenigen Minuten. Am Abend, wenn der Laden lange geöffnet war, ist es unerträglich.

Wer im Büro oder zu Hause Kopiergeräte und Laserdrucker benutzt, sollte dafür einen möglichst von Menschen sonst ungenutzten und gut belüfteten Raum benutzen. Wer seine Geräte in eine unbelüftete Kammer stellt, was ich oft gesehen habe, schafft eine DOR-Kammer, in der man sich schon beim Betreten vergiftet, da DOR träge ist und sich lange in unbelüfteten Räumen hält.

Mikrowellenherde

sind wie alle anderen Mikrowellensender ernstzunehmende Quellen von DOR. Sie funktionieren, indem ein konzentrierter Strahl von Mikrowellen die Moleküle so zum Schwingen bringt, daß sie sich erhitzen. Da der Ort der Erhitzung nur wenige Kubikzentimeter groß ist, muß das Gargut auf einem Teller gedreht werden.

Wissenschaft und Industrie gehen davon aus, daß Mikrowellen direkte Schäden am Organismus hervorrufen können. Wäre dies nicht der Fall, würde sich die Industrie nicht darum scheren, ob die Strahlung abgeschirmt werden muß, sondern den naturwissenschaftlichen Nachweis für diese Behauptung verlan-

gen. Aber wir wissen aus der Orgonomie, daß wenn auch die elektromagnetischen Wellen abgeschirmt werden können, dies nicht für Oranur und DOR gilt.
Es gibt bei Mikrowellenherden zwei Ebenen der Vergiftung. Erstens die DOR-
Verseuchung der Atmosphäre, zum anderen die Abtötung bzw. Verseuchung
lebendiger Strukturen im Essen.

Wilhelm Reich hatte nachgewiesen, daß in organischen Strukturen, die erhitzt werden, Bione, d.h. lebendige Strukturen in Bläschenform entstehen, also
die Vorstufe von Einzellern. Von den Bionen geht eine intensive Orgonstrahlung
aus, die Reich erfolgreich für die experimentelle Krebstherapie bei Mäusen
einsetzte. Eine mit Feuer, also z. B. mit einer Gasflamme gekochte Nahrung
enthält große Mengen an Bionen. Ich kann mir vorstellen, daß Nahrungsmittel,
die aus Mikrowellenherden kommen, so pappig schmecken, weil sie zwar einerseits heiß, andererseits aber tot sind. In einer hochgeputschten Oranur- und
DOR-Atmosphäre, die im Mikrowellenherd herrscht, können sich keine Bione
bilden. Das kann ich bisher nicht beweisen, aber ich nehme es stark an.

Wenn man sich verdeutlicht, daß z. B. in Krankenhäusern die Milch und die
Babynahrung mit Mikrowellen erhitzt werden, kann man erahnen, welche Dimensionen die DOR-Verseuchung von Nahrungsmitteln in allen möglichen
öffentlichen Bereichen erreicht hat. Schnell und kompromißlos abschaffen!

Elektrokochherde

sind ebenfalls ein ganz erhebliches Problem, vor allem durch ihre große Verbreitung. Die schwarzen Herdplatten aus Metall werden durch dünne Draht-
spiralen erhitzt, die ganz erhebliche Magnetfelder entwickeln. (Neuere Elektro-
herde sind mit neuartigen Keramik-Brennern ausgestattet, die ein sehr gerin-
ges Magnetfeld haben, ich kann ihre energetische Wirksamkeit aber mangels
Erfahrung kaum einschätzen.) Der Oranur- und DOR-Effekt ist bei ihnen zwar
nicht so heftig wie bei Mikrowellenherden, aber wenn man alle Nahrung auf
ihnen kocht, dürfte auch das zu einer weitreichenden energetischen Belastung
führen. Die elektrisch erhitzen Lebensmittel sind einfach nicht so lebendig.

Küchen in Restaurants sind fast ausschließlich mit Gasherden ausgestattet.
Das hat zum ersten ökonomische Gründe, weil man mit Gas erheblich billiger
kocht, zum zweiten arbeitstechnische Gründe, weil Gas viel einfacher zu bedie-
nen ist und in einer Großküche keine Zeit dafür ist, die Kochplatten vorzuheizen,
aber es hat eben auch drittens qualitative Gründe. Viele Spitzenköche behaupten, daß es einfach besser schmeckt, wenn auf einer Flamme gekocht wurde. Ich
meine auch, daß ich die energetische Qualität des Essens schmecken kann.

Das intensive Magnetfeld eines elektrischen Kochherds ist außerdem deshalb gefährlich, weil man sich lange darin aufhält, wenn man am Kochherd steht.

Ich selber habe mir einen alten Gasherd schenken lassen, ihn für 50,- DM auf
Flüssiggas umgerüstet. Eine sinnvolle Investition.

Elektrische Wassererhitzung

hat dasselbe Problem wie der Kochherd. Wasser nimmt DOR stark auf, und wenn wir das Trink- und Kochwasser ausschließlich elektrisch erhitzen, dürfte dies auch Auswirkungen auf unsere Körperenergie haben. Das gilt für elektrische Durchlauferhitzer (die sind sowieso ökologisch absolut sinnlos), Wasserboiler, Kaffeemaschinen, Tauchsieder, elektrische Wassertöpfe und Babyflaschenwärmer.

Elektrische Heizgeräte und Heizdecken

Beide Arten elektrischer Geräte haben die Fähigkeit, die Raumatmosphäre durch erhitzte Drähte d.h. durch elektromagnetischen Felder zu zerstören. Man sollte sie unter keinen Umständen benutzen.

Klimaanlagen

sind in Europa glücklicherweise nicht so weit verbreitet wie in den USA und Asien. Sie führen die Luft über elektrische Kühl- bzw. Heizeinrichtungen und zerstören das Raumklima gründlich. Besonders schlimm sind geschlossenen Systeme wie sie z.b. in Flugzeugen verwendet werden. Sie sind im Haushalt – zumindest in unseren Breiten – absolut verzichtbar!

Funktelefone und drahtlose Telefone

Funktelefone im C-Netz und D-Netz sind seit einiger Zeit ins Gerede gekommen. Naturwissenschaftler fangen hier an, das Phänomen Oranur und DOR ähnlich wie bei Atomkraftwerken, Mikrowellengeräten oder Hochspannungsleitungen anhand eines Symptoms zu beschreiben. Auch bei Funktelefonen führt eine starke elektromagnetische Erregung der Atmosphäre zu Oranur und DOR. Jedes Funktelefon ist gleichzeitig Sender und Empfänger. Das Auto, in dem es installiert wird, ist ein kleiner Sendeturm.

Die drahtlosen Telefone für die Heimbenutzung, die leider sehr in Mode gekommen sind, werden von kleinen Mikrowellensendern gespeist, die in den Netzstationen sitzen.

Sie sind ein erheblicher Belastungsfaktor, der ohne weiteres vermeidbar ist.

Babyphone (über das Netz und per Funk)

Drahtlose Bayphones senden auf einer Mikrowellenfrequenz und da der Sender üblicherweise im Kinderzimmer steht, ist eine DOR-Verseuchung unvermeidlich und man riskiert eine Schädigung der Babies.

Auch die Babyphones, die über das elektrische Haus-Netz senden, sollen ein ganz erhebliches elektromagnetisches Feld haben, wie ein Verbraucherschutzverband vor kurzem warnte. Man sollte also auch diese Geräte nur im Notfall einsetzen und dann immer in einer Steckdose unterbringen, die möglichst weit vom Kinderbett entfernt ist. Den Sender nicht steckenlassen, sondern beide Geräte, Sender und Empfänger, vom Netz trennen.

Sinnvoller als ein Babyphone ist in jedem Fall ein normales billiges Mikrophon, das über ein Verlängerungskabel mit einer Stereoanlage verbunden wird. Diese Lösung ist auch billiger als ein Babyphone.

Telefonleitungen, Digital-Leitungen und Haushaltsstromleitungen

Aktive Stromleitungen haben immer auch ein Magnetfeld. Es gibt die technische Möglichkeit, das Stromnetz so zu schalten, daß nicht immer das ganze Netz aktiviert wird. So ist es durchaus sinnvoll, jedes Zimmer einzeln zu schalten, so daß im Schlafzimmer und in den Kinderzimmern kein Strom fließt, wenn der Kühlschrank oder die Pumpe der Öl-Heizung Strom verbrauchen. Ob eine derartige Investition möglich ist, mag jeder selber entscheiden. Ich meine, daß hier kein gravierender DOR-Effekt zustande kommt. Wenn man aber die geringeren elektromagnetischen Felder zusammenaddiert, kommt auch eine erhebliche Belastung zustande. So kann es zu Irritationen des Körperenergiefeldes kommen, wenn man sich lange, z. B. im Schlaf, in der Nähe eines aktiven Stromkabels aufhält. Man sollte wenigstens die Betten aller Familienmitglieder so stellen, daß keine Stromleitungen näher als 1m vom Bett entferntentlanglaufen.

Lautsprecherboxen, Elektromotoren und elektrische Kleingeräte

haben durch ihre Bauweise elektromagnetische Felder, die nach meiner Einschätzung kaum eine Oranur- oder DOR-Wirkung haben. Aber man sollte alle elektrischen Geräte nicht lange in sehr kleinen Räumen benutzen und nicht über längere Zeit dicht am Körper haben. Dabei hat jedes Gerät seine spezifischen Eigenarten. Natürlich haben große Lautsprecherboxen starke elektromagnetische Wirkungen.

Auch so „harmlose" Geräte wie Walkmen, Gameboys und Kopfhörer können durch ihre Körpernähe zur Beeinträchtigung des Körperenergiefeldes führen. Daß sie elektromagnetische Wirkungen haben, mag man daran sehen, daß ihr Betrieb in Flugzeugen wegen der möglichen Störung der Bordelektronik bisweilen verboten ist.

DOR in Kraftfahrzeugen

Bei langen Autofahrten erlebe ich immer einen deutlichen Oranur-Effekt. Worauf das zurückzuführen ist, kann ich nur spekulieren.

Motor und Lichtmaschine entwickeln ein starkes elektromagnetisches Feld, und da das Auto aus Metall gebaut ist, sitzt man praktisch innerhalb eines elektrisch geladenen Geräts. Bei vielen Autos kommt es ja auch zum heftigen und unangenehmen Ladungsausgleich, sobald man aussteigt. Ein weiterer Faktor sind bestimmt die Abgase, die ebenfalls die Vitalität des Energiefeldes beeinträchtigen. Praktisch atmet man bei langen Fahrten zum großen Teil Autoabgase ein - neben der Sicherheit ein gewichtiger Grund, mit viel Abstand zu fahren. Außerdem hat der Katalysator ein sehr starkes Magnetfeld und stört so die Energetik des Organismus.

Bei langen Fahrten helfen regelmäßige Stops auf waldnahen Parkplätzen und kurze Spaziergänge. Kaffeetrinken und Mikrowellen-Nahrung in verDORten Raststätten ist weniger ratsam. Beim Fahren evtl., wenn wenig Verkehr ist, die Fenster weit aufmachen.

Worauf man wirklich verzichten kann, sind Klimaanlagen im Auto. Eine echte Verschlimmbesserung, die sich Gott sei Dank nur wenige leisten können.

Großtechnische Anlagen

wie Atomkraftwerke, atomare End- und Zwischenlager, Raketenstellungen, atomare Testgelände, Sendeanlagen (Radar, UKW, TV, Telefon etc.), Hochspannungsleitungen, Kraftwerke und Umspannwerke sind ein weiterer erheblicher technischer DOR-Faktor. Alle diesen Anlagen haben die gemeinsame Eigenschaft, von uns unabhängig zu funktionieren. Die einzig sinnvolle Art, mit ihnen umzugehen, ist, sich möglichst weit von ihnen zu entfernen.

Da DOR nicht abgeschirmt werden kann, ist ein wirksamer Schutz vor atomaren Großanlagen überhaupt nicht zu leisten. Unabhängige Forscher, die mit Orgonomie nichts zu tun haben, haben um Atomkraftwerke herum Beeinträchtigungen lebendiger Prozesse festgestellt und zwar etwa in elliptischer Form, wobei das Atomkraftwerk in einem der Brennpunkte liegt und gegen Osten der größere Teil der Ellipse. Tatsächlich korrespondiert diese Erkenntnis mit orgonomischen Erkenntnissen. Das Orgonfeld der Erde dreht sich in östlicher Richtung, d.h. es bewegt sich wie die Erde, nur etwas schneller. Auch alle Wettererscheinungen bewegen sich um den Erdball in östlicher Richtung. DOR-Verseuchungen dehnen sich daher in west-östlicher Richtung aus.

Ich glaube nicht, daß es bisher verläßliche Messungen darüber gibt, wie weit man von einer atomaren Großanlage entfernt sein sollte um Oranur zu vermeiden. Man sollte grundsätzlich vermeiden, in östlicher Richtung von einer solchen Anlage zu leben, denn unterschiedliche atmosphärische Bedingungen können zu verschiedenen Reichweiten des DOR führen. Außerdem ist die vorherrschende Windrichtung ebenfalls die west-östliche, so daß bei einer Freisetzung radioaktiven Materials auch in geringen Mengen hauptsächlich die Gegend östlich der Anlagen betroffen ist.

Elektrische Sendeanlagen jeder Art führen zu Oranur-Effekten. Welche Faktoren Grad und Ausbreitung beeinflussen, kann ich nicht beurteilen. Es dürfte klar sein, daß man einen gewissen Mindestabstand einhalten sollte. Die Leistungen der Sender sind sehr unterschiedlich. Es gibt Mittelwellen-, UKW- und Fernsehsender, die eine große Kilowattleistung haben. Von diesen und von den Flughafen-Radarsendern sollten man einen möglichst großen Abstand wahren. Dann gibt es lokale UKW-Sender und in neuerer Zeit immer mehr Sendeanlagen für den digitalen Telefonverkehr sowie Kurzwellensender, CB-Funk, Polizeifunk und Taxifunkanlagen, von denen man ebenfalls ein bis zwei Kilometer Absatnd halten sollte.

Es kommen noch die zahllosen Mini-Sendeanlagen hinzu wie Garagentor-Öffner, Türöffner für automatische Türen in Supermärkten etc., Fernsteuerungen für Spielzeug und vor allem die zahllosen Autos, die mit Funktelefonen ausgestattet sind, die ja alle einen kräftigen Mikrowellensender mit sich tragen.

Hochspannungsleitungen sind ein weiterer Faktor, der schon wegen seiner Ausbreitung ungeheure Dimensionen hat. Wenn die Leitungen in Betrieb sind, bilden sich um sie herum ungeheure Magnetfelder. Es ist schlimm, daß es überhaupt im direkten Bereich dieser mit einfachen Meßgeräten nachvollziehbaren Magnetfelder bebaute Grundstücke gibt. Ich würde davon abraten in Sichtweite von Hochspannungsleitungen zu leben.

Für Kraftwerke und Umspannanlagen gilt dasselbe. Abstand halten!

Wenn man sich die großtechnischen DOR-Faktoren ansieht, wird man feststellen müssen, daß ein Leben in der Stadt kaum noch problemlos möglich ist. Zwischen Sendeanlagen, Kraftwerken und Hochspannungsleitungen dürfte für das Leben in den Städten ganz abgesehen von Lärm, Hektik und Luftverschmutzung wenig Raum sein.

Oranur und DOR-Quellen in unserer direkten Umgebung

Abgesehen vom Wohnort sind weitere belastende Faktoren die Arbeitsplätze und die öffentlichen Gebäude, die jeder Mensch mehr oder weniger häufig besucht.

Wer kennt nicht die lähmende Atmosphäre von Krankenhäusern und Arztpraxen. In fast jeder Arztpraxis laufen Computer, sind ständig Leuchtstoffröhren an und viele Ärzte, alle Zahnärzte, haben Röntgenanlagen. Wer in einem Haus wohnt, in dem eine solche Praxis liegt, sollte ausziehen.

Man muß sich vor Augen halten, welch eine Ansammlung aggressiver Energiequellen in einem Krankenhaus vereint sind. Da sind Röntgenanlagen, nukleare Bestrahlungsgeräte, EKG, Computertomographen, Kurzwellenbestrahlungsgeräte, dazu in jeder Station Mikrowellenherde, Computer und weitere Geräte mit Bildschirmen. Alle Räume sind mit Leuchtstoffröhren erleuchtet, Funktelefone, Fernsehapparate etc. Es ist kein Ort, um gesund zu werden. Meine Frau ist (ehemalige) Kinderkrankenschwester. Was sie über die DOR-Belastung an einem solchen Arbeitsplatz (als sie diese erfuhr, kannte sie den Begriff noch nicht) zu erzählen hat, würde ein eigenes Buch füllen.

Kaufhäuser und Supermärkte sind die Orte, die wir von allen DOR-verseuchten Gebäuden am häufigsten besuchen. Wir sollten uns klarmachen, daß wir nicht nur selber angegriffen sind, wenn wir diese Orte besuchen, sondern auch die Lebensmittel, die wir dort kaufen und die das DOR speichern (Wasser speichert atmosphärische Energie).

Wem ist die besonders kaputte Atmosphäre in den Elektronik- Abteilungen der Kaufhäuser nicht bereits aufgefallen! Oft laufen 20 Fernsehgeräte gleichzeitig und bieten eine konzentrierte Oranur-Ecke.

Schulen, Universitäten, Flughäfen, öffentliche Gebäude jeder Art vom Arbeitsamt über die Bankfiliale bis zur Krankenkasse beeindrucken durch ihre schlechte Atmosphäre. Computer, Leuchtstoffröhren, Mikrowellensender. Immer die gleichen Übeltäter, überall die gleiche tote Atmosphäre, überall dieselben leeren Gesichter, das ermüdende Warten in energetisch verseuchten Räumen.

Ich habe mehrere Fern-Flugreisen nach Asien und Amerika hinter mir und sie alle waren energetische Katastrophen. Ich habe den Eindruck, daß in der großen Höhe die freie Orgon-Energie eine besonders heftige, aggressive Oranur-Wirkung freisetzt, ausgelöst durch die vielschichtige Technik der modernen Flugzeuge, von den Triebstrahlwerken über die Funktechnik bis hin zur Klimaanlage.

Weitere energetische Belastungsfaktoren für den Organismus

Es gibt weitere Faktoren, die man im Sinne einer energetisch naturgemäßen Umgebung beachten sollte und deren Mißachtung schwere Beeinträchtigungen des Lebendigen verursachen können. Es sind z. B. Erdstrahlen und Wasseradern, schädliche Baumaterialien wie Stahlbeton und Aluminiumfolie oder ungünstige Matratzen, z. B. Sprungfedermatratzen. Auch wenn es hier nicht immer um Oranur und DOR geht, sind es Schädigungen auf einer energetischen Ebene, die immer schwere Gesundheitsstörungen nach sich ziehen.

Erdstrahlen und Wasseradern haben die Eigenschaften, Energie abzustrahlen bzw. abzusaugen. Beide Faktoren sind im orgonomischen Sinne bekannt. Beides muß vermieden werden, denn sowohl eine ständige Ladung wie auch ein ständiger Energieverlust führen zu Biopathien. Man sollte sich in der Fachliteratur kundig machen und seinen Wohnort nach Störzonen untersuchen lassen.

Die Baubiologie bemüht sich um Baumaterialien und Verarbeitungsweisen, die biologisch verträglich sind. Den meisten Menschen wird es anhand der körperlichen Wahrnehmung auffallen, wie groß die Unterschiede sind zwischen

z. B. einem reetgedeckten Lehm-Fachwerkbau und einem Hochhaus aus Stahlbeton. Ich will hier nur auf einige wenige Faktoren unter orgonomischer Betrachtungsweise hinweisen. So funktionieren meiner Ansicht nach Stahlbeton-
konstruktionen als Energie-Absauger. Sie leiten atmosphärische Energie aus
den Wohnräumen ins feuchte Erdreich ab. In den Räumen kann sich kein lebendiges Energiepotential aufbauen und die Menschen leiden unter Energie-
mangel. Aluminium-kaschierte Dämmstoffe, die heutzutage sehr häufig angewendet werden, machen aus Dächern sehr große Orgon-Kammern. Dabei gibt
es mehrere Risiken. Zum einen verstärken sich in einer orgonomisch aufgela-
denen Atmosphäre alle Oranur-und DOR-Effekte. D.h. die Verstrahlung durch
Leuchtstoffröhren und Bildröhren dürfte unter einem solchen Dach erheblich
stärker werden. Wer in einer Dachwohnung lebt, die mit Aluminium abgedämmt
ist, geht das Risiko ein, partielle Überladungen im Kopfbereich zu haben, was
sich auch wie Oranur-Erscheinungen äußert. Dazu kommt der Umstand, daß
Aluminium von Wilhelm Reich und anderen orgonomischen Wissenschaftlern
wie Dr. Walter Hoppe und Dr. James DeMeo übereinstimmend als toxisch bezeichnet wird. Aufladungen mit Aluminium führen zu Vergiftungen.

Auch die Betten sollten unter energetischen Aspekten betrachtet werden.
Federkernmatratzen haben die unangenehme Eigenschaft, den Körper zu bestrahlen und Energie abzusaugen. Zum gleichen Effekt kommt es bei Metall-
bettgestellen. Es ist sicher sinnvoll, in Holzbetten zu schlafen, die ohne Nägel
und Schrauben auskommen, zumindest im Liegebereich.

Was kann man tun?

Es ist kaum möglich, in einer energetisch völlig gesunden Umwelt zu leben,
besonders in den Ballungsräumen. Um so wichtiger ist es daher, für eine relativ
gesunde Umwelt in dem Bereich zu sorgen, über den man selber entscheiden
kann, d.h. alle überflüssigen Belastungen zu erkennen, auszuschalten und sich
selbst für die Wahrnehmung energetischer Prozesse zu sensibilisieren.

Man muß zunächst Informationen sammeln, um sich im Rahmen der eigenen
Möglichkeiten rational verhalten zu können. Man kann die aggressiven Energiequellen im eigenen Haushalt konsequent vermeiden und man kann versuchen, am Arbeitsplatz für Abhilfe zu sorgen. Schon dabei wird es oft Schwierigkeiten geben, denn die Themen DOR und Elektrosmog sind ein reines Insider-
thema. Wer heute mit diesen Dingen öffentlich wird, riskiert, als Spinner verlacht
zu werden. Genauso ging es demjenigen, der vor 20 Jahren biologisch-dynami-
sche Lebensmittel gekauft oder produziert hat. Während es dabei „nur" um die
Vermeidung der chemischen Verseuchung der Lebensmittel und der Umwelt
ging, geht es hier um eine viel tiefergehende, umfassende Verseuchung. An
der Verbreitung der biologisch-dynamischen Ernährung mag man erkennen,
wie lange es dauern wird, bis sich ein derart komplexes und nicht so einfach

nachvollziehbares Thema wie Elektrosmog, Oranur und DOR im öffentlichen Bewußtsein durchsetzen werden.

Wenn man Orgon-Akkumulatoren über längere Zeit regelmäßig benutzt hat, steigt die Sensibilität für aggressive energetische Prozesse. Die Wahrnehmung für DOR und Oranur ist um so deutlicher, je energetisch natürlicher die Umgebung ist. Die Benutzung von Orgon-Akkumulatoren und die Bevorzugung einer möglichst natürlichen Umwelt kann kaum eine Hilfe sein, mit tatsächlichen Oranur- und DOR-Phänomenen fertig zu werden, aber diese Maßnahmen können sehr hilfreich sein, wenn es darum geht sich in die Lage zu versetzen, überhaupt beurteilen zu können, welchen Zustand die Atmosphäre hat. Wer ständig im DOR lebt und weitgehend unsensibel für natürliche energetische Verhältnisse geworden ist, wird keine Beurteilungskriterien haben oder eventuell mystische, verdrehte Vorstellungen entwickeln, anstatt sich auf die eigene Wahrnehmung zu verlassen. Insofern ist die Benutzung vom Orgon-Akkumulator eine sehr gute Voraussetzung. Noch wichtiger ist es, sich zumindest zeitweise allen aggressiven energetischen Einflüssen zu entziehen.

Was man tun kann, eine bereits zerstörte Atmosphäre von Oranur und DOR zu reinigen, hängt von vielen Faktoren ab. Räume oder Gebäude, die ständig heftigen Einflüssen ausgesetzt sind, sind meiner Ansicht nach nicht wirklich zu regenerieren. Immer, wenn die Atmosphäre lebendig ist und durch einen elektromagnetischen oder nuklearen Einfluß aufgepeitscht wird, beginnt der Oranur- und DOR-Prozeß von neuem. Wer also nahe einem AKW lebt, in unmittelbarer Nähe einer Hochspannungsleitung oder in einem Haus, in dem eine Röntgenanlage installiert ist, wird nichts tun können, außer eine solche Umgebung zu verlassen.

Temporär und lokal begrenzte Oranur- und DOR-Effekte lassen sich mit einem für solche Zwecke miniaturisierten Cloudbuster, dem medical DOR-Buster beheben, indem die stagnierte Atmosphäre in fließendes Wasser gleitet wird. (Siehe das Kapitel über den medical DOR-Buster). Weitere Maßnahmen zur Belebung der Raumatmosphäre sind möglichst viele Pflanzen und Springbrunnen, evtl. Duftlampen. (Meiner Meinung nach können Luft-Ionisatoren hier nicht helfen, da sie eine weitere elektromagnetische Beeinflussung und Reizung der Atmosphäre darstellen. Bei kürzerer Anwendung können sie meiner Ansicht nach die Raumatmosphäre erfrischen, jedoch kippt der Effekt um, wenn die Geräte zu lange und massiv eingesetzt werden und sie führen ihrerseits zu DOR und Oranur.)

Bei akuten DOR-Verseuchungen des Organismus, z. B. nach einer Röntgenuntersuchung oder Strahlenbehandlung (die typischen organismischen Oranur-Phänomene nennt die klassische Medizin „Röntgenkater"), nach einer Flugreise, einer langen Fahrt im Kat-PKW, nach einem nuklearen Fallout oder nach langem Aufenthalt in DOR-verseuchten Räumen (es gibt viele Möglichkeiten, sich schnell mit hohen DOR-Dosierungen zu vergiften), sollte man sich die Zeit nehmen, aufmerksam die körperlichen Symptome wahrzunehmen, die damit einhergehen. Man muß sich abgewöhnen, die DOR-Symptome zu verniedlichen, sie als persönliches Problem abzutun oder gar ihre Existenz zu leugnen. Um mit einem Problem fertig zu werden, muß man erst einmal konstatieren, daß es überhaupt existiert und das Ausmaß feststellen.

Nach einer DOR-Vergiftung sollte man sich sorgfältig entseuchen: in leichten Fällen durch einen langen Spaziergang in frischer Luft oder bei schwererer Verseuchung durch intensiven Kontakt mit Wasser, z. B. indem man Schwimmen geht oder ein ausgiebiges Vollbad nimmt.

James DeMeo beschreibt in seinem Buch „The Orgone Accumulator Handbook", das unter dem Titel „Der Orgon-Akkumulator - Ein Handbuch" auf deutsch erschienen ist, daß die energieabsorbierende Eigenschaft des Wassers gesteigert werden kann:

„Immer, wenn wir ein langes, uns auslaugendes Wannenbad nehmen oder uns mit einem Fußbad entspannen, erhalten wir dieses Entspannungsgefühl, zum Teil wegen der energieabsorbierenden Eigenschaft des Wassers. Reich beobachtete, daß Wasser und Orgon-Energie eine starke gegenseitige Anziehung haben. Wenn wir unserem Körper ein ausgiebiges warmes Bad gönnen, wird unsere innere orgonotische Ladung und unsere bioenergetische Spannung reduziert und wir entspannen uns. Die Wirkung könnte teilweise durch die thermische Erwärmung des Körpers erklärt werden, aber es sind eindeutig weitere Bedingungen am Werk. Das energetische Potential des Körpers wird reduziert, wenn er in einer Wanne voll Wasser liegt, während sich das energetische Potential des Wassers erhöht. Wir verlieren buchstäblich Energie an das Wasser und entspannen uns, ähnlich wie ein Ballon, der ein wenig Luft verliert.

Die energieabsorbierende, abziehende Wirkung des Wassers kann dahin verändert werden, eine kombinierte abziehende und energetisierende Wirkung herbeizuführen, indem man darin Salzkristalle löst wie zum Beispiel Bittersalze, die das Energiepotential des Wassers erhöhen und es dadurch dazu bringen, unsere eigene Bio-Energie kraftvoller anzuziehen und zu mobilisieren. Eine ähnlich energieverstärkende und abziehende Wirkung kann man mit einem Wannenbad erzielen, wenn man im Wasser je ein Pfund Meersalz und Speisesoda (Natron) gelöst hat. Salz-Soda-Bäder, die etwa 20 Minuten dauern, können angewendet werden, um Spannung und Überladung zu lindern oder um eine toxische Energieladung abzuziehen." (J. DeMeo, „The Orgone Accumulator Handbook", S. 72)

Diese sehr wirkungsvolle Methode wendet James DeMeo z. B. an, um bei Cloudbusting-Operationen hohe DOR-Ladungen, denen er und seine Mitarbeiter sich dabei gelegentlich aussetzen, aus dem Organismus zu entfernen.

Der Organismus nimmt ständig Orgon-Energie aus der Atmosphäre auf - über die Haut und vor allem über die Atmung. Er verbraucht sie durch Bewegung, durch Muskelarbeit und durch Stoffwechselprozesse sowie durch spontane Entladungen, die Reich als „Orgasmus-Reflex" bezeichnete; dieser Metabolismus von Energie-Aufnahme und -Abgabe ist Grundlage aller lebendigen Prozesse. Im Orgon-Akkumulator wird der Organismus energetisch auf ein etwas höheres Niveau gebracht, als es ohne Gerät möglich ist. Neben vielen medizinischen Wirkungsfaktoren wie der Stärkung des Immunsystems gibt es den Faktor des energetischen Wachsens, indem sich der Organismus auf einem höheren Ladungsniveau neu organisiert. Das führt dazu, daß man gegenüber der Umwelt sensibler, direkter, unmißverständlicher reagiert. Die Wahrnehmung energetischer Prozesse wird eindeutiger. Reich nannte dies den orgonotischen Sinn. Es gibt weitere Faktoren, die für die Ausbildung des orgonotischen Sinns wichtig sind, wie den Grad individueller Lebendigkeit und Beweglichkeit. Aber die Ladung im Orgon-Akkumulator ist hier der Haupt-Faktor, und der Effekt der energetischen Hochladung im Orgon-Akkumulator kann durch keine andere bekannte Maßnahme erreicht werden.

Natürlich ist die Qualität der Energie entscheidend, mit der man sich im Orgon-Akkumulator auflädt. Bei regelmäßiger Steigerung des bioenergetischen Potentials wächst auch die Sensibilität für die Qualität der Energie, d.h. für eine eventuelle DOR-Belastung. Nachdem man sich im Orgon-Akkumulator regelmäßig geladen hat, ist die Konfrontation mit ORANUR- und DOR-Effekten erheblich stärker zu spüren und bringt viel eindeutigere negative Symptome zum Ausbruch.

Ich selber habe viele Fehler gemacht, d.h. mich zu viel und zu lange mit Oranur- und DOR-Belastungen abgefunden. Diese Fehler sind einerseits auf meinen Leichtsinn zurückzuführen, andererseits hatte ich einen großen Teil der Informationen noch nicht, die ich in diesem Artikel beschrieben habe. Aber die Wahrnehmung von Oranur und DOR war von Anfang an da. Inzwischen weiß ich von mir selber und von vielen Berichten der Benutzer, daß und wie eindeutig, wie unmißverständlich der menschliche Organismus energetische Belastungen wahrnehmen kann. Ebenso wächst das Bedürfnis, die Quellen dieser Belastungen zu finden und auszuschalten.

Ein Ziel dieses Kapitels sollte sein, die Wahrnehmbarkeit der ORANUR- und DOR-Effekte zu schulen und den Leser dazu anzuregen, dies ganz praktisch in seiner täglichen Umwelt in Angriff zu nehmen. Erst wenn die direkte Wahrnehmung energetischer Effekte nicht mehr mystisch (=verborgen) ist, und wenn wir nicht mehr im Sinne einer mechanistischen Denkweise davon ausgehen, daß nur die physikalischen Effekte existieren, die mit technischen Verfahren gemessen werden können, können wir darangehen, eine gesunde energetische Umwelt zu schaffen. Dieser Gedankengang ist einer der Hauptgedanken des orgonomischen Funktionalismus, der wissenschaftlichen Methode Reichs, die als einen Hauptfaktor berücksichtigt, wie der Naturwissenschaftler der Natur, die er erforschen will, praktisch begegnet. Wilhelm Reich hat den menschlichen Organismus als das wichtigste wissenschaftliche Instrument bezeichnet, das (genauso wie technische wissenschaftliche Geräte) in Ordnung gehalten werden muß, damit man korrekte Ergebnisse erzielen kann.

Literaturhinweise

Folgende Texte beziehen sich ausführlich auf Oranur- und DOR-Phänomene wie sie in diesem Kapitel dargestellt wurden:

James DeMeo, Ph.D.: "The Orgone Accumulator Handbook. Construction Plans, Experimental Use and Protection Against Toxic Energy", Natural Energy Works, El Cerrito, USA, 1989. (In deutscher Sprache erschienen als: James DeMeo, "Der Orgonakkumulator – Ein Handbuch. Bau, Anwendung, Experimente, Schutz gegen toxische Energie", Verlag 2001, Frankfurt, 1994)

Oliver Eckardt: "Bericht Nr. 2: Über die Wirkungen von destruktiven Energien (Oranur und DOR) auf den menschlichen Organismus", Zeitschrift für Orgonomie Bd.9/1, 1994, Hamburg, 1994.

Anhang

Quellen und Materialien

Kapitel 7

Dr. Eva Reich:
Meine Erinnerungen an W. R.

Diesen Vortrag hat Eva Reich im April 1989 in der FHW in West-Berlin gehalten. Er wurde von Jürgen Fischer abgeschrieben und in Schriftdeutsch übertragen. Eva Reich stellte in diesem Vortrag nicht das Leben und Werk Wilhelm Reichs systematisch dar, dies hatte sie bereits in anderen Veranstaltungen getan, sondern ihre persönlichen Erinnerungen an Erfahrungen, die sie mit ihrem Vater gemacht hat. So erklärt sich auch der eher assoziative, plaudernde Stil dieses Vortrags.

Ich heiße Eva Reich. Mein Vater war Dr. Wilhelm Reich. Ich war in Amerika Ärztin für Allgemeinmedizin, jetzt bin ich im Ruhestand.

Wir müssen Wilhelm Reich in seiner Zeit sehen, er war ein „Viktorianer". Er wurde 1897 geboren, im damaligen österreichischen Kaiserreich. Sein Geburtsort hat inzwischen einen anderen Namen, auf meiner Geburtsurkunde heißt er „Dobravice", das war damals Österreich, wurde dann Polen und ist jetzt Rußland. Wien war das Zentrum der Kultur und man redete deutsch im Haus. Die Familie meines Vaters waren assimilierte, nicht religiöse Juden. Sein Vater hieß Leon Reich.

Reichs Mutter war eine schöne, ruhige Frau. Ich glaube ich habe in meinen jüngeren Jahren ein bißchen wie sie ausgesehen - sehr saftig. Sie hatte eine Liebesaffäre und wurde ertappt. Dann wurde sie in den Selbstmord getrieben. Das ist eine lange Geschichte, die in den Biographien auftaucht. Ich habe davon weder als Kind noch als Jugendliche erfahren, erst später.

Ich mag sehr das Bild, auf dem mein Vater drei Jahre alt ist. Den Blick, den er damals hatte, hat er sein Leben lang beibehalten -sehr durchdringend.

Er ist aus dem viktorianischen Zeitalter herausgetreten in eine Art Zukunftszeitalter. Er hat mehr geändert als je ein anderer Mensch. Im Vergleich dazu ist der Einfluß Freuds minimal, denn Reichs Entdeckungen erstreckten sich über viel mehr Gebiete.

Wahrscheinlich war er ein Genie, aber er war eben auch ein Mensch - ich kenne ihn als Menschen. Es war nicht immer einfach, mit ihm zu arbeiten oder sein Kind zu sein. Ich sehe nur, daß er seiner Zeit immer voraus war. Er hat zum

Beispiel eine Skulptur gemacht: Ein Bote rennt in die Zukunft, während ihm eine Schlange in die Ferse beißt. Ich glaube, das ist ein sehr akkurates Bild davon, wie er sich in seiner Funktion auf Erden fühlte.

Er war ziemlich - ich will das Wort eigentlich nicht benutzen - „besessen" von derjenigen Sache, die ihm jeweils am wichtigsten war. Er hatte wirklich große Intensität. Und er hat Zeit seines Lebens ungeheuer viel gearbeitet und viel geleistet.

Er hat auch gewußt, wie man lebt. Und dieses Leben-Können ist der Teil, an dem ich beteiligt war, denn es war lustig mit ihm. Er hat z.b. Harmonika gespielt, er ist gerne auf Berge geklettert und hat Ausflüge geliebt. Alle meine Erinnerungen spielen sich draußen ab: am Strand, am Meer, im Wald... Er war kein Stadtmensch, das zu verstehen ist wichtig, er hatte eine Weite...

Es gibt ein paar Bilder von der Gegend, in der sein Vater das Gut hatte. Das Haus steht nicht mehr. Walter Kogler, einem Malermeister aus Wien, der eine russische Frau hat, ist es gelungen, dort sogar Videos zu machen und er hat mir Bilder geschickt. Es ist eine hügelige, fruchtbare Kulturlandschaft in der Ukraine, wo sie auf Österreich und Ungarn trifft. Es war schön. Er hat als Kind ein Pferd gehabt, ist geritten, und ging auf die Jagd.

Er war der Sohn des Besitzers und wurde von den Dorfkindern ferngehalten. Er hatte etwas Aristokratisches an sich. Es kam aus der Zeit und so sind die Männer dort, in dieser Welt. Sie herrschen und sind eifersüchtig.

Dann kam der Krieg und seine Mutter ist - das habe ich gelesen, ich glaube bei Laska - angeblich 1909 gestorben und der Vater 1914. Und der junge Reich hat das Gut geführt, er war 17 Jahre alt. Das finde ich kolossal. Er wußte, wie man so etwas schafft. Er war kein echter Intellektueller. Obwohl er intellektuell war, war sein Hintergrund die Erde, das Wachsen der Pflanzen und so weiter. Seine Kindheit war nicht karg und knapp, sondern reichhaltig. Er hat mir Geschichten davon erzählt wie seine Mutter die Gänse rupft und wie im Hof 30 Leute abgefüttert werden - nicht am Tisch des Herrn.

Wie schafft es ein Mensch, aus dem gewöhnlichen wissenschaftlichen Umfeld herauszutreten? Er war nicht gehirngewaschen durch das, was den Kindern in den Schulen angetan wird. Er hatte Hauslehrer und konnte in seinem eigenen Tempo alle Fragen beantwortet bekommen. Nach der Ausbildung bei Privatlehrern ging er in Chernowitz ins Gymnasium.

Dann kamen die Russen. Er hat mir Geschichten erzählt über das Ende, die Flucht vom Gut. Er und sein jüngerer Bruder Robert haben ihre Haut gerettet. Sie hatten Verwandte in Wien. Wer sie waren, ist unbekannt. Wenn irgendjemand eine Vorstellung davon hat, wer diese Verwandten waren - ich brauche die Namen. Ich habe erst vor kurzem in der Autobiographie meines Vaters gelesen, daß sein Vater Leon einen Bruder Arnold hatte und dann gab es noch eine Schwester und einige Brüder, die nach Amerika gegangen sind. Das wußte ich gar nicht.

Die Russen kamen also und plötzlich mußte man fliehen. Eine Geschichte, die mein Vater erzählte, war, daß eine Gouvernante sich immer noch zurechtputzte, als es eigentlich schon Zeit war zu fliehen. Er ist wirklich in allerletzter Minute weggekommen. Er hat auch nie Entschädigungen bekommen, wie es sie hier in Deutschland gab.

Er kam sehr arm nach Wien und deshalb mußte er wahrscheinlich in die Armee. In *People in Trouble* beschreibt er, wie es in der Armee war, in Italien in den Dolomiten, was das für ein Unsinn war. Eine Geschichte, die er mir erzählt hat, war die:

Ein Mann ging mit einem Suppenteller vom Quartier zur Messe durch die Gräben und ihm wurde der Kopf abgeschossen, als er die Gänge wechseln mußte. Krieg ist unsinnig.

Das Soldatenleben hat ihn aber auch lebenslang insofern beeinflußt, als er gerne geschossen hat - Zielschießen. Er hat sich auch immer schöne, große Gewehre gekauft, auch eines mit Teleskop, wie man es zur Elefantenjagd benutzt, und er hat sehr viel geübt. Als ich eine junge Ärztin war und wir schon verfolgt waren, hat er absolut darauf bestanden, daß ich mir eine kleine Handfeuerwaffe anschaffe, eine Beretta. Ich habe nie geschossen, kein einziges Mal, aber ich mußte sie haben, denn er fühlte sich ohne Waffe unsicher. Ich erinnere mich, er hatte eine Pistole in der Schreibtischschublade.

Ich bin Pazifistin und ich habe keine Lust zu schießen. Aber in der Zeit in der Bukowina haben sie noch die Rehe gegessen, die sie erlegt haben.

Als Reich aus der Armee kam, so um 1918, war er ein ganz armer Bub und die Brüder haben gehungert. Sie haben wirklich nicht viel zu essen gehabt. Einmal hat mein Vater einen Onkel besucht und der hat ihm Kaffee serviert, der ein zweites Mal aufgegossen worden war. Daraufhin ist er nie wieder dort hingegangen. Ob diese Geschichte wirklich so war, weiß ich nicht.

Die Brüder haben sich dann so durchgewurschtelt. Es gab das Arrangement, daß Robert arbeitete und Wilhelm studierte. Willi hatte zuerst ein Semester mit Jura angefangen und ist dann auf Medizin umgestiegen. Er hat dann herausgefunden, daß es Psychoanalyse gibt. Das hat ihn angefeuert. Er wurde also Psychoanalytiker. Er war sehr jung. 1921 hat er seinen ersten Artikel geschrieben, über die Energie der Triebe, da war er erst 24 Jahre alt. Er hatte schon nach etwa einem Jahr angefangen zu analysieren, es war also kein langes Studium.

Die Wiener Periode war dadurch gekennzeichnet, daß er schnell zu einer Kapazität auf dem Gebiet der Psychoanalyse aufstieg. Er hat in der Psychiatrie gearbeitet und war sehr gut im Imitieren von psychotischen Gesichtsausdrükken, er hätte einen guten Schauspieler abgegeben.

Die Geschichte mit der Psychoanalyse ist sehr lang. Ich will hier nicht ausbreiten, wie seine Geschichte mit den Psychoanalytikern endete. Meine Kindheit war von dieser psychoanalytischen Zeit sehr beeinflußt.

Damals war, wie auch heute noch vielerorts, die Wohnungsnot in Wien sehr groß und man lebte sehr beengt. 1921 hatten meine Eltern geheiratet, '22 hat er sein Arztdiplom bekommen und ich wurde '24 geboren, meine Mutter war noch Medizinstudentin.

Man lebte in winzigen Zimmern. In der Küche hat man auch gegessen und gewohnt und dort haben die Kinder geschlafen. Es gab kein Wohnzimmer. Mein Vater hatte ein Zimmer, wo er geschlafen hat. Dort hatte er seinen Schreibtisch und die Bücher - und die Patienten waren dort. Auch meine Mutter hatte ein Zimmer für Patienten und dort hat sie auch gewohnt. Es war also eine Wohnung mit nur drei Räumen. Es war in der Neutorgasse 9, ihre erste Wohnung. Sie hatten zuvor noch lange bei den Großeltern gelebt, auch noch als ich geboren wurde.

Wien war sehr eng. Wien hat noch immer etwas Enges, diese grauen Hinterhöfe, in denen ich aufgewachsen bin. Man hatte aber ein Mädchen. Sogar Mozart hatte in seiner Armut noch Bedienstete. Die Mädchen kümmerten sich um die Kinder und kochten „Hausmannskost" - ziemlich arg. Man sparte. Ich erinnere mich an Bohnen und Kartoffeln und Nudeln. Es war keine gute Ernährung.

Die Eltern waren oft weg, zum Beilspiel: „im Kaffeehaus" oder „beim Treffen". Als ich ein Baby von 10 Monaten war, gingen meine Eltern zu einem Kongreß und gaben mich für etwa eine Woche in eine Art Waisenhaus. Mir ging es dort so schlecht, daß mich meine Großeltern herausholten und meine Eltern zurückkommen mußten. Heutzutage würde man ein zehnmonatiges Baby mitnehmen und am Bauch tragen. Man hat viel gelernt seither.

Am Sonntag ging's hinaus ins Grüne und man fuhr soweit die Straßenbahn fuhr. Wir hatten noch kein Auto - am Kahlenberg, am Leopoldsberg, am Semmering - es gibt schöne Fotos. Die Umgebung von Wien war wunderschön damals und noch nicht von Autos überflutet. Ich erinnere mich, daß ich auf der Schulter meines Vaters geritten bin, oder er zog einen Schlitten. Ich glaube, in den ersten Jahren hat er als Vater mehr mit den Kindern gemacht als später - weil er dann zu beschäftigt war.

Wenn man in einem psychoanalytischen Haushalt aufwuchs, mußte man sehr still sein, denn die Patienten durften nicht mitbekommen, daß eine Familie dort wohnte. Wenn die Patienten kamen, mußten wir also „verschwinden". Eines Tages war meine Neugierde zu groß - ich muß etwa vier oder fünf gewesen sein - und ich habe die ledergepolsterte Tür zum Arbeitszimmer meiner Mutter aufgemacht. Sie saß da und jemand lag da auf dem Bett. Ich war sehr enttäuscht - ich weiß nicht, was ich erwartet hatte. Aber es war verboten, von den Patienten gesehen zu werden. Gottseidank sind wir heute nicht mehr ganz so.

Ich erinnere mich daran, daß er sehr früh angefangen hat, mit mir zu reden - als Mitmensch. Das war sehr ungewöhnlich, denn Kinder galten damals eher

als eine Art Tier, die man lieber von ferne und streng behandelte oder vernach-
lässigte. Ich wurde eher als Freund behandelt, und wir hatten gemeinsame
Spiele, z. B. „Kapusteln", das war irgendeine Sprache, die er erfunden hat und
in der man wild gestikulierte. Es gibt einen Film, in dem wir beide kapustisch
redeten und Grimassen machten. Es war lustig, eine gute Beziehung.

Er hat mich ziemlich jung über Sexualität „belehrt". Wo kommen die Babies her! Wahrscheinlich weil ich eine Schwester bekommen habe, als ich vier
war. Meine Mutter wurde schwanger, als ich drei-einviertel war. Ich erinnere
mich: Sie hat gekotzt - daran kann ich mich noch sehr gut erinnern. Da wollte
ich wissen, was mit ihr los ist, und man hat es mir erklärt. Das ist wichtig, denn
die Zeiten waren so, daß Kindern damals überhaupt nichts erklärt wurde. Ich
habe z. B. vor kurzem die Biographie einer Schweizer Hebamme aus derselben
Zeit gelesen, Mitte der zwanziger Jahre. Und die wußte nichts. Sie hat viele
Brüderchen und Schwesterchen gekriegt, und schließlich hat sie ein Brüderchen ausgepackt um zu sehen: Hat er auch eine Nabelschnur? Ja, hat er auch,
er kommt also wie die Tiere zur Welt. Es wurden nämlich alle möglichen Mär-
chen erzählt. Meine Eltern hielten das für sehr schlecht, es war ein Verbergen
des Körpers. Und ich wurde mit Nackterziehung erzogen. Es gibt das auch hier
- wie heißt das? FKK, aha. Ich glaube, meine Eltern waren da Mitglieder. Es gibt
viele Fotografien, da sitzen wir nackt am Strand, baden und so weiter.

Meine Mutter hat ein ausgezeichnetes Buch geschrieben, das heißt: „Wenn
dein Kind dich fragt" und noch eines: „Das Kreidedreieck". Und beide sind z.
B. noch in der portugiesisch-spanisch-sprechenden Welt in Gebrauch. Ich
habe es in Brasilien entdeckt, daß sie dort das Buch meiner Mutter benutzen,
weil es eine sehr gute Kindergeschichte ist.

Dann bin ich herumspaziert und habe meinen kleinen Freunden erzählt, wo
die Babies herkommen. Und ich glaube, meine Fähigkeit zu Lehren kommt
daher. Ich habe schon als Kindchen damit angefangen. Wenn mich meine Freunde gefragt haben: „Was macht denn dein Papa?" habe ich gesagt: „Er ist Psychoanalytiker". Dann haben sie gefragt: „Was ist denn das?" und ich konnte
es nicht erklären. Ich glaube in den Straßen von Ostberlin würden sie jetzt auch
fragen, „Was ist denn das?". Ich konnte ihnen nicht erklären: Es gibt psycho-
logische Krankheiten und es gibt eine Methode, darüber fünf Mal die Woche
zu reden, einige Jahre lang und dann - vielleicht - hat man Einsicht in das
Unbewußte und so weiter.

Ein anderer Punkt: Die Freunde meiner Eltern waren alles junge Psychoanalytiker. Er war damals als junger Analytiker mit einem „technischen Seminar" beschäftigt. Er hatte erkannt, daß niemand weiß, warum Analyse überhaupt hilft
und er hat damals die jungen Psychoanalytiker dieser Gruppe sehr beeinflußt.
Die Inhalte seiner Arbeit entwickelten sich später zur Charakteranalyse.

Diese Leute waren auch meine Spielgenossen. Es gab viele Bilder mit ihnen
- am Berg, am Strand, irgendwo auf einer Hütte und so weiter. Wichtig daran ist,

daß er damals noch sozial war, das heißt, er hat sich noch auf seine Kollegen eingelassen. Zum Ende seines Lebens wurde er immer einsamer und ich kannte ihn eigentlich am Ende seines Lebens besser. Das hat mir immer ziemlich wehgetan, denn er war gesellig, er wollte Leute um sich, er war kein Einsiedler von Natur aus. Aber es war niemand da, ihn zu verstehen, und es war meine Funktion, da zu sein als jemand der zuhört und recht viel versteht. Ich war Zeit seines Lebens da, von '24, also bewußt vielleicht von '26 bis er '57 gestorben ist. Und daher kenne ich seine Entwicklung, ich habe ein inneres Bild, wie er war, was sich geändert hat, ich habe ein immens weites Bild, das die meisten seiner Mitarbeiter nicht hatten.

Er hat in den Phasen seines Lebens jeweils eine Reihe von Mitarbeitern gehabt, die zurückgeblieben sind, wenn er sich weiterbewegt hat oder wenn er in ein neues Feld ging und sie ihm intellektuell nicht folgen konnten. Ich finde das interessant. Sehr wenige waren die ganze Zeit dabei und ich bin sozusagen eine Ausnahme.

Wir haben uns auch sehr zerstritten. Als ich etwa elf Jahre alt war, bekam ich eine „Gehirnwäsche" durch meine Mutter und erst als wir alle in New York waren, habe ich es geschafft ihn wieder zu besuchen, als Peter ein Baby war. Und erst 1950 habe ich mich getraut, mit ihm zu arbeiten, als ich 26 Jahre alt war. Ich habe viele Jahre gebraucht, mich wieder „ent-Gehirn-zu waschen". Daher kann ich auch sehr gut mit skeptischen Leuten umgehen, denn ich war schon auf der anderen Seite und so kann ich es denen gut beibringen die sagen: „Ach, alles Unsinn!"

In den späten zwanziger Jahren begann er auch, sich politisch zu interessieren. Er suchte nach einer Verbindung der Ideen von Siegmund Freud und Karl Marx. Ihn beeindruckten die Ideen, daß es einen Klassenkampf gibt, daß der Mehrwert, den die Arbeiter erarbeiten an die Kapitalisten geht und daß man eine gerechtere Gesellschaft schaffen sollte, indem man den Sozialismus einzuführen versucht. In seinem Buch *People in Trouble*, auf deutsch *Menschen im Staat*, beschreibt er ausführlich, wie es damals in den Straßen Wiens war.

Ich habe als kleines Kind beängstigende Gewalttätigkeiten auf den Straßen miterlebt, weil er mich mitgenommen hat, und eine meiner ersten Erinnerungen war: Ich reite auf seinen Schultern. Ich bin in etwa auf der Höhe der Polizisten, die auf Pferden reiten, es ist ein Meer von Köpfen und in der Ferne brennt etwas - ein Haus. Das war der Justizpalast. Wir waren am Ring in Wien, haben in diese Richtung geschaut, und es war eine wahnsinnige Unruhe, es war gefährlich.

Eine andere Erinnerung: Ich war auch bei diesen Wahldemonstrationen dabei. Ich bin mitmarschiert in einer Demonstration am Ring, zwischen Burgtheater und Universität, in einem weißen Hemd mit rotem Tuch, dem Abzeichen der jungen Pioniere. Meine Existenz in Wien war aber eher bürgerlich. Ich hatte ein Kindermädchen und bekam regelmäßig zu essen. Jemand hat sich darum gekümmert, daß ich sauber bin, und ich wurde in eine Montessori-Schule geschickt, die sehr weit weg war. Ich mußte mit drei verschiedenen Straßenbahn-linien fahren, und es war sehr ungewöhnlich, daß ich schon mit fünf Jahren zwischen den Straßenbahnen umgestiegen bin und hinausgefunden habe zur Trost-Straße, wo die Montessori-Schule war. Ich war meinen Eltern immer dankbar, daß sie mich in diese schöne Schule geschickt haben. Dort wurden Kinder ernst genommen.

Mein Kindermädchen hatte großen Einfluß auf mich. Mein Vater war ganz bewußter Atheist. Das Kindermädchen hat mich aber ohne sein Wissen immer in Kirchen mitgenommen. Und ich fand die Kirchen schön und die kleinen Mädchen mit ihren weißen Kleidern, die zur Kommunion gingen, fand ich auch schön. Durch das Kindermädchen habe ich einen Sinn für Gott bekommen. Sie hat mir beigebracht, daß man mit Gott reden kann. Während mein Vater später den schrecklichen Einfluß der organisierten Kirchen auf die Sexualität analysierte und die „Entmenschlichung des Menschen", hat bei mir eine mystische Tradition angefangen. Ich habe ihm das nie gesagt, das wußte er gar nicht. In späteren Jahren, als sich meine Eltern gestritten und sich schon fast geschieden haben, in Berlin, war ich am beten auf meinen kleinen Knien und ich habe Gott angefleht, daß bitte Frieden sein soll in dieser Familie.

Also meine Richtung war ein wenig anders als seine. Ich glaube, daß Kinder nicht in die Politik mit hineingezogen werden sollten, denn dann enden sie vollkommen unpolitisch.

Ich lebte in einer aufregenden Zeit - zwischen zwei Kriegen und erlebte das Erstarken des Faschismus. Es war gefährlich in Wien. Ich kann mich erinnern, daß ich bei meinen Großeltern war und die Schüsse hörte, als Dollfuß auf die Arbeiter schießen ließ. Mein Vater war absolut überzeugt, daß Arbeiter gesünder waren als Kapitalisten, und ich glaube, da hat er sich geirrt. In welchem Stand sie leben, ist nicht so wichtig wie die Tatsache, wie gewalttätig ihre Erziehung war, was nämlich bei den Herrschenden noch ärger ist.

Er war so überzeugt von seinen politischen Ideen, daß er seine Kinder nach den Theorien behandelt hat und nicht nach dem Instinkt.

Bevor wir ihm nach Berlin folgten, war ein wichtiges Ereignis, daß er nach Rußland ging. Jetzt weiß ich - er hat es in *Die Sexuelle Revolution* beschrieben - daß er damals, als er den Kommunismus gesehen hat, begann, ihn als einen Faschismus zu sehen. Er hat entdeckt, daß man Freiheit nicht bekommen kann, sondern daß man von Anfang an in Freiheit aufwachsen können muß.

Das große Experiment der Russen bedeutete: Die Heirat war nur ein Stück Papier, das man brauchte oder auch nicht; die Scheidung wurde ganz leicht - man konnte einfach hingehen und sagen, „Ich will nicht mehr."; Mädchen und Jungen wurden gleichberechtigt - all das ist irgendwie umgekippt, so daß Rußland und alle anderen Staaten hinter dem Eisernen Vorhang moralischer wurden als der Westen.

Er kam von dieser Rußland-Reise verändert zurück, das habe ich gefühlt. Eine berühmte Geschichte, die über meine Kindheit erzählt wurde: Die Eltern kommen nach drei Monaten aus Rußland zurück und als die Tür sich öffnet, frage ich: „Wer bist du, ich kenne dich nicht?" Ich glaube, ich war ein einsames Kind, und meine Schule und mein Kindermädchen haben mich gerettet. Die Kinder waren damals in die Aktivitäten der Eltern nicht mit einbezogen. Ich glaube, das hat sich inzwischen geändert: Diejenigen, die kleine Kinder haben, versuchen zu erklären, was sie tun und nehmen sie manchmal mit. Aber damals waren die Trennungen zwischen den Generationen viel ärger. Zum Beispiel haben die Kinder separat gegessen. Ich kann mich kaum an eine Mahlzeit mit meinem Vater erinnern. Kinder blieben im Kinderzimmer - das gibt's jetzt ja nicht mehr. Die Kinder sind überall in der Wohnung, sie essen mit den Erwachsenen.

Dann hat er sich entschlossen, nach Berlin zu ziehen. Berlin erschien ihm offener, weiter, mit mehr Möglichkeiten. Das ist, glaube ich, auch noch immer so, daß Berlin eine sehr interessante, brodelnde Stadt ist, wo viele Ideen hin- und hergehen. Und im Vergleich zu Wien hat man hier trotz der Mauer immer noch ein offeneres Gefühl.

Die Berliner Zeit war sehr interessant, denn es war der Aufstieg Hitlers. Es war auch in Berlin damals gefährlich, und wie ich heute sehe, kam damals Chaos in mein Leben. Ein Grund dafür war, daß uns unser Vater in ein kommunistisches Kinderheim nach Frohnau gab - ich habe vor kurzem die Spuren davon gesucht und nichts gefunden. Wie später in der DDR war damals die Idee, daß Kinder besser in Kindergruppen gedeihen, dann würden sie nicht in den Kleinfamilien so sehr verdorben mit Neurosen und Ödipuskomplexen.

Das kam von den anthropologischen Studien Wilhelm Reichs. Er hat sich gefragt, wo es natürliche, gesunde Menschen auf der Erde gibt. Ich glaube, einer seiner wichtigen Beiträge war, daß er gesehen hat: Die Welt ist ziemlich verrückt. Und für das Kind ist die Anpassung an diese Welt das Falsche.

Meine Mutter war in späteren Jahren von der Psychoanalyse beeinflußt, ich glaube von Anna Freud, und hat sehr an Anpassung geglaubt. Sie empfand mich als eine kleine Rebellin. In meiner Natur, die eher meinem Vater ähnelte, kam ich ihr gefährlich vor. In dieser Hinsicht gab es eine Art Streit in der Familie, an dem sie beteiligt war.

Dieses Kinderheim hatte auch ein Sommerlager, an der Ostsee in der Nähe von Danzig. Die Eltern waren weg, meine Heimat war weg. Niemand hat mich gefragt. Es war überhaupt nicht selbstreguliert. Ich hab mich nie getraut, nach der Adresse meines geliebten Mizzie-Mädchens zu fragen und ihr zu schreiben, um mit ihr in Kontakt zu bleiben. Sie war weg, in der Vergangenheit, und das habe ich, glaube ich, von meinem Vater geerbt: Wenn man weitergeht, ein neues Kapitel anfängt, schaut man nicht zurück. Das war ein sehr starkes Motiv in seinem Leben. Wie ich es jetzt sehe, hat er es geschafft, den Tod beider Eltern und das plötzliche Ende seiner Kindheit zu überleben, indem er nie mehr zurückgegangen ist und nie mehr zurückgeschaut hat. Das war ein le-benslanges Muster bei ihm.

In diesem Kinderheim war das Essen schrecklich. Es gab nur Brot und ab und zu Schmalz, das war schon was besonderes. Und Kartoffeln, Kartoffeln, Kartoffeln - nichts Grünes, keine Milch. Es ging meiner kleinen Schwester so schlecht, daß sie Rachitis bekam und sie ist mit drei Jahren verstummt. Das war ein Zeichen, daß es sehr traumatisch war. Ich hatte das Gefühl, meine Eltern kümmern sich nicht. Und das hatten, glaube ich, auch die kleinen Kin-der in der DDR: Wer kümmert sich? Ihr schleppt mich in die Krippe und dann seid ihr nicht da, wenn ich euch brauche.

Durch diese Gruppenerziehung, sehr früh und gegen meinen Willen, bin ich ein Einzelmensch geworden. Ich meine, auch in der DDR diese Norm aus den Anfängen der kommunistischen Idealisten zu erkennen. Und ich bin wirklich dagegen. Ich bin dafür, daß das Kind gefragt wird, was es braucht.

Man Vater hat sich dann verliebt: in eine sehr schöne Frau, mit der ich noch immer befreundet bin, sie heißt Elsa Lindenberg. Sie war Ballett-Tänzerin an der Berliner Staatsoper. Eine schöne Erinnerung war, daß wir sie tanzen sa-hen. Es war Petruschka. Sie tanzte auf den Zehenspitzen und sie war die Bal-lerina, die den Bären herumgeführt hat. Sie kam aus einer Arbeiterfamilie und war sehr schön. Später in Norwegen hat sie Gindler-Arbeit gelernt.

Er hat sich ungeheuer verliebt in sie, ich glaube sie war die große Liebe seines Lebens. Ich habe sie auch sehr geliebt. Es gab nie einen Streit zwischen ihr und mir, im Gegenteil, sie hat mein Leben sehr bereichert. Kennengelernt haben sie sich auf einer Straßen-Demonstration. Sie hat mir viel über diese Zeit in Berlin erzählt: daß sie in einer Zelle waren mit Arthur Köstler und einigen anderen wichtigen Leuten, wie Ernst Bornemann.

Mein Leben wurde chaotisch. Zum Geburtstag bekam ich ein Rad geschenkt und es wurde eine Woche später gestohlen. Ich habe es kaum benutzt. Ich wurde hier auch in eine Montessori-Schule geschickt in Dahlem. Ich hatte dort einen Garten wo ich Radieschen anpflanzte, und ich bin seither sehr interes-siert an Gartenarbeit. Meine Eltern haben damals viel gestritten und das war sehr unangenehm. Ich hatte, wie gesagt, Gott gebeten, daß Frieden sein sollte. Dieses Beten wurde als Neurose interpretiert, als Onanie-Angst. Das ist ganz arg, eine schlimme Geschichte. Man hat mir offiziell verboten zu beten. Das darf man nicht, es ist also eine der Sünden meines Vaters. Aber es ist ihm nicht gelungen, denn ich war schon damals eine Ketzerin.

Es war eine gefährliche Zeit. Ich bin unters Bett gekrochen und habe mit einer Haarnadel in einer Steckdose gestochert und einen Riesenschock be-kommen. Ich bin mit meiner kleinen Schwester von der Schlangenbergstraße mit der U-Bahn nach Dahlem gefahren. Damals waren gegenüber von unse-rem Haus Schrebergärten, heute ist dort ein modernes Haus und ein Super-Highway.

Dann kam Hitler an die Macht. Die Kinder wurden bald nach Wien geschickt, im Frühjahr 1933. Meine Mutter hat damals gerade eine Blinddarmentzündung bekommen, sie lag krank im Bett. Dann kam mein Vater in Wien an, als Ski-Tourist. Er ist über die Berge geflohen. Ich kann mich erinnern, wie er mit seinen Skiern hereinspaziert kam. Er hatte Elsa mit dabei, und meine Großeltern mütterlicherseits waren sehr bürgerlich. Es war ihnen nicht recht, und er ging dann fast sofort weiter nach Dänemark, wo er Schwierigkeiten hatte mit der Polizei wegen des Aufenthaltsvisums. Er hatte viele Verbindungen, es waren Sexualforscher und Psychologen, die von ihm lernen wollten.

Das war jetzt eine schöne Zeit in meiner Kindheit. Wir sind von Wien zweimal zu ihm geschickt worden und haben den Sommer in Dänemark auf verschiedenen Bauernhöfen verbracht. Die glücklichsten Zeiten meiner Kindheit waren die mit ihm. Wir hatten ein wunderschönes kleines Holzhaus. Wir saßen draußen, den Tisch voller Smörrebrod - Fenichel, Reich und andere diskutierten beim Frühstück - sehr gesellig und schön.

Es war lustig mit ihm, er hat mich zum Tivoli mitgenommen, zum Schießen, und wir fuhren Achterbahn. Wir haben sehr viel sonnengebadet am Strand des Kleinen Skagerrak und gingen in den Zirkus... Ich habe nur Kinder-Erinnerungen von dieser Zeit.

Dann mußten wir wieder nach Wien zurück. Das war jetzt ungefähr '34. Es war noch vor dem Anschluß. Man mußte um Deutschland herumfahren, wir haben lange Autoreisen gemacht. Zu dieser Zeit hatte er schon ein kleines Auto. Wir nahmen ein Zelt mit - es war wunderschön. Wir fuhren durch Belgien und durch die Vogesen in Frankreich.

Dann kamen wir zum Kongreß in Luzern, wo er von den Psychoanalytikern ausgeschlossen wurde. Ich wußte das nicht. Ich wußte nur: Irgendetwas ging schief, und die Kinder wurden auf einmal nach Wien weggebracht. Ich habe ihn dort sozusagen verloren. Es gab viele Intrigen gegen ihn. Es war strukturell, die Psychoanalytiker aus Wien konnten diese große Freiheit und Offenheit nicht aushalten, diesen Zukunftsmenschen, der Reich war.

Wir gingen in Wien zur Schule und lebten in einer Art Pensionat für Kinder. Der Enkel von Trotzki war übrigens auch dort. Wir waren verwaiste Kinder, ich war dort nicht glücklich. Heute weiß ich, daß mir das Gericht bei der Scheidung meiner Eltern das Recht gegeben hatte, mich zu entscheiden, und ich hätte gerne gesagt: „Ich will mit meinem Vater leben." Ich wußte: „Da ist es interessanter, ich will gar nicht in Wien sein." Aber niemand hat mich gefragt. Die Ausrede war immer, daß ich eine Analyse bräuchte. Die Analyse wurde in meinem Fall mißbraucht, ich hatte nämlich berechtigte Todesängste, es war nämlich eine gefährliche Zeit. Ich hatte auch eine schlechte Geburt, das habe ich später herausgefunden, und die Todesängste waren meine gespeicherten Erinnerungen, die mir etwas von meinen Anfängen sagen wollten, bei denen ich fast unterging.

Aus Gründen dieser Psychoanalyse wurde ich gegen meinen Willen immer weiter und weiter in Wien zurückgehalten. Und ich wurde gegen meinen Vater beeinflußt: Er ist verrückt. Ich wurde von meiner Psychoanalytikerin bearbeitet - im Auftrag meiner Mutter. Die ging nämlich nach Prag und hat dort eine Psychoanalyse-Ausbildungsgruppe gemacht.

Meine Wiener Zeit war arg. Es war die Zeit vor Hitler. Es war eine traurige Zeit, ich war wirklich wie ein Waisenkind. Hitler lag wie etwas Schreckliches in der Luft, ich habe es gefühlt als Kind. Und ich wußte: Die Welt kann lustiger sein, es muß hier nicht so schrecklich und so traurig sein.

Endlich bin ich '37 auch nach Prag gezogen, meine Schwester war schon vorher dorthingegangen. Ich ging dort ins deutsche Gymnasium. Mein Vater wurde nicht mehr gesehen. Im Alter von 11 bis 14 Jahren dachte ich wirklich, er ist wahnsinnig. Im Sommer '38 sind wir nach Amerika gegangen. Der zweite Mann meiner Mutter war Historiker und der sah alles kommen.

Ich habe den Nationalsozialismus glücklicherweise nicht erlebt. Ich hatte nur einige schlechte Erfahrungen auf diesen Reisen zwischen Berlin und Wien. Einmal streckte ich meinen Kopf raus, der mit seinen schwarzen Löckchen wie ein Bubenkopf aussah und irgendeine Kinderklasse auf dem Bahnsteig hat geschrieen: „Jude! Jude! Jude!" Man hat mich angebrüllt und ich hab' mich sehr erschreckt.

Während ich im März in Prag war, ist der österreichische Anschluß gekommen und da gab es eine Szene, die ich euch erzählen will. Da gab es eine Geographie-Klasse, deren Lehrer ein Nazi war. Er hat ein Lineal genommen und mich ausgewählt, weil ich vorne saß. Er hat mir auf die Finger geschlagen und gesagt: „Sie, Reich, werden auch noch drankommen, wir werden euch noch umbringen." Das muß so um '36 gewesen sein.

Dann sind wir im Sommer '38 mit meiner Mutter nach Amerika gegangen. Mein Vater hat in dieser Zeit in Oslo gearbeitet, wohin er von Dänemark aus gegangen ist. Dort hat er in einem Labor seine naturwissenschaftlichen Arbeiten begonnen.

Für die, die nichts über ihn wissen: Er hatte die Körpertherapie entwickelt, die er Vegeto-Therapie nannte, weil sie das vegetative Lebenssystem stimulierte. Er meinte, daß die Menschen, die neurotisch sind, es „im Körper stecken" haben: beschränkte Atmung - versteifte Muskeln - eine Maske im Gesicht - physische Kontraktion - viel Angst - sich innen verstecken und nicht herauskommen oder mit Wut durch das hindurchbrechen, was er Panzerung nannte.

Aus der Zeit in Dänemark, wo er im Sommer '35 lehrte, habe ich eine Erinnerung, die mir sehr wichtig ist. Er saß dort mit seinen Schülern aus Dänemark, Norwegen und Schweden. Und aus dieser Lektion kann ich mich an die Idee des Zwiebelschälens erinnern: Man muß in der Therapie langsam von außen die Schichten enthüllen. Das ist interessant, denn in meiner Arbeit jetzt bin ich ziemlich drastisch, aber sanft, und ich ziehe die Zwiebeln mit der Wurzel heraus.

Er kam später auch nach Amerika. In der Zeit, als er in Norwegen war, wurde ich nicht zu ihm gelassen, obwohl er mich eingeladen hat. Ich selber habe das abgelehnt. Es war sehr schade, denn so habe ich diese Zeit seines Lebens nicht erlebt.

Er hatte dort ein Team von Mitarbeitern und ein Labor. Er hat eine ganz neue Richtung angefangen, die Arbeit an den Bionen. Er hat mir immer seine Arbeiten geschickt, aber die aus dieser Zeit habe ich nicht. Warum? Meine Analytiker haben sie konfisziert. Sie haben auch *„Das sexuelle Leben der Wilden"* konfisziert und auch ein Paket von 80 Seiten, das er mir geschickt hat „Wie ich Eva verlor". Das hat er mir noch einmal gezeigt als ich 26 war, und dann fiel es mir wie Schuppen von den Augen. Ich wurde von vielen Erwachsenen bearbeitet. Es war immer mein Schicksal, daß ich dazwischenstand. Was immer sie gegen meinen Vater hatten, haben sie an mir ausgelassen.

Aber jetzt: Amerika: In diesem Haus in Forest Hills begann sehr viel. Ich habe meinen Vater ab und zu besucht, wie Kinder in geschiedenen Ehen es tun. Ich verstehe die Probleme von Kindern, deren Eltern geschieden sind, das Hin- und Hergerissensein, das Beeinflußt-Werden.

Ich habe zwei Situationen in den DDR erlebt, wo ein Teil der Eltern überhaupt keine Rechte an den Kindern hat, so daß eine Mutter nach einer Scheidung nicht einmal mehr weiß, wo ihr Kind ist, wenn der Vater mit ihm verschwindet. Die brauchen ganz dringend einige humanistische Ideen in ihrer Sozialordnung. Ich war erschüttert, denn es war ärger als das, was ich in den dreißiger Jahren erlebt habe.

In der DDR wissen sie wirklich nicht, was Freud geleistet hat. Sie meinen, man könnte alles Verdrängte unter den Teppich kehren, und das würde nichts ausmachen. Man vergißt es, und dann existiert es nicht mehr. Sie wissen offenbar nichts über die Entdeckung des Unbewußten, daß es Spuren im Körper hinterläßt, im Verhalten, in der Fähigkeit, glücklich zu sein. Durch die Arbeit Wilhelm Reichs sind wir heute viel weiter.

Ich komme jetzt nach New York. Er hat mir geholfen, zum College zu gehen, er hat das Medizinstudium bezahlt. Meine Mutter hat meinen Lebensunterhalt bezahlt. Wir hatten viel Streit, denn ich war ja „orthodox" ausgebildet. Ich kann mich an einen Streit erinnern: Er hat gesagt, das Gehirn bewegt sich, das Gehirn pulsiert. Und ich habe ihn beschimpft: „Nein, das ist nicht wahr, ich lerne doch gerade Neurologie!" Aber jetzt weiß ich, daß er recht hatte, denn jetzt beschäftige ich mich mit cranio-sacraler Therapie.

Aber ich war sehr mutig und habe ihm echt widersprochen, wir haben uns sehr ehrlich unterhalten. Am Ende seines Lebens hat er mich als Treuhänderin seiner Stiftung eingesetzt, als die Vorsitzende seines *Wilhelm Reich Infant Trust Fund* und als diejenige, die sein Testament ausführt. Ich sagte, ich wollte es nicht tun, aber er sagte mir: „Du bist so ehrlich." Wir haben uns ehrlich unterhalten, aber unsere Beziehung war immer etwas gespannt, nach dieser

Gehirnwäsche. Ich konnte viel von ihm ertragen, und dann gab es eine Explosion, und ich mußte wieder weg. Nächstes Mal hat er mir wieder etwas erzählt - er hat mir sehr gern von seinen Forschungen erzählt und mir Phänomene gezeigt. Ich weiß alles über die Entdeckung des Akkumulators und über die Bione, ich habe das alles erlebt. Ich habe die Krebsmäuse und die T-Bazillen gesehen, aber es hat nicht in mein Medizinstudium hineingepaßt, das ich zwischen 20 und 24 gemacht habe. Ich hatte Schwierigkeiten mit meinen Professoren. Ich habe einem Bakteriologen gesagt, mein Vater hätte entdeckt, daß die Bakterien sich umwandeln, daß sie nicht immer zu einer Spezies gehören, sondern sich verändern. Es war damals eine Katastrophe. Heute heißt das Pleomorphismus.

Ich habe das Studium unter dem Schatten von Angriffen gemacht wegen des Orgon-Akkumulators, z. B. von einem Medizin-Professor, der sehr negativ zu reden begann. Ich habe mich damals nicht getraut zu sagen, daß es mein Vater war. Aber er hat sicher darüber erzählt, weil er wußte, daß ich die Tochter war.

Die amerikanische Medizin ist sehr diktatorisch und orthodox. Aber ich habe es geschafft, durchzuhalten. Und in diesen Jahren bin ich endlich nach Rangeley hinaufgegangen. Das erste Mal bin ich '44 dort gewesen, als Peter ein Baby war. Reich hatte drei Kinder, zwei Töchter aus der ersten Ehe und einen Sohn aus der zweiten.

Damals dauerte es eineinhalb Tage, nach Rangeley zu fahren - zwei Tagesreisen. Jetzt sind es auf Super-Highways acht Stunden von New York nach Maine.

Am 6. Juni '44 war ich mit dem College fertig, es war der Tag der Invasion in der Normandie. Die Leute mußten ihre Reden ändern. An diesem Tag sind wir losgefahren. Reich lebte in einer „log-cabin", eine Holzhütte, ein Blockhaus an einem wunderschönen, wilden, weiten See mit einem Blick zehn Kilometer über den See hinweg. Es hat mir sehr gefallen.

Ich habe damals angefangen, mich für seine Forschungen zu interessieren. Er hat viele seiner wichtigen Forschungen in diesem Blockhaus am Lake Mooselookmeguntic gemacht. Ich erinnere mich an schöne Dinge: Er spielt die Harmonika, er singt, er sieht das Orgon fließen, die Lebensenergie über dem See, und er zeigt es mir. Es war eine schöne Erfahrung, mit dorthin zu gehen. Ich hatte mein Medizinstudium angefangen und mußte zurück, ich war also nicht den ganzen Sommer dort.

In diesen Jahren, bis etwa '48, hatte mein Vater viele Studenten um sich gesammelt, etwa 23 Ärzte interessierten sich für seine Arbeit. Er hat ein Labor gebaut und immer mehr Organisationen gegründet. Er war sehr aktiv mit seinen Forschungen. Wir haben uns ab und zu gesehen.

1945 habe ich den ersten ganzen Sommer mit meinem ersten Mann in diesem Blockhaus gewohnt. Wir haben meinem Vater damals geholfen - beim

Holz schlagen, Zäune bauen und ich ein bißchen im Labor. Damals war ich das erste Mal bei der Entdeckung einiger Phänomene dabei, z. B. dem Orgon-Motor. Ich kann mich jetzt nicht genau erinnern, in welchem Sommer das war. Die Sommer waren alle interessant. Er war sehr stolz und sehr bereit, die Phänomene zu demonstrieren. Er war wie ein Kind, dem man sagen soll: „Ach, das ist herrlich!"

Es war erst '49, als ich den Übergang in die Orgonomie fand, als ich bei Dr. Elsworth Baker Orgontherapie bekam. Es fiel mir wie Schuppen von den Augen, als ich begriff, daß man mich gehirngewaschen hatte.

Ich sah auch, daß mein Vater recht hatte. Ich habe während meiner Zeit als Assistenzärztin ein bißchen angefangen, diese Dinge anzuwenden, nachdem ich es an mir selbst erlebt hatte. Da war zum Beispiel eine Frau mit schrecklichen Rückenschmerzen, der man schon Opiate gegeben hatte. Sie hatte Kummer. Ihr Sohn lag im Sterben, er hatte Schilddrüsenkrebs. Ich habe nur ein wenig mit ihr gearbeitet, sie massiert, die Atmung beschleunigt. Sie hat eine Riesenwut auf die Ärzte herausgelassen und Kummer und Trauer über den Sohn. Sie hat gebrüllt. Und von allen Seiten kamen die Leute gerannt und haben gefragt: „Was ist denn hier los?"

Ich habe es kaum erklären können, aber diese Frau wurde ihre Rückenschmerzen los und ging am nächsten Tag nach Hause. Es war ein richtiger psychosomatischer Fall.

In einem Heim für unheilbar Kranke, einem Pflegeheim, habe ich für eine Frau mit fortgeschrittenem Brustkrebs, den man nicht operiert hatte, einen kleinen Orgon-Akkumulator gebaut und über die Brust gelegt und ich habe entdeckt, daß alles, was steinhart gewesen war, weich wurde und daß sich Zysten bildeten. Da wurden die Ärzte aufmerksam und stoppten mich. Ich wurde mehrmals aufgehalten, diese Dinge in Hospitälern anzuwenden.

Ich habe meinem Vater sehr viel von meinen Beobachtungen erzählt. Wir waren eigentlich eher geistig befreundet als in unserer persönlichen Beziehung, die war eher wackelig.

Nachdem ich meine zwei Jahre im Hospital in Philadelphia beendet hatte, habe ich ihn im Sommer 1950 in Rangeley besucht und einen Krebs-Laborkurs mitgemacht. An diesem Punkt hat er mir gesagt: „Komm, sei meine Assistentin." Die nächsten Jahre waren ganz anders, weil ich endlich aufgewacht war. Im Sommer 1950 hat sich mein Leben sehr geändert. Er hat mir auch gesagt: „Du mußt deinen Mann verlassen, der ist dagegen. Du kannst nicht mit mir arbeiten, wenn du mit ihm verheiratet bist." Da habe ich meinen Mann verlassen. Das ist ganz arg. Man darf das nicht tun, man darf niemanden so manipulieren, und ich hätte mich nicht so manipulieren lassen dürfen. Ich war schon einmal so ein Opfer von Gehirnwäsche und bin dann umgeschwungen auf die andere Seite. Das hilft mir sehr in meiner heutigen Arbeit, denn ich erkenne "Gehirnwaschen", wenn ich es sehe.

Ich war dann bei meinem Vater. Ich habe im Labor alle Experimente meines Vaters wiederholt. Zwischen August 1950 und Januar '51 habe ich mich alleine damit beschäftigt. Es gab auch eine Studiengruppe. Ich habe - mit Sharaf übrigens - die täglichen Messungen gemacht, mein Vater nannte es „Orgonometrie". Er hatte die Lebensenergie im Menschen und in der Atmosphäre entdeckt und Wege, diese Energie darzustellen. Das bedeutete, daß wir täglich Temperaturunterschiede zwischen dem Apparat und einem Kontrollthermometer gemessen haben. Ich habe den Akkumulator täglich benutzt, ich habe die Krebsmäuse betreut, die damit behandelt wurden. Ich habe den Bluttest geübt, den er entwickelt hatte. Ich habe den Mäusen T-Bazillen injiziert. Ich habe viele Arbeiten der Krebsbiopathie wiederholt und wurde immer sicherer.

Es war ähnlich wie damals, als ich religiös wurde, es lag Wahrheit darin. In seinen Augen war ich schuld daran, daß ich meine Wahrheit überhaupt verloren hatte. Meiner Meinung nach ist es nicht so arg gewesen, denn es hilft mir, Menschen zu verstehen. Ich habe mehr Verständnis für die, die als Kinder so bearbeitet werden, daß sie ihre eigenen Wahrheiten verlieren.

Ich war mit der Arbeit bei meinem Vater sehr beschäftigt. Ich war einfach Laborassistentin. Er hat sehr oft und viel mit mir geredet.

Ich bin ins Dorf umgezogen, dort war mehr los. Ich war 26 und ich wollte keine Einsiedlerin werden. Aber wir haben oft zusammen gegessen. Es gab ein Familienleben, denn Ilse und Peter waren auch da. Peter war damals sechs. Wir haben viel zusammen gelacht, Peter war ein Spaßvogel.

Dann hat das Oranur-Experiment unser Leben beeinflußt. Mein Vater brachte eine kleine Menge Radium in einem Orgonraum mit Orgon-Energie zusammen. Auf einmal ging alles los - aber arg. Wir bekamen Symptome von Strahlenkrankheit. Die Häuser wurden unbrauchbar.

Es war ein ganz kalter Winter. Dort oben in den Bergen von Rangeley ist es wie in Finnland. Die Gebäude wurden unbewohnbar. Wir sind in Mänteln herumgelaufen. Wir haben viel gebadet. Eine stagnierte Energie, die DOR heiß, hat alles angegriffen und wir wurden krank. Jeder bekam seine spezifischen Krankheiten. An einem Punkt wäre ich fast an verlangsamten Herzschlag gestorben. Es war wie eine Krise, es war wie ein Krieg, es war ein permanenter Streß. Und es hat einige Jahre lang nicht aufgehört.

Er hat das ökologische Disaster der Erde vorausgesehen. Den Bäumen geht es nicht gut und das Wasser und die Wolken werden schwarz. Ich will das jetzt nicht im einzelnen erzählen, ich habe vor einiger Zeit einen Vortrag darüber gehalten (veröffentlicht in „emotion Nr. 9").

Ilse und Peter sind in ein Häuschen in der Stadt umgezogen und mein Vater hat im Observatorium alleine gelebt. Es ging ihm nicht gut, 1951 hatte er eine Herzattacke.

Nach meinem ersten Jahr in Rangeley bin ich für ein Jahr nach New York in die Kinderheilkunde gegangen. Ich hatte mich noch einmal verheiratet mit

William Moise. Reich hat mich zurückgerufen, es ging ihm schlecht, er hatte Herzschmerzen. Ich habe sein Herz abgehört, es war ein ganz schlimmer Ton. Er hatte vielleicht einen kapillaren Muskelriß. Aber er hat sich nicht untersuchen lassen. Er hat sich aufgerafft und hat weitergemacht.

Ich erinnere mich, daß ich damals im Oktober, November mit einem kleinen Flugzeug hinaufgeflogen bin. Ich war um ihn besorgt. Dann mußte er auch in die Stadt umziehen. Er konnte in diesem Gebäude einfach nicht weiterleben.

Dann ging alles kaputt. Ilse konnte es nicht mehr mit ihm aushalten, viele sind geflohen. Ich mußte von irgendetwas leben. Das Labor ging kaputt. Es war niemand mehr da außer McCullough und Lois Wyvell.

Mein Mann und ich sind von New York zurückgegangen nach Maine, um in der Nähe meines Vaters zu sein. Ich habe in Hancock, Maine, wo ich jetzt noch lebe, eine Praxis aufgemacht. Dort habe ich begonnen, den Orgon-Akkumulator medizinisch einzusetzen. Ich wurde also eine niedergelassene Ärztin, außerhalb der akzeptierten Schulmedizin. Ich habe sehr oft mit meinem Vater gesprochen. Wir haben uns angerufen, wir haben uns gegenseitig besucht und wir waren in gutem, intellektuellem Kontakt. Ich habe ihm meine Fragen und meine Beobachtungen geschildert.

In diesen Zeiten hat mich besonders beeindruckt, daß er immer etwas Neues hatte. Immer, wenn wir zusammenkamen, war schon wieder etwas anderes geschehen und er hatte neue Einsichten. Sein Leben ist nicht stehengeblieben.

In späteren Jahren war er körperlich nicht mehr so aktiv. Er wurde etwas aufgedunsen, wie man auf den Bildern sehen kann. 1950 hat er noch Langlauf auf Skiern gemacht. Später ist er gerne in einem schönen Auto herumgefahren und hat sich die Landschaft angeguckt. Er hat mich immer wieder eingeladen: „Komm mit, wir schauen uns an, was los ist!", besonders nach dem Oranur-Experiment.

In der Familie, mit dem kleinen Bub, war es sehr schön. Wir haben gespielt und viel gelacht. Ilse war eine gute Hausfrau. Sie hat Kuchen gebacken und schöne Dinge gebraten, sie ist eine deutsche, sehr fleißige Frau. Und er hat es sehr genossen, daß ihn jemand so versorgte und betreute. Es wurde ein wenig kompliziert, als sie mit Peter unten im Blockhaus wohnte und er oben im Observatorium. Er sagte immer: „Um eine Ehe am Leben zu erhalten, seid nicht so viel zusammen. Stellt sicher, daß ihr auch eine gewisse Distanz halten könnt. Der Reiz wird sonst gedämpft."

In der Zeit in Rangeley war er viel einsam. Die meisten Mitarbeiter kamen von New York. Dr. Tropp gehörte zu denen, die nach Rangeley gezogen sind. Er war ein guter Zuhörer und mein Vater hatte jemanden, um mit ihm ein Glas Wein oder Whisky zu trinken und mit dem er reden konnte. Er mußte reden. Dieses Immer-Reden-Können habe ich von ihm. Er war auch stur, aber er hat sich gut und interessant unterhalten.

In diesen Jahren wurde ich sehr von seiner Arbeit mit Müttern und Babies beeinflußt. Und ich will hier betonen: Ich habe die sanfte Bioenergetik von ihm gelernt. Indem er mich eingeladen hat, dabeizusein, wenn schwangere Frauen, Eltern von Babies kamen. Seine Idee war die Verhütung von Neurosen, denn er hatte erkannt, wie krank die Menschheit ist. Etwas, wo ich nicht ganz mit ihm übereinstimme, ist, daß er sagte, wir sollten mit gesunden Müttern anfangen. Die gibt's aber nicht auf Erden. Seine Ideale haben die Orgonomie beeinflußt.

Er war sehr zart und sehr menschlich bei diesen Untersuchungen, es hat mein Leben ungeheuer beeinflußt. Deshalb bin ich in die Kinderheilkunde eingestiegen und fast Kinderärztin geworden. Dann sind aber andere Sachen passiert - die Strahlenkrankheit - und es ging mir nicht so gut in den Hospitälern. Wir haben uns dann 1952 entschlossen, nach Maine zu gehen und ich wohne noch in demselben Haus, in dem ich eine Praxis hatte.

Mein zweiter Mann war an den Entdeckungen meines Vaters sehr interessiert, vor allem an den sozialen. Er wurde später sehr wichtig für meinen Vater, weil er für ihn „Diplomatische Aufträge" übernommen hat. Er ist während der Verfolgungen in Washington herumgerannt und hat alle möglichen Offiziellen besucht. In seiner Navy-Zeit hatte er gelernt, wie man gehorcht und Befehle ausführt. Er war ein guter Assistent. Eigentlich war er Kunstlehrer. Zwei Jahre, nachdem wir nach Maine gegangen waren, sagte mein Vater: „Ich brauche Mitarbeiter, die sind rar."

Er hat uns eingeladen, auf die Expedition nach Arizona mitzukommen, wo er das Klima beeinflußte. Nach dem Oranur-Experiment wurde die Atmosphäre schlecht, „schwarz", und man fühlte sich müde - ich will jetzt nicht meinen Vortrag vom vorigen Jahr wiederholen. Er hatte den Cloudbuster entwickelt. Ich erkläre es immer als eine Art Blitzableiter, aber hohl. Ein System, das über Wasser mit der Erde verbunden ist und das die Lebensenergie, die in der Atmosphäre ist, sanft anzieht. So bewegt sie sich dann wieder und wird wieder frisch. Sowohl Bill als auch ich waren bei diesen Entdeckungen dabei.

Ich habe die Verfolgungen miterlebt, er wurde verfolgt weil er die Lebensenergie entdeckt hat, weil er eine neue Medizin begründete, weil er eine neue Körpertherapie in die Welt setzte, weil er so revolutionär war im wirklichen Sinne, d.h. „Umwerfen des Alten", nicht politisch revolutionär, sondern lebensrevolutionär. Ich glaube, die Welt hat die Wichtigkeit seiner Einsichten und Entdeckungen noch nicht begriffen und das Zeitalter der Lebensenergie hat noch nicht angefangen. Ich war ein Zeitzeuge der Entdeckung dieser Phänomene. Ich weiß, daß man Wilhelm Reich an den Universitäten noch nicht so sehr lehrt. Es gibt einige Kurse, z. B. zwei in Brasilien.

Jetzt verbreiten sich die Therapie und die Ideen der Vegetotherapie und der Charakteranalyse und der Orgon-Therapie. Ich bin in den letzten 14 Jahren in mindestens 28 Ländern gewesen, in denen ich so gelehrt habe wie jetzt hier in

Berlin und in der DDR. Wir verbreiten es also allmählich in die Welt. Aber die praktischen Anwendungen haben noch gar nicht richtig begonnen. Ich glaube, jedes Kind sollte einen Kurs in Orgonomie haben. Ich wünsche mir von James DeMeo, daß er einen Kinder-Kurs ausarbeitet, mit dem man an den Schulen über Orgonomie lehren könnte. Es ist wie auch mit der Sexualerziehung. Wenn es nicht in den Schulen geschieht, kann man es selber organisieren.

Die praktischen Anwendungen haben mich mit dem Geist meines Vaters vollkommen versöhnt. Man kann auch sehr viel Negatives über ihn sagen: Er war eifersüchtig, er hat manchmal Wutanfälle gekriegt und hat getobt. Er war kein einfacher Mitarbeiter, denn er mußte in seinem Labor herrschen. Aber das machte alles nichts aus. Er war auch weise, er hatte auch sehr schöne Aspekte. Er hat sehr schön Orgel gespielt, hat sehr schön improvisiert in seinem Schloß im Wald. Ich habe manchmal von draußen zuhören können. Oder er hat gemalt. Er kam einmal, als ich im Labor Geschirr wusch, was meine Funktion war, und hat nur gesagt: „It's like silver-bells - so beautiful."

Er hat an mathematischen Gleichungen über Antigravitation gearbeitet, indem er die ganzen Schwerkraftgesetze Newtons umgeändert hat in Pendelgesetze.

Er war ganz woanders als die Leute sich es vorstellen. Und diese Seite hat er mir manchmal gezeigt. Ich verstehe seine späteren Gedanken und Arbeiten, die überhaupt noch nicht publiziert sind. Jetzt liegen sie in einem Archiv in Boston und sie dürfen bis 2007 nicht eingesehen werden. Ich werde dann schon zu alt sein dafür. Ich hatte all das in den Händen, aber wir wurden verfolgt und mein einziger Gedanke war, es zu retten, damit es existiert. In den Mikrofilmen, die auch in deutschen Universitäten existieren, könnt Ihr viel von dem Material finden, das Reich bereits veröffentlicht hatte.

Die Food and Drug Administration, das ist eine Behörde der amerikanischen Regierung, begann schon '47 gegen ihn zu ermitteln, wahrscheinlich angestachelt von einer kommunistischen Lady, die Mildred Brady hieß. Sie hatte bestimmte Attacken in Sensations-Artikeln verbreitet: daß er Blaues sieht, daß er denkt, er hätte was entdeckt, daß er einen Kasten baut. Man hat sich über ihn lustig gemacht. Am Ende seines Lebens, etwa ab '54 wurde diese Attacke legal. Es gab eine Injunction, eine Verfügung, d.h. ein Verbot wie in der Inquisition: Er darf nicht mehr über die Lebensenergie publizieren, lehren, reden, denn sie existiert nicht. Es war ganz unamerikanisch. Sie werden auch immer mehr das Land des Todes und der Waffen - weil sie die Lebensenergie verboten haben und weil sie diesen wichtigen Entdecker getötet haben.

Er starb im Gefängnis. '54 wurde ein gerichtlicher Angriff gegen ihn gestartet. Er ist dann nicht vor Gericht erschienen, er hat gesagt, es ist „basic new research", neue Grundlagenforschung, über die niemand rechtsprechen kann. Die Richter sollten nicht das Recht haben, über grundlegend neue Forschungen zu entscheiden. In den Jahren zwischen '53 und '57 habe ich sehr eng mit ihm gearbeitet. Ich habe meine Praxis verlassen, bin mit ihm nach Washington DC gegangen, ich habe für ihn seine Dokumente getippt und archiviert, ich habe am Ende einfach mitgemacht. Es war sehr arg. Eigentlich ist mir damals das Herz gebrochen und ich möchte eigentlich nicht mehr dort leben. Jetzt kann ich es mir einfach nicht leisten, woanders zu leben. Ich muß jetzt dort schreiben. Aber ich suche immer noch einen Ort, an dem es besser ist. Australien ist mein Land.

Daß Amerika „das freiste Land auf Erden" sein soll, ist die größte Lüge. In Amerika wurde nicht nur mein Vater verfolgt, sondern jeder, der mit Naturheilmethoden heilt, z.b. Rose Brown, die mit Radionik heilte. Reich hatte über Krebs geforscht und ein sehr wichtiges Buch darüber geschrieben (Die Entdeckung des Orgon, Band 2, Der Krebs). Die Entdeckung der Lebensenergie wird dort sehr komprimiert dargestellt, schwer zu verstehen, glaube ich. Sie sagten: „Die Lebensenergie existiert nicht, daher bist du ein `crook', also ein Gauner." Und das stimmte ganz und gar nicht. Er hat sehr viel von seinem Geld in die Forschung gesteckt, anstatt es für sich und seine Familie zu behalten. Ich habe nur ein bißchen geerbt, es war nicht viel.

Es ging durch alle gerichtlichen Instanzen. Er hat sich damit verteidigt, daß er seine späteren Entdeckungen geheimhält. Er hat meinen Mann, William Moise, im Herbst 1954 zur Air Force nach Ohio geschickt. Er hat ihnen seine Gleichungen angeboten und den Orgon-Motor, den er entwickelt hatte und dessen Prinzip verloren ist. Es ist in den Dokumenten, aber die kennt jetzt niemand. Und das alles wurde in die „Crack-pot-file" abgelegt, in die Akte für Spinner. Wir haben immer auch den Staat informiert, alle die an seinen Forschungen Interesse haben könnten. Er hat immer Berichte geschrieben, z.B. über seine Cloudbusting-Operationen. Sie können nicht sagen, daß sie nicht wußten, was sie da totschlagen.

'56 gab es einen Prozeß, in dem er überhaupt nicht darüber reden durfte, was er tut. Er sagte, daß seine Forschungen geheim sind. Die UFOs, d.h. irgendetwas, was uns besucht, Raumschiffe, benutzen die Lebensenergie. In den USA gibt es schon 10 Millionen Menschen, die so etwas gesehen haben. Ich habe sie auch gesehen.

Er hat in seiner Verteidigung den Fragebogen verwendet, den die Air Force den Leuten schickt, die so etwas sehen. Sie haben sehr viel verheimlicht und er war sozusagen in diesem Netz von Lügen gefangen, weil die Menschheit in eine Krise geraten könnte, wenn sie herausbekommen, daß sie nicht die höchste Instanz auf Erden sind, daß es andere Zivilisationen, andere Wesen im Universum gibt, die diese Energie benutzen.

Vor Gericht wurden diese Wahrheiten überhaupt nicht berücksichtigt, aber er hat es in seiner Verteidigung immer wieder gesagt. Sie haben ihn immer wieder als Gauner dargestellt, der nur Geld machen will, was überhaupt nicht wahr war, und als Verrückten.

Er ist dann am 11. März '57 ins Gefängnis gekommen, wo er dann nach sechs Monaten an gebrochenem Herzen gestorben ist. Er hatte ein schwaches Herz und sie hätten ihn nicht dort hineinstecken dürfen.

Nach seinem Tod gab es Chaos. Er hatte mich als Testamentsvollstreckerin eingesetzt. Zwei Jahre lang war alles sehr arg, es gab kein Geld, alles war verloren. Dann habe ich jemand anderem diese Position übergeben, Mary Boyd Higgins. Dann sind noch einige Dinge mit ihr passiert, über die ich jetzt hier nicht reden will.

Ich habe alles für diese Entdeckungen gegeben. Meine Arbeit nenne ich „Vermenschlichung der Menschheit", früher nannte ich es „The Battle for the New Human Race", der „Kampf für die neue Menschheit", was sein Motto war. Das war mir aber zu kriegerisch. Ich reise also seit 14 Jahren herum und lehre und erzähle und heile und was immer zu tun ist, tue ich. Daher habe ich mich jetzt viel mehr mit ihm identifiziert, als in meiner Jugend, wo ich nicht dabei war.

Ich bin jetzt vollkommen überzeugt: Er war der wichtigste Denker seit mehreren Jahrhunderten, und wir haben das alles, was er uns hinterlassen hat, noch gar nicht angewendet. Ich warte auf die Zeit, wo man Schock mit dem Akkumulator behandeln wird - wo Brandwunden nicht mehr auftreten, weil, wenn man sofort Orgon-Energie appliziert, überhaupt keine Blasen entstehen.

In seiner letzten Verteidigung vor dem Supreme Court sagte er, daß die Energieschicht der Erde, die Aura um die Erde herum, abstirbt und damit hat er auch recht. Man kann die Energie in der Atmosphäre mit dem Cloudbuster bewegen und beleben und Fronten beeinflussen. Mein Mann und ich haben am Anfang dieser Entwicklung daran mitgearbeitet. Es scheint mir, die Menschen drehen alles um und machen etwas Schlimmes daraus. Ich meine, die Menschheit ist seit dem Tod meines Vaters in die falsche Richtung gegangen, es gibt eine ganz arge Verschwörung gegen die Lebensenergie und wir müssen die Wahrheiten einfach veröffentlichen, damit bin ich beschäftigt.

Es gab noch einige, die Fragen hatten. Einige wollten etwas über Therapie wissen oder wie man einen Akkumulator baut. Einmal möchte ich empfehlen, den Kurs bei Bernd Senf zu besuchen. Was er anbietet, gibt es nicht an vielen Orten. Er macht es schon seit zehn Jahren und wahrscheinlich sind in Berlin mehr Leute informiert als irgendwo anders. Hier hat ja auch vieles angefangen.

Frage: In welchem Verhältnis steht die Orgon-Energie zur Pyramiden-Energie?
Eva Reich: Das kann ich nicht wirklich beantworten, außer: Ich weiß, daß ein pyramidenförmiger Orgon-Akkumulator mit nur einer Schicht so aktiv wirkt wie ein gewöhnlicher mit drei Schichten. Die Pyramidenform verstärkt diese Form der Lebensenergie. All das ist noch nicht erforscht. Ich benutze trichterförmige Akkumulatoren. Meiner Ansicht nach dreht sich die Energie in diesem Raum. Wir sollten mit den Formen des Akkumulators mehr experimentieren. Die Pyramiden-Energie hat etwas mit Lebensenergie und mit der geometrischen Form

zu tun. Vielleicht hat James DeMeo eine Antwort?

James DeMeo: Meiner Erfahrung nach ist die Pyramide wie eine Linse für Orgon. Wenn man eine Pyramide aus Papier nimmt und eine, die als Akkumulator gebaut ist, ist der Effekt bei der Akkumulator-Form größer als beim Papier-Modell, bei Wachstum und Entwicklung von Sprossen.

Frage: Was ist der Cloudbuster?

Eva Reich: Das ist ein Instrument, das entwickelt wurde, als die Atmosphäre beim Oranur-Experiment im Januar '51 so grau und unlebendig wurde. Reich hat darunter bis zum Frühling '52 gelitten und dann hat er irgendwie entdeckt, daß Energie an Metall entlangfließt. Er hat beobachtet, daß sich um ein Metallrohr, das im See steckte, eine stille Zone entwickelte. Ich erkläre es als hohlen Blitzableiter, der im Wasser geerdet wird.

Wir haben Anfang Mai '52 entdeckt, daß wir die tote Atmosphäre wiederbeleben konnten. Die Vögel haben nicht mehr gesungen, die Blätter hingen traurig an den Bäumen, nichts hat sich gerührt und die fernen Berge waren ganz grau, alle Wolken waren ganz schwarz - wie es jetzt in den Städten ist. Wenn man die Röhren sanft hin und herbewegt, bewegt man die stagnierende Energie in der Atmosphäre: Ein frischer Wind kommt, der Himmel wird wieder blau. James DeMeo hat einige herrliche Dias, die das zeigen. Es gibt einen DOR-Index, den Dr. Courtney Baker gemacht hat, bei dem diese Phänomene numerisch ausgedrückt werden. Wir hatten eine ganze Veranstaltung hier bei Bernd Senf über dieses Thema.

Damals in Maine hat es nach einer halben Stunde zu regnen angefangen, wenn wir es in eine Richtung gemacht haben. Dann hat man entdeckt, daß man Regengfronten damit beeinflussen kann. James DeMeo hat eine Diplomarbeit über die Beeinflussung von Jet-Strömen geschrieben. Wir haben schon mehrere Expeditionen durchgeführt. Ich war schon in Australien damit, aber es ist nichts für die Allgemeinheit. Wenn jeder mit Rohren die Atmosphäre beeinflußt, wird es sehr konfus werden.

Frage: Es hat ja auch etwas Gefährliches.

Eva Reich: Ja sehr. Wenn die stagnierte Energie durch einen hindurchgeht kann man Herzattacken bekommen. Wir hatten jemanden, der eine Lähmung bekam und ich glaube, ich bin gealtert, weil ich die Geräte direkt angefaßt habe. Jetzt machen sie es mit Fernbedienungen. Aber wir haben es immer selber bewegt. Mein Mann war in der Navy und hatte gelernt mit einer Flak-Kanone umzugehen. Und er hat auch sehr gut die Farbänderungen der Atmosphäre gesehen. Er hat an diesen Entwicklungen sehr mitgemacht, und wir waren auf den Expeditionen mit Reich. Es ist eine lange Geschichte. Auf den Mikrofilmen in der Staatsbibliothek können Sie die ganzen Artikel auf englisch finden, über die Anfänge des Cloudbusting, im Orgone Energy Bulletin. Der Bericht dieser Expedition ist im Material für das Gericht veröffentlicht. Es ist auch in einem Buch erschienen, es heißt *Contact with Space*. Auf den Mikrofilmen ist es im Band 5 des Orgone Energy Bulletin unter dem Titel „Secret and Sequest Evidence" (Der geheime und unterdrückte Beweis). Darin steht die Geschichte dieser Expedition. Leider sind diese Orgone Energy Bulletins vollständig vergriffen und diese Kopien habe ich verschiedenen Ländern geschenkt, damit Studenten erfahren können, was los war. Sie haben hier also in Berlin (auch in München und Bremen) die Möglichkeit dieses Material einzusehen.

Frage: Ich habe eine Frage zur Beziehung zwischen Freud und Reich. Mir ist klar, daß die anderen jungen Analytiker Reich nicht verstehen wollten, aber ich verstehe nicht, daß Freud, mit dem ja zu Anfang eine große Übereinstimmung herrschte und der Reich sehr unterstützt hat, sich von Reich abgewendet hat.

Eva Reich: Es gibt ein Buch darüber. *Reich spricht über Freud*, ein Interview, das er 1954 mit Kurt Eissler gemacht hat. Darin gibt es viele Details über diese Beziehung.

Ich glaube, Freud hat Reichs Buch, die erste Version von *Die Funktion des Orgasmus* nicht willkommen geheißen. Er war ein monogamer Bürger und es war ihm viel zu revolutionär. Ihm hat auch die Politik nicht gefallen, die Reich betrieben hat, daß er das Wissen der Psychoanalyse verbinden wollte mit den roten Aktivisten seiner Zeit. Es waren auch zwei Generationen. Reich war viel jünger. Freud war 1856 geboren und Reich 1897, vierzig Jahre später. Reich hat sicher eine Vaterübertragung auf Freud gehabt. Sharaf schreibt in seinem Buch Fury on Earth (Der heilige Zorn des Lebendigen) darüber. Er analysiert diese Beziehung sehr, was mir ja eigentlich egal ist. Ich meine, Reich hätte von Freud nicht erwarten dürfen, daß er mitkommen kann ins Land der sexuellen Freiheit.

Frage: Können Sie etwas über Ihre Erfahrungen mit UFO-Begegnungen sagen?

Eva Reich: Ich habe einige Erfahrungen damit. Die erste war beim Cloudbusting, ungefähr '53. Ich war im Klo im 2. Stock und mein Mann hat mich ganz aufgeregt heruntergerufen. Ich bin hinuntergerannt. Da waren zwei Lichter in der Richtung, in der er die Energie frischmachen wollte, über einem nahen Wald. Sie kamen leise schwebend, es war am Abend. Sie gingen hinter eine Wolke und kamen wieder hinter einer Wolke hervor und dann sind sie verschwunden. Es war wie ein langsamer, leuchtender Ballon. Ich weiß nicht, wie groß sie waren. Das war meine erste Sichtung, es gab noch mehr, die in *Contact with Space* beschrieben sind.

Ich habe es gesehen, und ich kenne viele Leute, die solche Sichtungen hatten, das ist eines der großen Geheimnisse, die alle Regierungen der Welt unterdrücken. Es gibt mehr Wahrheiten, die unterdrückt werden, als Wahrheiten, die veröffentlicht werden.

Frage: Wie kann man Orgon-Energie am besten fließen sehen.

Eva Reich: Reich hat Ferngläser benutzt. Er lebte in einer schönen Landschaft. Er hat systematisch am Mittag mit dem Teleskop über die Berge in

Richtung Süden geschaut. Bei gutem Wetter - wenn es keine Wüstenzone ist - fließt es wie ein Bach. Man nennt es „Hitzewellen", aber man sieht das auch im Winter. Beim Cloudbusting beobachtet man diesen Fluß und man dreht ihn in eine andere Richtung. Reich hat gerausgefunden, daß es in der nördlichen Hemisphäre zu Regen kommt, wenn sich die Richtung umdreht und die Energie wieder von Osten nach Westen fließt. Nach seiner Theorie dreht sich die Erde in einem großen Orgonstrom, der von Westen nach Osten fließt und die meisten Planeten außer einem haben eine solche Bewegung. Er hatte viele kosmische Theorien. Sehen kann man die Energie am besten mit einem Fernglas. In der Wüste ist die Richtung undefiniert und fließt wild durcheinander.

Er war sehr wissenschaftlich. Statt alles immer irgendwie wegzuerklären hat er das Phänomen jahrelang beobachtet. Dieses Phänomen des „reversed Flow" hat er beschrieben. In der südlichen Halbkugel ist es umgekehrt, in Australien fließt es west-östlich vor einem Regen. Ich habe es noch nicht verstanden, aber es ist eine Tatsache.

Es gibt einige Leute, die diese Phänomene, wie die menschliche Aura, sehen können. Es gibt ein gutes Buch, das ich Ihnen empfehle von John Pierrakos „Core Energetik". Er hat wie ein Hellseher die Fähigkeit, es zu sehen. Er ist ein Schüler von Reich und ein Psychiater und Körpertherapeut. Er beschreibt auch die Geschichte der Entdeckung dieser Phänomene, angefangen mit Mesmer. Reich war nicht der erste, aber er hat die Lebensenergie meßbar und wissenschaftlich anwendbar gemacht.

Frage: Wie haben die politischen Aktivitäten Ihres Vaters Ihr persönliches Leben besonders als Jugendliche beeinflußt?

Eva Reich: Ich habe bereits gesagt, daß ich sehr unpolitisch wurde, das war die Hauptwirkung. Ich bin völlig unpolitisch, ich glaube nicht, daß die Politik menschliche Probleme lösen kann. Mein Vorgehen ist völlig individualistisch. Wenn wir die ungepanzert geborenen Kinder davor schützen, gepanzert zu werden, werden wir Schritt für Schritt, über mehrere Generationen, eine gesündere Menschheit bekommen. Lesen Sie den Christusmord. Ich glaube fest daran, und ich arbeite sehr aktiv dafür.

Ich hatte eingesehen, daß sie mich mißbraucht hatten, indem ich auf der Straße irgendeine Parole rief, die ich nicht glaubte oder die gar nicht wahr ist. Seitdem bin ich unpolitisch. Ich arbeite aber sehr aktiv für den Schutz ungepanzerter Kinder und für die Sache der Frauen, in vielen Ländern.

Frage: In bezug auf die Erfahrungen beim Cloudbusting: Wie beurteilen Sie die Auswirkungen bei größeren Wohngebäuden, also Hochhäusern, bei denen Stahlbeton und Eisenrohre verwendet werden, als Wasser- oder auch als Abflußleitungen.

Eva Reich: Ich lebe in einem Holzhaus auf dem Land. Meine Antwort ist: heraus aus den Städten, auf dem Land leben. Es geht mir nicht gut, wenn ich längere Zeit in solchen Gebäuden sein muß.

Frage: Ich habe mehrere Bücher von und über A.S. Neill gelesen und nirgends taucht der Name Reich auf. Wie ist das zu erklären?

Eva Reich: Doch er taucht in einigen auf, z.B. in *Neill, Neill, Orange Peel*, es ist eine Art Biographie. Es gibt ein Buch über den Briefwechsel zwischen Neill und Reich, *Zeugnisse einer Freundschaft*. Neill war ein Freund Reichs, er muß ihn ja nicht zitieren. Sie haben sich sehr verstanden, vor allem in bezug auf die Freiheit Jugendlicher. Aber er hat sich nicht getraut, das sagt er auch irgendwo, daß die Schüler in seiner Schule Geschlechtsverkehr haben dürfen. Er hatte Angst, sie schließen ihm die Schule. Er war nicht so revolutionär. Er war auch eigentlich in der Rolle des Patienten. Das sieht man in diesen Briefen. Neill hatte die Lebensenergie überhaupt nicht verstanden. Er war ein wirklich menschlicher Mensch, aber er hatte keine Ahnung von den wissenschaftlichen Folgen dieser Entdeckungen. Ich mochte ihn sehr, und ich wäre gerne als Kind in diese Schule gegangen.

Frage: Können Sie etwas zu Ihrer Schwester und zu Ihrem Bruder sagen?

Eva Reich: Ja. Meine Schwester ist vier Jahre jünger als ich, also jetzt 61 Jahre alt. Sie heißt Dr. Lori Reich-Rubin. Sie lebt in Pittsburgh, Pennsylvania. Sie ist Psychiaterin und lehrt Psychoanalyse. Sie ist sehr beschäftigt, hat wenigstens 20 Privatpatienten und zwei Jobs in Hospitalen. Sie hat drei Kinder, zwei von ihnen sind adoptiert. Sie wurde mit der gleichen Gehirnwäsche behandelt wie ich, und sie war nicht sehr mit unserem Vater befreundet, obwohl sie es versuchte. Es ist eine lange Geschichte... die ihr das Herz gebrochen hat. Wenn Sie in seinem Labor angerufen hat, hat die Sekretärin gesagt: „Machen Sie einen Termin", und meine Schwester war so beleidigt, daß sie nie wieder angerufen hat. Solche Sachen sind passiert. Es war zu schade. Sie kam aber zu seinem Begräbnis und wir sind sehr befreundet, wir lieben einander und wir müssen all diese Themen vermeiden. Sie glaubt gar nicht, daß es eine Orgon-Energie gibt.

Mein Bruder, Peter Reich, ist jetzt 45, hat zwei Kinder, Celia und Nicolas, seine Frau ist Sozialarbeiterin. Er ist jetzt an der medizinischen Fakultät der Boston University. Er arbeitet in der Verwaltung für den Dekan. Er hat schon vieles versucht in seinem Leben, er war Journalist, hat für Staten Island Advanced geschrieben, er war Minister in einer Art Peace Corps, er war in der Armee, er hat jahrelang für eine Health-Food-Cooperative gearbeitet, auf einem Bauernhof in Vermont. Er hat für Magazine Artikel über Gesundheitsthemen geschrieben, nachdem er einen Abschluß in „Public Health Administration" gemacht hat. Man kann dann Hospitäler leiten usw.

Ich bin ihm nicht sehr nahe, wir streiten uns ab und zu. Ich bin ihm zu missionarisch, aber wir sehen uns ab und zu. Er ist ein netter Kerl. Er ist lustig, er war es schon als Kind, und er ist ein herrlicher Vater.

Frage: Sie haben Ihre Therapie so beschrieben, daß Sie „die Zwiebel mit der Wurzel ausreißen". Können Sie dazu noch etwas sagen?

Eva Reich: So beschreibe ich, was ich tue. Ich gehe immer ans Ur-Problem heran. Manchmal ist das ganz arg. Nicht, daß ich nicht vorsichtig bin, ich arbeite mit sanften Methoden, und mit denen kommt oft mehr an Wahrheiten heraus... Aber eigentlich wollte ich nie Therapeutin sein und ich gehörte auch nie zu denen, die mein Vater ausgebildet hat. Ich war eher Assistentin. Ich definiere mich nicht als Therapeutin. Ich bin eher Ärztin. Ich würde sehr gerne mit dem Akkumulator in der Medizin arbeiten, aber in die heutige Medizin kann ich nicht zurück. Ich kann einfach nicht so praktizieren, wie ich will in Amerika. Ich habe noch eine Lizenz in New York State. Die in Maine habe ich zurückgegeben, als ich so viel gereist bin. Ich habe in Australien gearbeitet. Ich habe mit gesunder Ernährung gearbeitet und sah Heilungen, die nur vom gesunden Essen kamen. Ich will eigentlich nicht in die amerikanische Medizin zurück, denn sie erlauben nicht, daß man Krebs heilt. Reich war wie gesagt nicht der einzige, der angegriffen wurde, weil er heilte.

Ich habe sehr viel in Australien gelehrt, ich wollte eigentlich dorthin übersiedeln, nach 1976 war ich jedes Jahr dort. Dort geschieht sehr viel mit Orgonomie, es gibt sehr viel Therapie dort. Die Australier sind offener als die Amerikaner und Europäer. Meine Aktivitäten dort bezogen sich auch auf natürliche Geburt und vertikale Geburt. Ich habe für die „Nursing Mothers of Western Australia" gearbeitet und bin im Westen Australiens herumgereist. Es ist ein sehr fruchtbares Land für diese Art von Arbeit.

Frage: Im Eissler-Interview sagt Reich: „Man kann die Freiheit nicht auf einem ruinierten bioenergetischen System der Kinder errichten." Er hatte erkannt, daß es am wichtigsten ist, in der Arbeit bei Kindern anzufangen, so daß sie sich im Sinne Reichs gesund entwickeln können. Wie ist Ihre persönliche Einschätzung von der Entwicklung der Erde, der Zerstörung des bioenergetischen Systems durch die Menschheit. Hat es jetzt noch Zweck, sich mit Kindern zu beschäftigen, jetzt noch Kinder in die Welt zu setzen?

Eva Reich: Ja, es ist der einzige Weg. Ich gebe die Hoffnung überhaupt nicht auf, auch nicht nach Tschernobyl. Ich beschäftige mich ganz intensiv mit diesem einzigen Weg, den ich für eine bessere Menschheit sehe. Dafür braucht man aber Zeit. Und ich sehe Änderungen im Bewußtsein der Menschheit. Ich freue mich über Gorbatschows Politik und daß man in der DDR etwas lernen will. Ich bin überhaupt nicht pessimistisch.

Kapitel 8

Der Medical DOR-Buster

Wie der Orgon-Akkumulator ist der DOR-Buster ein überraschend effektives Instrument, trotz seiner äußerst simplen Konstruktion. Wilhelm Reich hatte - wie im Bericht beschrieben - das Prinzip der Energie-Entsorgung mit dem Cloudbuster entwickelt: Stagniertes atmosphärisches Orgon, das er DOR nannte, wurde mit Metallrohren und -schläuchen wieder zum Fließen gebracht, indem die Energie in fließendes Wasser abgeleitet wurde.

Dasselbe Prinzip wendete Reich im medizinischen Bereich an. Er bezeichnete auch die in den muskulären Spasmen gebundene Energie als „DOR" und begann, die Muskelpanzer mit einem kleinen Cloudbuster zu behandeln. Die nicht mehr fließende Orgon-Energie wird abgesaugt und ins Wasser geleitet, frische Energie fließt nach. Dieses Prinzip scheint im Organismus genauso zu funktionieren wie in der Atmosphäre. Um mit einem solchen Konzept am lebendigen Organismus arbeiten zu können, ist die gründliche Ausbildung und Praxis als psychiatrischer und als medizinischer Orgontherapeut Voraussetzung. Vielleicht ist das ein Grund dafür, daß über dieses Gerät, den „Medical DOR-Buster" bisher nichts veröffentlicht wurde. Es gibt nur sehr wenige ausgebildete Orgontherapeuten, die fast alle in den USA arbeiten. Dort wiederum gibt es aufgrund der Verbotsverfügung gegen Wilhelm Reich und seine engsten Mitarbeiter, Orgon-Akkumulatoren anzuwenden, keine medizinische Orgonomie mehr. Soweit ich informiert bin, ist der Medical DOR-Buster nur in Deutschland wieder therapeutisch eingesetzt worden.

Zur Zeit werden DOR-Buster kaum noch für den DOR-Abzug aus Muskelspasmen benutzt. Es gibt eine zweite medizinische Anwendung, für die er ebenfalls eingesetzt werden kann: für die Abschwellung von Ödemen und anderen Wasseransammlungen im Organismus vor allem dann, wenn eine Punktion oder chirurgische Entfernung unmöglich oder schwierig ist, z.B. im Gehirn. Wasser und Orgon haben eine feste Bindung aneinander. Wenn man einem Organismus Energie entzieht, geht in demselben Maße die energetische Bindung des Wassers verloren und es kann ausgeschieden werden. Diese Technik scheint großartig zu funktionieren.

Die ersten DOR-Buster habe ich für das Wilhelm Reich Institut in Berlin gebaut, nach den Bau-Angaben von Heiko Lassek. Er hatte diese Konstruktion über Eva Reich erhalten.

Das erste Gerät bestand aus zwei Stativen, auf denen je fünf Eisenrohre von je ca. 100 cm Länge montiert waren. Die Rohre waren über Metallschläuche mit einem Orgon-Akkumulator (ein Würfel mit ca. 80 cm Kantenlänge) verbunden. Dieser ORAC enthielt in seinem Inneren einen Wassertank aus Stahl. Der Tank war direkt an einer Wasserleitung angeschlossen und hatte einen Abfluß. So konnte das Gerät ständig von fließendem Wasser durchströmt werden. Der Wasser-Orgon-Akkumulator sollte die Effektivität der DOR-Buster verstärken.

Einer der nächsten DOR-Buster war genauso aufgebaut, jedoch hatte der Orgon-Akkumulator keinen Wasseranschluß. Stattdessen war er über einen Metallschlauch mit einem Wasserbecken verbunden, in das bei der Anwendung Wasser floß und am Fließen gehalten wurde.

Ich konstruierte dann mit Freunden einige weitere DOR-Buster, einfach nur um deren Funktionsweise zu überprüfen. Ein völlig andersartiges Gerät war ein „leerer Orgon-Akkumulator", der auf die innere Metallschicht reduziert war (also ohne Füllung und ohne Außenschicht). In jeder der sechs Metallplatten war ein Metallschlauch angebracht, der zu einem Wasserbecken mit fließendem Wasser führte. Ein weiteres Gerät war die Erweiterung dieses Kastenprinzips um eine Wasserdurchspülung. D. h. hinter den sechs Metallplatten wurde in Schläuchen und Rohren Wasser durchgeleitet.

Alle diese DOR-Buster funktionierten. Inwiefern und in welchem Maße sie therapeutisch einsetzbar sind, kann ich als medizinischer Laie überhaupt nicht beurteilen. Die Kastengeräte haben eine umfassende, eher gleichmäßige, ganzkörperliche Entladung zur Folge. Die Rohr-Geräte können gezielt aus bestimmten Körperpartien Orgon abziehen. Somit unterscheiden sie sich prinzipiell so wie sich Orgon-Akkumulatoren und Shooter unterscheiden.

Die Beurteilung der Stärke des jeweiligen Geräts ist bisher nur als individuelle Wahrnehmung möglich. Die Tatsache, daß es für diese Technik keine anerkannten Meßverfahren gibt, sollte jedoch nicht dazu verleiten, die orgonomische Technik in den esoterischen Bereich zu packen oder zu meinen, hier müßte man mit esoterischen Methoden vorgehen wie Pendeln, Radiästhesie, Kinesiologie oder Radionik. Natürlich ist es möglich, im individuellen Einsatz dieser Geräte die jeweilige individuelle Diagnostik auch mit den eben genannten Methoden durchzuführen. Die Orgonomie ist jedoch ihrer Herkunft nach eine naturwissenschaftliche Disziplin, die sich den entsprechenden Kriterien unterwirft. Hier kann es zu oft unüberbrückbaren Konflikten in der Beurteilung kommen, vor allem dann, wenn es um die Beurteilung und Beeinflussung physikalisch klar definierter Kriterien geht.

Die subjektive Einschätzung der Stärke der Geräte zeigte, daß diejenigen, die direkt an die Wasserleitung angeschlossen waren, sehr stark wirkten. Aber die anderen, die lediglich über einen Metallschlauch mit fließendem Wasser verbunden waren, hatten ebenfalls eine so große Effektivität, daß der erheblich höhere Aufwand an Technik und Geld nicht nötig zu sein schien.

Die Kastengeräte wirkten wie gesagt Orgon-entziehend auf den Gesamtorganismus. Es ist ein kaltes, unangenehmes, ja unheimliches Gefühl. Der Raum, in dem ein solches Gerät aufgestellt ist, fühlt sich wie ein ungastlicher Kellerraum an, wie ein feuchtes Gewölbe oder wie eine Waschküche, wie sie früher in vielen Mietshäusern im Kellergeschoß zu finden war. Die Wirkung ist neben diesen gefühlsmäßigen Wahrnehmungen eine allgemeine Schwächung und Müdigkeit und bestimmte muskuläre Spasmen treten klarer in Erscheinung wie z.B. Nacken- oder Rückenschmerzen. Ob ein solcher kastenförmiger DOR-Buster überhaupt therapeutischen Nutzen haben könnte, müßte noch geklärt werden.

Die röhrenförmigen DOR-Buster führen demgegenüber zu starken punktuellen Energieverlusten (DOR-Entzug). Dort, in der Muskulatur, kann dann frische Energie nachfließen, d.h. der therapeutische Nutzen besteht darin, Energieblockaden kurzfristig aufzulösen und den natürlichen Energieverlauf im Körper zu initiieren. Ob und inwiefern diese Technik mit der psychiatrischen Orgontherapie austauschbar oder ergänzbar ist, kann ich nicht beurteilen. Ich nehme an, daß ein körpertherapeutisch ausgelöster Energiefluß in Körperregionen, die bis dahin unter Spasmen litten, beständiger und individuell besser vom Patienten selber zu handhaben ist, während der Energiefluß, der durch den DOR-Buster ausgelöst wird, schnell, d.h. ohne monate- und jahrelange Körpertherapie einen entsprechenden Therapieerfolg einleiten kann, was ja bei bestimmten somatischen Erkrankungen evtl. sehr wichtig sein kann.

Die wenigen individuellen Versuche, die wir mit diesen röhrenförmigen DOR-Bustern gemacht haben, lassen vermuten, daß hier ein ebenso weitreichendes Behandlungsfeld liegen kann wie beim Orgon-Akkumulator. Wir haben z. B. die Rohre des DOR-Busters auf Muskelverspannungen am Nacken, Hals und Kopf gerichtet und damit beginnende Migräne aufhalten können. Die Empfindungen, die mit dieser Behandlung einhergingen, waren recht intensiv, was damit erklärt werden könnte, daß die Blockaden von Empfindungen mit dem muskulären Spasmus gleichzeitig oder, wie Reich es nannte, funktionell identisch auftreten. In dem Maße, in dem Körperverspannungen aufgelöst werden, treten auch die blockierten Wahrnehmungen wieder auf. Diese können auch - müssen aber nicht - sehr unangenehm sein. In unseren eigenen Experimenten jedoch wurde die Vitalisierung ehemals stagnierter, nun wieder fließender Körperströmungen als sehr wohltuend wahrgenommen.

Punktuelle Zu- und Ableitung von Orgon

Eine besondere Anwendungsform der Orgongeräte „Shooter" und „DOR-Buster" wurde von Bernd Senf propagiert. Seine Anregung läuft darauf hinaus, die beiden Geräte einzeln oder gemeinsam als Energiever- und -entsorgung entsprechender Akupunkturpunkte zu verwenden. Auch diese Methode sollte jedoch - das ist meine Anregung zu diesem Thema - nur von erfahrenen Akupunktur-Medizinern ausprobiert und medizinisch angewendet werden.

Der DOR-Buster als Mini-Cloudbuster für Wohnräume

Wer mit orgonomischen Methoden umgeht, sollte sich ernsthaft darum kümmern, DOR- und ORANUR-Quellen in der direkten Umgebung zu vermeiden und soweit irgend möglich auszuschalten. Viele Menschen leben jedoch in Umgebungen und Verhältnissen, in denen sie derartigen Emissionsquellen ausgesetzt sind, ohne selbst Einfluß darauf zu haben. Beispielsweise hat ein Fernsehgerät oder ein PC-Kathodenstrahl-Bildschirm ein sehr großes elektromagnetisches Feld auch hinter der Bildröhre, das vom Mauerwerk überhaupt nicht abgeschirmt werden kann. Auch die Felder von Leuchtstoffröhren, von Mikrowellen-Emissionen und von nuklearer Strahlung werden von einem Raum in den nächsten übertragen. Dennoch scheinen einzelne Räume ihr eigenes orgon-energetisches Feld aufzubauen, d.h. auch wenn der Nachbar den Fernseher direkt an der Wand zur eigenen Wohnung stehen hat, herrscht hier dann ein eigenes Energiepotential, das man selber pflegen kann.

Hilfreich sind Grünpflanzen mit möglichst hohem Wasser- und Sauerstoffumsatz, also mit großen und vielen Blättern. Sehr effektiv wirkt offenes fließendes Wasser, also kleine Springbrunnen, die z. B. so gebaut sind, daß Wasser über eine Kaskade von Natursteinen fließt. Natürlich ist es gut -soweit es die Umstände zulassen -, oft und kräftig zu lüften.

Um einen Raum akut - auch immer wieder - von schädlichen energetischen Einflüssen zu reinigen, läßt sich der DOR-Buster einsetzen. Am effektivsten wirkt er, wenn die Metallschläuche in einem Becken mit fließendem Wasser enden, aber da es aufwendig sein kann, in der Wohnung mit vielen Metern Metallschläuchen zu hantieren, kann man auch einen mit Wasser gefüllten Eimer in das Zimmer stellen und die Schläuche darin enden lassen. Der DOR-Buster muß nicht in jede Richtung gedreht werden. Wenn er z. B. in der Zimmertür steht, sollte so gerichtet werden, daß er in die größte Diagonale im Raum gerichtet ist.

Die energetische Wahrnehmung schulen - einige hilfreiche Hinweise

Versuchen Sie selber herauszufinden, welche Zeit Sie benötigen, einen Raum energetisch wieder aufzufrischen, denn es kann hier keinen festen Wert geben. Jeder Raum ist anders und jede energetische Situation ist mehr oder weniger individuell. Versuchen Sie es zunächst mit 15 Minuten, und steigern Sie die Zeit nach Bedarf, wenn das Ergebnis nicht befriedigend ist, um jeweils weitere 15 Minuten. Sie sollten versuchen, die energetischen Eigenschaften des Raumes, den Sie reinigen wollen, eindeutig zu beschreiben. Reich meinte immer wieder zu seinen Mitarbeitern und Studenten, daß sie ihren orgonomischen Sinn ausbilden müßten. Sie mußten nicht nur in jeder Situation genau wissen, was sie fühlten, sondern dies auch immer wieder exakt auszudrücken verstehen. Versuchen Sie immer wieder, dies zu tun, machen Sie mit Ihrem Partner / Ihrer Partnerin eine Art Spiel daraus. Sie werden überrascht sein, wie oft Sie nicht genau wissen, was Sie fühlen, wie oft Sie „indifferent" sind. Diese Indifferenz ist um so seltener da, je mehr Sie mit sich selbst und Ihrer nächsten Umgebung in Kontakt sind. Beobachten Sie sich daraufhin, wie prägnant Ihr orgonotischer Sinn wird, wenn Sie erfüllenden sexuellen Kontakt gehabt haben.

Wenn Sie die Idee haben, einen Raum mit Hilfe eines DOR-Busters zu reinigen, ist ja offensichtlich eine energetische Wahrnehmung da, die Ihnen sagt, daß etwas „nicht in Ordnung" ist. Beschreiben Sie diese Wahrnehmung genau. Ist das Gefühl, das Ihnen der Raum vermittelt dumpf, muffig, tot oder auch aggressiv oder abweisend? Schreiben Sie sich diese Wahrnehmung auf! Es sind Gefühle, die Sie jetzt wahrnehmen. In wenigen Augenblicken können Sie dieses Gefühl vergessen haben, weil sich dann ein anderes in den Vordergrund der Wahrnehmung geschoben hat. Gefühle sind immer an die Gegenwart gebunden, d.h. sie sind nur jetzt wahrnehmbar und immer nur einzeln. Das führt dazu zu meinen, daß Gefühle ewig sind. Auch wenn wir als intelligente Menschen wissen, wie vergänglich Gefühle sind, glaubt das energetische Wesen in uns an die Unvergänglichkeit, die unverrückbar ewige Existenz eines Gefühls. Nur so kann uns eine Verliebtheit in Euphorie versetzen oder ein Verlust in bittre Verzweiflung stürzen. Wenn Sie die Gefühle beschreiben und sie aufschreiben - mit Datum und Uhrzeit - dann werden Sie mit der Zeit ein Protokoll Ihrer Wahrnehmungen haben. Beginnen Sie mit der Beschreibung einer DOR-Situation in einem bestimmten Raum und beschreiben Sie auch die Wahrnehmungen, wenn die energetischen Verhältnisse wieder lebendig und fließend sind. Sie werden sehen, wie hilfreich eine solche disziplinierte Herangehensweise ist.

Vorsichtsmaßnahmen für die Anwendung des DOR-Busters

Während der Orgon-Akkumulator eine gewisse kuschelige Atmosphäre verbreitet und von vielen Menschen sehr erfolgreich als ein Instrument zur Steigerung des individuellen Wohlbefindens angewendet wird, ist der DOR-Buster das genaue Gegenteil. Seine Wirkung ist eher lebensfeindlich und wird als unangenehm empfunden, es sei denn, er wird bei bestimmten krankhaften spasmischen Zuständen oder bei störenden Wasseransammlungen im Körper von einem geschulten Arzt gezielt eingesetzt.

Energie-Entzug kann nicht von jedem Menschen einfach ausgeglichen werden. Auch mit dem Orgon-Akkumulator ist es nicht ohne weiteres möglich, einen Energieverlust problemlos auszugleichen. Deshalb sollte man Versuche mit dem DOR-Buster nur vorsichtig durchführen, ihn kurz anwenden und die Wirkung beobachten, und die Versuche streng mit allen zur Verfügung stehenden Mitteln medizinisch überwachen.

Medizinisch nicht ausgebildete Menschen sollten derartige Versuche ganz unterlassen, besonders an anderen Menschen oder an Tieren.

DOR-Energie hat die Eigenschaft, sich im DOR-Buster anzusammeln, d.h. auch wenn sie in Wasser abgeleitet wurde, bleibt der DOR-Buster gewissermaßen verseucht und energetisch toxisch. Sie sollten daher einen DOR-Buster, der einmal in Betrieb war, nur mit Gummihandschuhen anfassen. Gut ist es, wenn Sie den Aufwand nicht scheuen und es die Konstruktion des Geräts zuläßt, alle Metallteile, also die Rohre und die Eisenschläuche, nach jeder Anwendung einige Zeit ganz in Wasser zu legen. Dann ist der DOR-Buster optimal entladen. Der Metallschlauch muß allerdings, nachdem er naß geworden ist, sehr sorgfältig getrocknet werden, da er nicht rostfrei ist. Ist die Wässerung des gesamten Geräts nicht möglich, sollte man den DOR-Buster zwischen den Anwendungen in einem stabilen Plastiksack aufbewahren.

Falls man einen medizinischen DOR-Buster mit verstärkendem Orgon-Akkumulator benutzt, darf man den ORAC auf keinen Fall außerdem dazu verwenden, Organismen aufzuladen oder sich gar damit zu bestrahlen. Auch Metallgegenstände, die man darin plaziert, könnten DOR-verseucht werden. Laden Sie bitte auch kein Trinkwasser darin auf. Am besten, Sie betrachten diesen ORAC als Teil des DOR-Busters.

Vermeiden Sie bitte, daß unbeteiligte Personen - vor allem Kinder - einen DOR-Buster versehentlich anfassen und damit herumspielen. Ich habe selber einen energetischen Schock bei Cloudbusting-Operationen erlitten, in dessen Folge ich Herz-Rhythmusstörungen bekam, und ich habe einen Mitarbeiter Reichs, Robert McCullough, kennengelernt, der sich an einem Cloudbuster einen „Schlag" geholt hat, von dem er eine halbseitige Lähmung beibehielt, die ihm noch nach über 35 Jahren zu schaffen machte. Wilhelm Reich ist an einem Herzleiden gestorben, das er sich beim Oranur-Experiment, d.h. durch DOR-Verseuchung, zugezogen hatte. Auch James DeMeo und Dr. Eva Reich haben immer wieder vor den Gefahren eines unvorsichtigen Umgangs mit diesen Geräten gewarnt.

Seien Sie sich der Tatsache gewahr, daß Sie mit der Anwendung eines DOR-Busters - auch wenn das Gerät noch so simpel aufgebaut ist - wissenschaftliches Neuland betreten. Seien Sie daher vorsichtig, behutsam und aufmerksam. Glauben Sie nicht, sondern seien Sie sich sicher, was Sie wahrnehmen, was Sie fühlen und was Sie wissen.

Kapitel 9

Bauanleitungen
für orgonomische Geräte

Ich möchte hier die Herstellung der von Wilhelm Reich entwickelten orgonmedizinischen Geräte beschreiben.

Bereits 1976 hatte Bernd Laska eine erste Bauanleitung für Orgon-Akkumulatoren in den „Wilhelm-Reich-Blättern" (Nr. 4/76) veröffentlicht. Einige Jahre später (1979/80) habe ich die erste Bauanleitung in fotokopierter Form verbreitet. Später habe ich das Buch Wilhelm Reichs „The Orgone Energy Accumulator - It's Scientific and Medical Use" übersetzt. Da ich die deutschen Veröffentlichungsrechte nicht bekommen konnte, habe ich die Inhalte dieses Buches mit eigenen Worten im Buch „Der Orgon-Akkumulator nach Wilhelm Reich" veröffentlicht, einschließlich einer ausführlichen Bauanleitung und erster Erfahrungsberichte. Inzwischen sind einige weitere Bauanleitungen erschienen. Vor allem möchte ich hier das 1994 in deutsch erschienene Buch von James DeMeo „Der Orgon-Akkumulator - ein Handbuch" erwähnen, da es die umfangreichste und materialreichste Neuerscheinung zum Thema Orgon-Akkumulator seit dem Tode Wilhelm Reichs darstellt. Die Bauanleitungen in diesem Buch sind allerdings recht allgemein gehalten.

Die Konstruktionen, die ich hier beschreibe, sind das Ergebnis jahrelanger Erfahrungen in Bau und Anwendung der Orgon-Geräte, die ich seit 1977 selber hergestellt und angewendet habe. Seit ca. 1980 habe ich mit vielen kleinen und großen Pausen die Geräte auch kommerziell hergestellt. Ich habe in der Zwischenzeit viele kleine Verbesserungen gemacht, (ohne an den Vorgaben Reichs etwas zu ändern), so daß ich meine, die Konstruktion ist ausgereift; dennoch will ich nicht ausschließen, daß immer noch Verbesserungen möglich sind, wenn man andere Produktionsmöglichkeiten hat.

Die Bauanleitungen, die ich hier vorstelle, sind im Vergleich zu den früher veröffentlichten erheblich vereinfacht, und ich gebe auch nicht mehr jedes Maß und jeden Handgriff vor. Zum einen sind regional recht unterschiedliche Maße für Holz, Dämmplatten etc. erhältlich, zum anderen möchte ich den Eigenbau nicht zu sehr durch Vorgaben einengen.

Folgende Bauanleitungen biete ich an:
— Standard-Orgon-Akkumulator (3 bis ca. 20 Doppelschichten) für die
  ganzkörperliche Bestrahlung, d.h. zum Hineinsetzen
— vereinfachter 3-schichtiger Orgon-Akkumulator zum Hineinsetzen (nach
  James DeMeo)
— Shooter (kleiner 5- bis 10-schichtiger Orgon-Akkumulator mit
  Lokalbestrahlungs-Schlauch) ca. 30 x 30 x 30 cm
— 20- und mehrschichtiger Shooter ca. 50 x 50 x 50 cm
— 3-schichtige Orgon-Decke und Orgon-Kissen
— Diverse Geräte für die orgonomische Erste Hilfe: Orgon-Reagenzglas-
  Strahler, Orgon-Kaffeeglas-Strahler, Orgon-Plastikrohr, Orgon-Pflaster

Material-Beschreibungen

Wilhelm Reich hat nur bestimmte Materialien für medizinische Orgon-Akkumulatoren zugelassen, und diese Vorgaben sowie seine Warnungen sollten
unbedingt beachtet werden. Machen Sie nicht den Fehler, darüber hinwegzu-
sehen. Orgonomische Geräte haben trotz ihrer simplen Konstruktion erhebliche Wirkungen auf Energiesysteme und Organismen. Wir wissen bisher sehr
wenig über die Wirkungsmechanismen, jedoch ist die organismische Unverträglichkeit bestimmter Materialien (z. B. Aluminium und Kupfer bzw. verschiedene Plastiksorten) bekannt.

Metall

Als Metall ist nur Eisen zugelassen. Da reines Eisen rostet, wird verzinktes
Eisenblech verwendet. Auch reines Stahlblech kann benutzt werden und DeMeo
gibt auch Weißblech, also verzinntes Eisenblech als mögliches Material an.
Bei rostfreien Stahlblechen, die erheblich teurer sind als verzinkte Eisenbleche, und die für sehr unterschiedliche industrielle Anwendungen hergestellt
werden, sind meist weitere, oft noch nicht einmal deklarierte Metalle beigemischt, denn bei diesem Material sind durchaus unterschiedliche Legierungen
üblich. Daher sollte man auf rostfreien Stahl weitgehend verzichten.
    Zur Diskussion der Frage, ob Aluminium oder Kupfer für die Konstruktion
von Orgon-Akkumulatoren als gefährlich einzuschätzen sind, möchte ich auf
einige Zitate orgonomischer Wissenschaftler hinweisen.
    Wilhelm Reich schreibt im Orgone Energy Bulletin Vol. 1, Nr. 3, July 1949,
Seite 133:

„Wir fanden heraus, daß für lebende Organismen nur Eisen- oder Stahl-
bleche verwendet werden dürfen. Experimente mit anderen Metallen

haben bei lebenden Organismen zu negativen Ergebnissen geführt. ...
Sowohl Metallfolie (aus Aluminium und aus Kupfer) wurde in Tierversuchen untersucht wie auch Aluminiumfarbe. Die Ergebnisse dieser Experimente machen es ratsam, bei Experimenten an lebenden Organismen nur Eisen zu verwenden."

Aus diesem Zitat geht hervor, daß Reich u.a. zu Aluminium und Kupfer biologische Experimente durchgeführt hat, die ihn zu diesen Äußerungen veranlaßt
haben. Da das Archiv Reichs, das in der Harvard Universität liegt, bis zum
Jahr 2007 für die Öffentlichkeit verschlossen ist, muß man sich mit mündlichen Hinweisen seiner ehemaligen Mitarbeiter begnügen, die entsprechende
Aussagen gemacht haben. So hat der 1980 verstorbene Dr. Walter Hoppe, der
einzige ehemalige Mitarbeiter Reichs, der sich jemals in Deutschland niedergelassen hat, vor Aluminium als Material für Orgon-Akkumulatoren gewarnt.
Auch Eva Reich, die Tochter Reichs, die in den USA lebt und lange als orgonomische Ärztin gearbeitet hat, sagte, daß Reich Aluminium als ungeeignet
identifiziert hat.

Der orgonomische Naturwissenschaftler Dr. James DeMeo, der Leiter des
„Orgone Biophysical Research Laboratory" ist, hat orgon-biophysikalische
Versuche zu Aluminum durchgeführt. Im „Journal of Orgonomy", Vol 9, Nr. 1
schreibt er im Artikel „Die Wirkungen von fluoreszentem Licht und Metallkästen auf das Pflanzenwachstum":

„Reich wies darauf hin, daß bestimme Metalle der Orgon-Energie eine
lebensnegative Qualität verleihen, wenn sie in einem Akkumulator Verwendung finden und daß Eisen und Stahl die einzigen lebenspositiven
orgon-reflektierenden Metalle sind. Ich habe diese Entdeckung in verschiedenen Experimentalserien nachvollzogen, wobei ich offene Kulturschalen mit Mung-Bohnen in lichtundurchlässigen Metallkästen (10" x
10" x 2") aus verzinktem Eisen, Aluminium, Kupfer und Blei plaziert habe.
Die aus Eisen haben das Sprossenwachstum erheblich mehr gefördert
als Blei, Aluminium und Kupfer. ... Kupfer-, Blei und Aluminumkästen
hatten alle eindeutig lebensnegative Auswirkungen auf das Sprossenwachstum, wobei keines von ihnen deutlich negativere Effekte hatte."

Im „Orgon-Akkumulator-Handbuch" schreibt DeMeo auf S. 42: „In Orgon-
Akkumulatoren, die für lebende Organismen verwendet werden sollen, besonders wenn sie für die Nutzung durch Menschen vorgesehen sind, müssen
Kupfer, Aluminium und andere Nicht-Eisen-Metalle strikt vermieden werden,
da sie *toxische Wirkungen* erzielen."
Wilhelm Reich hat in seinem medizinischen Standardwerk „Die Entdekkung des Orgon - Der Krebs" nur darauf hingewiesen, daß Orgon-Akkumulatoren aus Eisen gebaut werden müssen. Auch in seinem Buch „The Orgone

Energy Accumulator - It's Scientific and Medical Use" hat er geschrieben: „Für medizinische Zwecke darf nur Eisen verwendet werden."

Eisenbleche

Verzinkte Eisenbleche sind das einzige Material, das als Innenschicht bei medizinischen Orgon-Akkumulatoren zugelassen ist. (Ein anderes mögliches Material wäre ein Geflecht aus verzinktem Eisendraht, was ich bei einem alten Orgon-Akkumulator in den USA gesehen habe. Diese Lösung hat jedoch neben dem viel höheren Preis den Nachteil, daß Feuchtigkeit [Schweiß] eindringen kann, was die Wirksamkeit erheblich herabsetzen könnte.)

Verzinktes Eisen wird ab 0,5 mm Dicke in Tafeln von 1000 x 2000 mm angeboten. Um es eventuell mit einer Blechschere oder mit einer Stichsäge zu bearbeiten, sollte man kein dickeres Blech nehmen. Die Verarbeitung des Eisenblechs von Hand ist nicht einfach. Wer darin keine Erfahrung hat, sollte es sich zuschneiden lassen. Das Blech läßt sich jedoch sehr einfach (mit etwas Übung) mit einer elektrischen Hand-Blechschere bearbeiten, die man evtl. bei einem Werkzeugverleih bekommt. Sehr effektiv kann man das Blech mit einer großen Tafel-Blechschere schneiden. Da die Schnittlänge jedoch mindestens 130 cm betragen muß, können nur sehr große Scheren angewendet werden, die nur in professionellen Metallbearbeitungs-Betrieben zu finden sind.

Nach James DeMeo kann man auch Weißblech gut für Orgon-Akkumulatoren verwenden. Er benutzt sie als „Orgon-Lader" für Pflanzen, Samen etc., indem er Weißblechdosen zu kleinen Akkumulatoren weiterverarbeitet. Weißblech ist verzinntes Eisen. Man sollte das Material vorsichtshalber nicht für medizinische Geräte anwenden, da Zinn nicht zu den von Reich freigegebenen Metallen gehört.

Stahlwolle

Stahlwolle ist das Eisenmaterial, das in den Innenschichten von medizinischen Orgon-Akkumulatoren und in Orgon-Decken und -Matrazen verwendet wird. Reich hat zuerst auch große Akkumulatoren mit Innenschichten aus Eisenplatten gebaut. Das hat neben den erheblich höheren Kosten und dem enormen Gewicht auch keine physikalischen Vorteile, denn die Stahlwolle hat relativ zur Masse eine sehr große Oberfläche und das scheint für den energetischen Effekt entscheidend zu sein.

Für Orgon-Decken empfehle ich die Verwendung feinster Stahlwolle auch als Innenschicht (ganz innen ist dann eine Schicht Stoff). Manche Autoren geben Stahldrahtgewebe an, was ich für eher unzweckmäßig halte, weil es unflexibel ist und knickt, so daß man sich verletzen kann, außerdem ist dieses Drahtgeflecht sehr teuer.

Stahlwolle wird in Baumärkten in 200-g-Packungen angeboten, sowie im Fachhandel in Rollen à 5 Kilo. Es gibt sie in verschiedenen Feinheiten von Nr. 0000 (feinste Sorte) bis Nr. 5 (gröbste Sorte). Alle sind für die Konstruktion von Orgon-Geräten geeignet. Die feinste Sorte hat relativ die größte Oberfläche und ist am besten geeignet, Orgon-Energie zu leiten. Ich selber verarbeite 12-cm breite 5-kg-Rollen.

Holz

Als Isolator-Material für medizinische Orgon-Akkumulatoren sind Holz, Holzfaserdämmplatten, Glas- und Mineralwolle zugelassen, sowie auch Materialien wie Kork, Baumwolle, Wolle, Acrylstoff, Wachs und Erde. Holz ist als Material für die Rahmen der Orgon-Akkumulatoren notwendig. Es hat keine besonders guten Eigenschaften zur Akkumulation von Orgon-Energie. Holz ist kein echter Isolator im elektrischen Sinne und kann nicht elektrostatisch geladen werden. Bei elektrischen Versuchen am Orgon-Akkumulator wurde festgestellt, daß schon eine verzinkte Schraube, die in eine - relativ frische - Holzleiste (Kiefer-Dachlatte) geschraubt wird, eine Spannung von bis zu 0,5 Volt ergibt. Die Spannung wurde mit einem handelsüblichen Meßgerät gemessen, wobei die Meß-Elektroden an der Schraube und direkt am Holz angebracht wurden. Auch die Schichten der Stahlwolle, die im Orgon-Akkumulator mit dem Holz in Verbindung steht, ergeben eine meßbare Spannung, die sogar mit der Anzahl der Schichten von Isolator und Leiter, die übereinander gelegt werden, linear ansteigt. Dieser Effekt ist mit den in den Holzporen eingeschlossenen Flüssigkeiten zu erklären, die einerseits einen galvanischen Effekt (Batterie) ergeben, andererseits den entstehenden Strom durch das Holz leiten können.

Die Dicke der einzelnen Seiten der Orgon-Akkumulatoren, also die Maße der Holzleisten, richtet sich nach der Anzahl der Doppelschichten, die in die Seiten hineingelegt werden. Pro Doppelschicht rechnet man 0,5 bis 1 cm. Ein zehnschichtiger Akku, in den je neun Schichten Stahl- und Mineralwolle gelegt werden, wird also aus ca. 4,5 cm bis 9 cm breiten Holzleisten hergestellt. Es hat keinen nachteiligen Einfluß auf die Akkumulationswirkung, wenn die Innenfüllungen stärker zusammengepreßt werden.

Holzfaserdämmplatten

Reich hat für die Außenseite der Akkumulatoren „Celotex" verwendet, ein Material, das den Holzfaserdämmplatten hierzulande sehr ähnelt, obwohl Celotex etwas härter zu sein schien, soweit ich das bei älteren Originalgeräten Wilhelm Reichs in den U.S.A. feststellen konnte. Holzfaserdämmplatten wurden von Dr. Walter Hoppe angegeben, der als ehemaliger medizinischer Mitarbeiter Reichs Ende der 70er Jahre in München gearbeitet hat. Es sollten keinesfalls Spanplatten verwendet werden, wie in der Reich-Biographie David Boadellas irrtümlich angegeben wurde.

Holzfaserdämmplatten sind weich und porös, d.h. sie sind nicht durch Bindemittel verleimt, sondern bestehen aus locker gebundenen feinsten Holzfasern. Der Wasseranteil dieses Materials ist extrem gering. Sie scheinen spezielle physikalische Fähigkeiten zu haben, die sie als Material für Orgon-Akkumulatoren besonders geeignet machen. Die faserige, offenporige Struktur der Holzfaserplatten geben ihnen eine sehr große Oberfläche, was einen ähnlichen Effekt hat wie bei der Lunge, die der atmosphärischen Energie ebenfalls eine große Oberfläche bietet. Sie sind in sehr großem Maße fähig, Luftfeuchtigkeit zu binden und geben diese auch wieder an die trockenere Luft ab. Sie verhindern so, daß Feuchtigkeit in den Orgon-Akkumulator eindringt und und fördern sogar vielleicht die Reduktion der relativen Luftfeuchtigkeit in der unmittelbaren Umgebung. Da die Orgon-Energie bei geringerer relativer Luftfeuchtigkeit freier ist, bedeutet schon dies eventuell eine Steigerung des Akkumulationseffekts. Die Holzfaserdämmplatten werden in Platten von 122 x 244 cm (bzw. 122 x 275 cm und 122 x 305 cm) angeboten, in Stärken von 10, 13 und 20 mm. Es sind aber auch andere Maße im Handel. Es gibt Platten, die einseitig mit Papier beschichtet sind und unbeschichtete, die vorzuziehen sind, da sie in beide Richtungen besser durchlässig sind. Die 10 und 13 mm dicken Platten lassen sich gut mit einem scharfen Teppichmesser schneiden, dickere schneidet man besser mit einer Kreis- oder Plattensäge.

Glas- und Mineralwolle, Wolle, Baumwolle und Acylstoffe

Als innere Isolatoren-Schichten wurde Glas- oder Mineralwolle (auch Steinwolle) verwendet. Glaswolle ist sehr gefährlich in der Verarbeitung, da dieses Material die Hände und auch die Lunge angreift. Es steht im Verdacht, wie Asbest Lungenkrebs-Auslöser zu sein. Ebenso unangenehm in der Verarbeitung ist Steinwolle. Beide Materialien dürfen nur mit Atemschutz (Staubmaske) verwendet werden. Nicht ganz so schlimme Eigenschaften scheint die weiße, lose Mineralwolle zu haben, die in 8,5- und 10-kg-Beuteln erhältlich ist. Ich habe sie jahrelang zum Bau von Orgon-Akkumulatoren benutzt und habe durch sie geringere Beeinträchtigungen verspürt als durch die anderen Materialien. Dennoch war die Belastung eindeutig vorhanden. Ich fühlte mich − je länger ich regelmäßig damit arbeitete − bei der Arbeit mit diesem Material und am darauffolgenden Tag wie vergiftet. Ich hatte wochenlang Hustenanfälle und Reizungen an Händen und Armen. Ich bin daher dazu übergegangen, Fliese von gekämmter Wolle zu verwenden.

Überhaupt nicht zu empfehlen sind die (gelben) Dämmfasermatten, die etwas hart sind und in einzelnen Lagen übereinanderliegen. Deren Verarbeitung ist scheußlich unangenehm. Auch die graue Steinwolle führt bei der Verarbeitung zu Atembeschwerden.

Sind die Materialien erst einmal im Orgon-Akkumulator verarbeitet, dürften sie keine negativen Wirkungen mehr haben, wenn sie nicht austreten können. Eventuell sollte man jedoch die feinen Ritzen zwischen dem Eisenblech und dem Holzrahmen abkleben oder mit einer Dichtungsmasse zukitten. Die lose Mineralwolle läßt sich sehr gut in einzelne dünne Lagen auseinanderziehen, so daß man die Schichten u.U. auch extrem dünn legen kann. Für einen 10-schichtigen Orgon-Akkumulator braucht man ungefähr 5-8 kg, je nach Verarbeitungsdicke.

Baumwolle und Wolle wurden auch von Reich als Material für Orgon-Akkumulatoren und -Decken verwendet. Baumwolle (Rohbaumwolle ebenso wie Watte) hat den großen Nachteil, langfristig Luftfeuchtigkeit zu binden und nicht wieder abzugeben, so daß die Akkumulationswirkung besonders bei Decken und Matrazen mit der Zeit nachläßt, wenn sie nicht nach Gebrauch in der Sonne oder am Ofen getrocknet werden. Wenn man Baumwolle in Orgon-Akkumulatoren verwendet, könnte dieser Nachteil durch die Fähigkeit der Dämmplatten, Feuchtigkeit zu binden, aufgehoben werden. Es gibt jedoch meines Wissens darüber keine Erfahrungswerte.

Ich habe erfahren, daß James DeMeo für seine Orgon-Akkumulatoren rohe gekämmte Wolle verwendet, was ich neuerdings ebenfalls in der kommerziellen Produktion anwende. Die gekämmte Wolle sollte so fett wie möglich sein, da der natürliche Fettgehalt der Wolle eine hohe Resistenz gegen Feuchtigkeit gibt, d.h. je fetter die Wolle ist, desto weniger Luftfeuchtigkeit kann sie aufnehmen. Da die industriell gewaschene und gekämmte Wolle sehr wenig Restfettgehalt hat, nimmt sie schnell große Mengen an Feuchtigkeit auf. Man muß sie also vor der Verarbeitung gut trocknen, z.B. mit dem Föhn oder sie über die Heizung legen oder auch – was am besten ist – die fertig gelegten Schichten einige Zeit in die Sonne legen. Das Metall heizt sich sehr stark auf und die Wolle verliert alle Feuchtigkeit. Die intensive Sonnenbestrahlung scheint den Akkumulator insgesamt zu verbessern, vielleicht gibt das Sonnenlicht auch eine "Information" im weitesten Sinne in den Akkumulator.

Gekämmte Wolle ist jedoch nicht billig. Man bekommt sie evtl. in Spinnereien. Fragen Sie nach Kammzug oder „Krempelwolle". Für einen 10-schichtigen Akkumulator braucht man ca. 3-5 kg, je nachdem, wie fein man die Wolle ausbreitet.

James DeMeo gibt an, daß auch Acrylstoff als Material gut verträglich ist, sowie „styrene plastic". Andere Plastikmaterialien lehnt er als unverträglich ab. Besonders die Verwendung von Acrylstoff dürfte für die Anwendung in Orgon-Decken, -Matrazen und -Akkumulatoren sehr interessant sein. Alle Plastikmaterialien haben erheblich stärkere Fähigkeiten, Orgon zu binden als die anderen angegebenen Materialien, so daß es eine erhebliche Verstärkung darstellt, wenn man Orgon-Geräte mit Acrylstoff baut. Man müßte sich jedoch vergewissern, daß es sich um reines Acryl handelt und daß keine eventuell organismisch unverträglichen Materialien beigemischt sind.

Ich weiß, daß besonders die gesundheitsbewußten Menschen oft synthetische Stoffe ablehnen. Es wurde jedoch gerade in letzter Zeit festgestellt, daß in Baumwoll- und Wollstoffen z.T. extreme Mengen an chemischen Mitteln sind (gerade auch in „Natur"-Baumwolle, da die Baumwollherstellung unter großem Einsatz von Pestiziden und anderen Chemikalien geschieht). Wenn man die Acrylstoffe in Orgon-Geräten verwendet, sie also nicht wie bei Kleidung längere Zeit auf der Haut tragen muß, könnten sie gegenüber den Naturstoffen durchaus auch in bezug auf Verträglichkeit vorteilhaft sein.

Wachs

Reines Bienenwachs (Kerzenwachs) soll nach Reich und DeMeo die besten Akkumulationswirkungen haben und auch für medizinische Geräte gut anwendbar sein. Da es zerbrechlich ist, kann es mit einer dicken Schicht Schellack überzogen werden. (Schellack nur außen!)

Da Wachs teuer und schwer zu verarbeiten ist - es müßte gegossen, oder, was noch teurer ist, in den dünnen Wachsplatten für Rollkerzen angewendet werden - dürften Akkumulatoren aus diesem Material eher selten gebaut werden, d.h. Wachs ist eher für Shooter und kleinere Versuchsgeräte realistisch.

Ich verwende Wachs im "Mini-Orgon-Shooter" als letzte Schicht vor der Platte aus verzinktem Eisen. Dieses Material verbessert die Akkumulationswirkung erheblich. Langfristige Erfahrungen existieren aber noch nicht. In diesem Zusammenhang ist auch interessant, daß Reich empfiehlt, Körperstellen, die intensiv geladen werden sollen, vor der Bestrahlung einzufetten, da dann mehr Energie absorbiert werden kann.

Erde

James DeMeo berichtet: „Man hat Akkumulatorexperimente mit Metallkästen gemacht, die man mit guter, dunkler, von Pestiziden und Herbiziden freier Erde umgeben hat. Die größeren sahen aus wie Rübenmieten oder Hügelgräber. Einige WissenschaftlerInnen sind der Ansicht, daß in vorgeschichtlicher Zeit die Menschen die Lebensenergie kannten und aus ihr Nutzen zogen. Es gibt alte Hügel oder Bauten, die eine Schichtbauweise erkennen lassen und bei denen tonreiche Erde oder Steine mit hohem Eisengehalt verwendet wurden, überdeckt mit Schichten humusreicher Erde oder von Torf." (DeMeo, S. 64/65)

Ich sehe bei Orgon-Geräten, die unter Verwendung von Erde gebaut werden, in erster Linie das Problem der Feuchtigkeit. Man sollte die Erde sorgfältig entwässern - im Backofen auf Blechen ausgebreitet bei niedriger Hitze alle

Feuchtigkeit entweichen lassen, ohne die Erde verkohlen zu lassen -, bevor man sie in einem Orgon-Akkumulator anwendet. Sicher ist auch entsprechend behandelter Seesand gut für Orgon-Geräte geeignet, da dieser Sand, nach Wilhelm Reich, die Sonnenenergie über lange Zeit gespeichert hat. (Wilhelm Reich hat seine Bion-Experimente unter Verwendung von Meersand gemacht. Bei der mikroskopischen Untersuchung der Präparate - Bione und Einzeller -, die sich aus diesem Sand entwickelten, bekam er Bindehautentzündungen. Seine Haut bräunte sich, als er sich längere Zeit in dem Kellerraum aufhielt, in dem er seine Sand-Bione aufbewahrte und direkt auf die Haut aufgetragen entwikkelte sich Sonnenbrand an den bestrahlten Stellen.) Auch reiner Quarzsand oder Quarzmehl müßte sehr gute orgonomische Fähigkeiten zur Speicherung von Orgon-Energie haben. Ob Quarz für organismische Orgon-Akkumulatoren verwendet werden kann, müßte dennoch zuerst mit entsprechenden biologischen Tests ermittelt werden.

Metallschlauch „BX-Kabel"

Der von Reich entwickelte Orgon-Shooter ist ein kleiner Akkumulator, aus dessen Innenraum ein isolierter Metallschlauch nach außen geführt wird. Mit diesem kann dann ein relativ großes, konzentriertes Potential an eine bestimmte Körperstelle geleitet werden. Besonders hoch ist dieses Potential, wenn der kleine Akkumulator wieder in einem größeren steht. Am Ende des Schlauchs hat Reich einen Metalltrichter angebracht, um die Bestrahlungsfläche wieder auf die erforderliche Größe (z.B. den Bauch, eine Brust etc.) zu bringen. Der Schlauch aus verzinkten Eisen wird für die Elektrotechnik (z.B. als Hörer-Kabel in öffentlichen Telefonzellen und für andere Telefon-Kabelleitungen) speziell hergestellt und ist nur im Fachhandel erhältlich.

Standard-Akkumulator

Der Standard-Akkumulator ist das Modell, das ich sehr oft hergestellt habe und dessen Konstruktion ich immer weiter in vielen Details optimiert habe.

Als erstes stellt sich immer die Frage nach der Anzahl der Doppelschichten. Meine Empfehlung lautet, sich einen zirka 10-schichtigen Akkumulator zu bauen, wenn man nicht unter Überladungskrankheiten leidet (also z.B. Herz-Kreislauf-Beschwerden). Ärzten, die Patienten mit Unterladungs-Krankheiten und Biopathien wie Krebs in Orgon-Akkumulatoren setzen, rate ich ebenfalls zu mindestens 10-schichtigen Geräten, da bei schwächeren Akkumulatoren die anfänglichen Behandlungszeiten sehr lange ausfallen können. Dr. Hoppe, der langjährig auch nach Reichs Tod in Israel mit medizinischen Akkumulatoren gearbeitet hat, hat 20-schichtige Akkumulatoren verwendet.

Meine eigenen Beobachtungen lassen den vorläufigen Schluß zu, daß es nicht unbedingt nur die Anzahl der Schichten ist, die die Wirksamkeit von Orgon-Akkumulatoren ausmacht, sondern die Fläche, an der sich Metall und Isolator berühren. Das würde bedeuten, daß der Grad der Feinheit der Stahlwolle sowie der Wolle oder Glaswolle und die geschickte Ausbreitung der Materialien in den Akkumulatorwänden ein ebenso entscheidender Faktor ist wie die Anzahl der Doppelschichten. Sollte diese Annahme stimmen, könnten die Schichten des Orgon-Akkumulators auch konstruiert werden, indem z.B. Quarzmehl und feinste Stahlspäne oder Stahlwolle in dünnen Schichten übereinander ausgeschüttet werden. Die Technik und Wirkungsweise der Orgon-Akkumulatoren ist so wenig erforscht, daß in dieser Richtung durchaus noch erheblicher Forschungsbedarf besteht. Dennoch ist es sinnvoll, sich immer zuerst einen konventionell gebauten Orgon-Akkumulator anzuschaffen und dessen Wirkungsweise zu studieren, bevor man veränderte Konstruktionen herstellt. Denn wer mit veränderten Konstruktionen beginnt, hat keine Erfahrungswerte, mit denen die erzielten Ergebnisse verglichen werden können. Man weiß dann also nicht, ob die Wirkungen auf die bekannten Konstruktionsprinzipien oder auf die jeweilige Veränderung zurückgeführt werden und wird in der Regel keine verwertbaren Ergebnisse erreichen.

Maße und Zuschnitte

Die Abmessungen sollten so gestaltet sein, daß man im Orgon-Akkumulator bequem aufrecht sitzen kann, ohne die Wände berühren zu müssen. (Man darf die Wände berühren, der Ladungseffekt stellt sich jedoch optimal ein, wenn wenige cm Abstand zwischen Körper und Wänden bleiben.) Der Orgon-Akkumulator ist um so effektiver, je geringer der Abstand der Bleche vom Körper ist, ohne sie zu berühren, d.h. je kleiner der Innenraum ist.

Als Innenmaße für schlanke Personen bis ca. 190 cm Körpergröße haben sich folgende als optimal herausgestellt: Höhe 130 cm, Breite 55-60 cm, Tiefe 70 cm. Für breitere Menschen und im Falle, daß der Akkumulator von vielen unterschiedlichen Menschen benutzt werden soll, sollte als Breite 60 cm gewählt werden. Breiter sollte er nur gebaut werden, wenn ausgesprochen korpulente Menschen das Gerät benutzen wollen. In diesem Falle sollten alle Maße individuell mit Pappen oder Platten festgestellt werden. Die hier angegebenen Maße müssen dann überarbeitet werden. Ich gebe in der Bauanleitung die oben beschriebenen Grundmaße an. Die 60 cm breite Version ist immer in Klammern mit aufgeführt. Die Außenmaße richten sich nach den Holzleisten, d.h. der Anzahl der Doppelschichten. Die Konstruktion des Standard-Akkumulators bietet eine optimale Materialnutzung und die Konstruktionsangaben können für jede Wandstärke angewendet werden, ohne überarbeitet werden zu müssen. Ich gebe hier eine Konstruktion mit 20x50 bis ca. 20x150 mm starken Brettern vor, die für einen Orgon-Akkumulator von 3 bis 30 Schichten geeignet ist, d.h. pro Doppelschicht rechnet man mit 0,5 bis 1 cm Rahmenbreite.

Die Rahmen
bestehen aus gehobelten Brettern, die mit je 4 Spax-Schrauben 3,5 x 50 zusammengeschraubt werden (vorbohren!)

Die Rahmen haben folgende Maße:

2 Seitenenelemente: 70 x 130 cm

1 Rückenelement: 55 (60) x 130 cm

2 Boden-/Deckenelemente: 55,2 (60,2) x 69,5 cm

1 Tür-Element: 57 (62) x 132 cm

Die Tür wird je 2 cm breiter und höher konstruiert, so daß sie die Türöffnung des Orgon-Akkumulators in jedem Falle vollständig bedeckt, auch wenn das Gerät etwas schief oder wackelig ausfallen sollte. Wenn die Tür das exakte Maß der Öffnung hat, fällt jede noch so kleine Winkelabweichung sehr auf.

Die gesamte Konstruktion ist so entwickelt, daß das hintere Element etwa 5 mm zwischen die beiden Seitenwände eingerückt wird. Dadurch erhält das Gerät trotz seiner leichten Bauweise eine ausreichende Stabilität.

Dämmplatten:

Man benötigt 3 Platten im Maß 122 x 244 cm. Sie werden mit Gipsplatten- nägeln oder besser mit Rückwandschrauben an die Rahmen gebracht, nach- dem diese gefüllt wurden. Warten Sie sinnvollerweise mit dem Zuschnitt solan- ge, bis Sie die einzelnen Rahmen fertig haben, damit sie genau passend zuge- schnitten werden können.

Metallplatten:

Man benötigt 3 Platten 0,5 mm starkes verzinktes Eisenblech. Lassen Sie

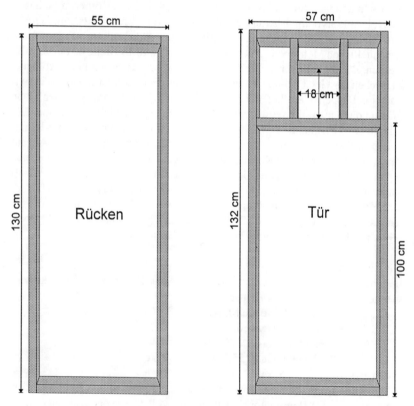

Holzrahmenkonstruktion für Rücken und Tür

sich die Bleche möglichst in einem Fachbetrieb mm-genau zuschneiden. Sie können sich auch für den Zuschnitt in einem Werkzeugverleih eine elektrische Hand-Blechschere leihen. Zur Not geht es auch mit einer Stichsäge. Mit einer Hand-Blechschere sollte man es nicht versuchen. Die Metallplatten werden in Länge und Breite je 5 mm kleiner als die Rahmen zugeschnitten. Damit man sich nicht an den scharfen Kanten schneiden kann, werden sie nämlich je ca. 2,5 mm eingerückt. (Man muß das geschnittene Metall außerdem entgraten.)

Das Metall wird mit einem Körner durchschlagen und mit Spax-Schrauben 3x16 (Elektro-Schrauber!) angeschraubt oder mit ca. 20 mm langen Nägeln, z.B. Blauköpfen, angenagelt.

Die Metallplatte für die Tür wird aus zwei Teilen zusammengesetzt. Aus dem oberen kleinen Teil wird die Fensteröffnung ausgeschnitten. Zuschnitt siehe Abbildung, unterer Türteil: 2B, oberer: 3C. (Abb. nächste Seite).

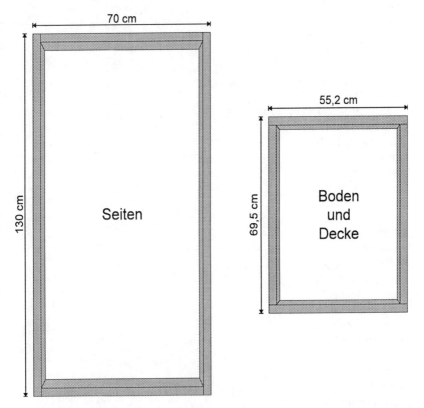

Holzrahmenkonstruktion der Seitenteile, Boden und Decke

Zuschnitt der Metallplatten:

Platte 1: 1a: 1295 x 695 mm: Seitenelement
          1b: 690 x 545 mm (690 x 595 mm):   Boden-/Decken-Elem.
          1c: ca. 550 x 300 mm (ca. 600 x 300 mm)   obere Sitzplatte
          1d: ca. 550 x 280 mm (ca. 600 x 280 mm)   vordere Sitzplatte
Platte 2: 2a: 1295 x 695 mm: Seitenelement
          2b: 1000 x 565 mm (1000 x 615 mm):   unteres Tür-Element
          2c: 545 x 295 mm (595 x 295 mm)   Schild
          2c: 545 x 295 mm (595 x 295 mm)   Schild
Platte 3: 3a: 1295 x 545 mm (1295 x 595 mm)   Rücken-Element
          3b: 690 x 545 mm (690 x 595 mm):   Boden-/Decken-Elem.
3c: 315 x 565 mm (315 x 615 mm).   Türelement oberer Teil
                                                    Ausschnitt 19x19 cm

Schilde: Die Schilde werden aus zwei Hartfaserplatten 30 x 55 cm (30 x 60 cm) konstruiert, die auf Holzleisten 18 x 45 mm geschraubt werden. Die Bleche werden im Maß 29,5 x 54,5 cm (29,5 x 59,5 cm) zugeschnitten (Teile Nr. 2C und 2D). Die Rahmen werden mit je zwei Schichten Stahlwolle und Isolierwolle gefüllt, die Bleche werden gekörnt und aufgeschraubt.

Die Schilde werden mit zwei kleinen Scharnieren miteinander verbunden. Sie werden im fertigen Akku auf die entsprechenden Auflageleisten gelegt. Festgehalten werden sie durch die leichte Innenwölbung der Metallplatten.

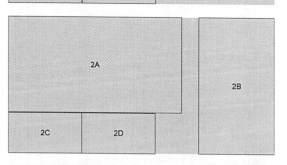

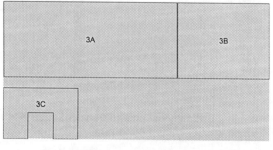

Sitz: Der Sitz besteht aus zwei Tischlerplatten von 16 oder 20 mm Stärke, die durch zwei Scharniere miteinander verbunden werden oder die einfach stumpf aufeinandergeschraubt werden. Im Akkumulator liegen sie auf zwei Leisten auf, die in 30 cm Höhe fest an die Seiten-Elemente geschraubt wurden. Die genauen Maße der Platten mißt man am besten im fertig zusammengebauten Orgon-Akkumulator aus, damit man sie passend zuschneiden kann.

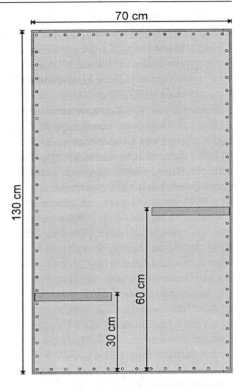

Wenn man die beiden Platten auf der Innenseite mit einer Metallschicht beschlägt (Zuschnitt-Abbildung, Nr. 1 C und 1D), ergibt sich zusammen mit den Teilen des Akkus ein kleiner Akkumulator, in den man Wasser, Nahrungsmittel oder Präparate usw. plazieren kann, um sie energetisch aufzuladen. Man kann einen Kabelschutzschlauch so daran anbringen, daß er durch ein Loch in der vorderen Platte geführt mit dem inneren Blech in Kontakt steht. Somit erhält man einen einfachen, aber sehr wirkungsvollen „Shooter", einen Lokalstrahler, den man während der Sitzungen im Akkumulator benutzen kann. Am Ende des Metallschlauches kann man einen Trichter aus verzinktem Eisen anbringen. Für diesem Zweck kann man eine spezielle Klemmschraube verwenden, die in das Ende des Kabelschutzschlauchs geschraubt wird. Die Größe des Trichters kann man entsprechend der Größe der zu bestrahlenden Körperstellen wählen. Eine gute Größe ist ein Trichter mit ca. 15 cm Öffnungs-Durchmesser. Man sollte ihn aus Papier konstruieren, und wenn die Konstruktion in Ordnung ist, diese auf einen Rest des verzinkten Eisenblechs übertragen und ausschneiden. Die Außenseite des fertig gebogenen Trichters wird mit festem Gewebeband beklebt.

Möbelbeschläge: Die Teile des Akkumulators werden mit Trapez-Möbelverbindern zusammengesetzt. Man kann dann den Akkumulator innerhalb weniger Minuten auf- oder abbauen. Die Tür wird mit einem aufschraubbaren Repa-

ratur-Möbelband angebracht. Ein Magnetverschluß wird unter der Tür angeschraubt. Wer will, kann sich Rollen (Bockrollen, je 50 kg Tragkraft) unter den
Akku schrauben.

Arbeitsablauf

1) Bretter für die Rahmen zuschneiden lassen (Kappsäge).
2) Bleche zuschneiden lassen, in je ca. 5 cm Abstand körnen (durchschlagen)
und mit Spax 3x16 anschrauben (elektr. Schrauber).
3) Leere Rahmen auf die Rückseite der Dämmplatten legen und diese mit einer
scharfen Klinge (Teppichmesser) zuschneiden. Die Dämmplatte für das Boden-Element noch nicht zuschneiden.
4) Auflageleisten für Sitz und Schilde montieren: von innen an die Bleche der
Seitenteile schrauben, d.h. körnen und mit einigen Schrauben 3,5x16 befesti-
gen. (Achtung! linke und rechte Seite Spiegelverkehrt montieren.) .
5) In das Boden-Element werden unter die
Metallplatte ca. 6 Leisten (18x45 mm) gesetzt,
die von zwei Querleisten gehalten werden.
Der Boden soll dadurch trittfest werden.
6) Alle Teile außer der Tür werden mit Tra-
pez-Verbindern montiert. Das Boden- und
Decken-Element wird ca. 5 mm zwischen die
Seiten-Elemente eingerückt und das Rücken-
Element wird ebenfalls ca. 5 mm zwischen die
Seiten-Elemente eingerückt.
7) Die fertigmontierten Rahmenteile werden
nicht auseinandergenommen, sondern Seite
für Seite mit Stahl- und Schafwolle gefüllt und
mit der entsprechenden Dämmplatte ver-

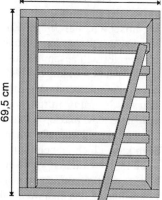

schlossen. Die Seite, die man füllen will, wird nach oben gedreht.
In einen zehnschichtigen Akkumulator werden je neun Schichten Stahlwolle
und gekämmte Schafwolle (oder Mineralwolle) hineingelegt. Auf das Blech
kommt als erstes Schafwolle. Sie wird auf einem Tisch auseinandergerollt, dann
können lagenweise dünne Schichten abgenommen und in die Elemente gelegt
werden. (Bei Anwendung von Mineralwolle eine Staubmaske tragen!)
    Für eine Metallschicht werden je zwei Stränge Stahlwolle ca. 5-10 cm länger
als das Element abgeschnitten, etwas auseinandergezogen und vorsichtig auf
der Wolle ausgebreitet. (Mit etwas Übung kann man auch nur einen Strang
Stahlwolle je Schicht verwenden und sehr dünn ausbreiten, die Dicke der Metallschicht ist für den Akkumulations-Effekt unerheblich.) Die letzte Schicht, bevor man das Element mit der Dämmplatte verschließt, ist Stahlwolle. Die jeweilige Dämmplatte wird mit Gipsplattennägeln oder mit Rückwandschrauben im

Abstand von je 8 cm befestigt.

8) Unter das Bodenelement werden vorne und hinten zwei Latten (18x45 mm) von 55,2 cm (60,2 cm) Länge geschraubt. Nun erst wird die Dämmplatte so zugeschnitten, daß sie zwischen die beiden Latten paßt und unter das Boden-Element geschraubt. An den beiden Latten werden auch falls erwünscht die Bockrollen angebracht.

9) Wenn die fünf Elemente gefüllt sind, den Akku auf den Rücken legen und die Tür auflegen und füllen. Bevor die Dämmplatte aufgeschraubt wird, darauf achten, daß die Tür absolut plan aufliegt, damit sie gut schließt. Scharniere und Magnetschnapper anbringen.

10) Sitzbrett und Schilde bauen (siehe oben).

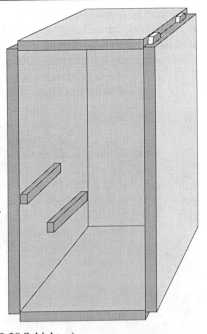

Material für Standardakkumulator (5-20 Schichten)

Menge	Material	Einzel	Gesamt
25 m	gehobelte Bretter 20 x 100 mm	6,-	150,-
10 m	Latten 18 x 45 mm	1,-	10,-
3 Tafeln	0,5 mm verzinktes Eisen. 1000 x 2000 mm	50,-	150,-
	Miete Blechschere oder Zuschnitt		20,-bis 100,-
9 qm	Holzfaserdämmplatte, 1 cm stark 122x244	6,-	54,-
5 - 15 kg	Stahlwolle Typ 000 (in 5-kg-Rollen)	95,-	95,- bis 285,-
4 - 12 kg	gekämmte Schafwolle (Kammzug)	36,-	144,- bis 432,-
10 kg	lose Mineralwolle (alternativ zu Schafwolle)		60,-
0,4 qm	Hartfaserplatte	6,-	2,-
0,4 qm	Tischlerplatte	35,-	12,-
600	Spax-Schrauben 3 x 16	-,02	12,-
150	Gipsplattenstifte bzw. Rückwandschrauben	-,03	5,-
32	Spax-Schrauben 3,5 x 50	-,05	2,-
12	Trapez-Möbelverbinder mit Schrauben	1,-	12,-
2	Aufschraub-Türbänder	8,-	16,-
2	kleine Scharniere	2,-	4,-
1	Magnetschnapper		2,-
1,5 m	Kabelschutzschlauch mit Klemmschraube		42,-

Gesamtpreis (Spanne aller Alternativen) ca. 650,- bis 1300,-

Die Preise beziehen sich auf Einzelhandels- oder Kleinmengenpreise im Raum Bremen 1995. Ich will nicht ausschließen, daß es regional erhebliche Preisunterschiede geben kann und daß es möglich ist, die Materialien in Fabriken und Großhandlungen billiger zu beziehen.

Einfacher, 3-schichtiger Akkumulator (nach James DeMeo)

Dieser Orgon-Akkumulator wurde von mir nach Kosten-Gesichtspunkten und für eine möglichst einfache Herstellungsweise entwickelt. Er ähnelt sehr dem Gerät, das James DeMeo in seinem Orgon-Akkumulator-Handbuch beschreibt, ist jedoch nicht wie das von DeMeo in einem Stück gearbeitet, sondern wie der Standard-Akkumulator aus fünf Teilen plus Tür zusammengefügt. Wie bei DeMeo wird bei der Tür auf ein Fenster-Guckloch, dessen Herstellung doch einiges handwerkliches Geschick erfordert, verzichtet und nur oben und unten ein Luftschlitz offengelassen. Wer diesen Nachteil nicht in Kauf nehmen möchte, dem empfehle ich, die Tür nach der Bauanleitung des Standard-Akkumulators zu bauen. (Maße entsprechend anpassen!)

Maße

Die Innenmaße des Geräts sind: 122 cm hoch, 60 cm breit und 70 cm tief.

Da die Holzfaserdämmplatten im Maße 122 cm lieferbar sind, ist dieser Akkumulator 122 cm hoch konstruiert. Sollten die Dämmplattenmaße in anderen Größen lieferbar sein, lohnt es sich, die Maße dieser Konstruktion eventuell zu überarbeiten. Die Höhe von 122 cm ist für Menschen bis ca. 180, maximal 185 cm Größe geeignet. Man sitzt in dem Gerät um so tiefer, je größer man ist, d.h. die Sitzhöhe wird der Körpergröße angepaßt. Diese eher hockende Sitzhaltung ist jedoch nur für relativ junge und gelenkige Menschen angebracht. Wer bequem sitzen will oder muß, sollte die Innenhöhe des Orgon-Akkumulators auf alle Fälle nach der optimalen Sitzhaltung konstruieren bzw. gleich den Standard-Akkumulator bauen.

	Dämmplattenmaße	Maße für verzinkets Eisen
2 Seitenteile:	122 x 70 cm	121,5 x 69,5 cm
1 Rückenteil:	122 x 66 cm	121,5 x 60 cm
2 Teile (oben/unten):	73 x 66 cm	70 x 60 cm
1 Tür:	105 x 62 cm	100 x 61,5 cm

Man benötigt 3 Tafeln verzinktes Eisenblech 2000 x 1000 mm, 0,5 mm Stärke. Es empfiehlt sich, die Tafeln zuschneiden zu lassen. Die Reste sollte man für die Konstruktion kleiner Orgon-Akkumulatoren mitnehmen.

Die Dämmplatten sollte man sich - wenn man keine Präzisions-Säge hat - vom Tischler im exakten Maß zuschneiden lassen.

Die Holzrahmenteile werden aus Holzleisten (z.b. gehobelte Latten im Maß ca. 18 x 43 mm) im Dämmplattenmaß zugeschnitten.

Bauweise

Die Latten werden mit der flachen Seite mit der Dämmplatte verschraubt. d.h. die einzelnen Elemente sind dann ca. 2,85 cm dick: 1 cm Dämmplatte, 1,8 cm Holzleiste und 0,5 mm Metallplatte.

Sie werden auf einem Arbeitstisch jeweils für ein Teil zusammengelegt, die jeweilige Dämmplatte wird aufgelegt. Es muß darauf geachtet werden, daß der Arbeitstich absolut eben ist, sonst passen die Teile später nicht zusammen. Ebenso müssen die rechten Winkel stimmen. Die Dämmplatten werden mit Flachkopf-Nägeln angenagelt (Nägel höchstens 20 mm lang) oder besser noch mit Rückwand-Schrauben (25 mm lang) mit den Latten verschraubt.

Die sechs Teile werden mit je zwei Schichten Wollflies (oder einem Ersatzmaterial wie Mineralwolle) und zwei Schichten Stahlwolle gefüllt. Auf die Dämmplatte wird zunächst Stahlwolle ausgebreitet (pro Schicht werden zwei Stränge 12 cm breite oder drei Stränge 8 cm breite Stahlwolle à ca. 125 cm abgeschnitten und auf die halbe Breite auseinandergezogen), dann Mineralwolle, Stahlwolle und Mineralwolle. Man kann jetzt durchaus noch mehr Schichten Stahlwolle und Mineralwolle hineinlegen, denn die Füllung kann zusammengepreßt werden. Will man jedoch einen Orgon-Akkumulator mit mehr als 5 Schichten bauen, sollte man sich für die Konstruktion eines Standard-Akkumulators entscheiden.

Die Metallplatten werden (ca. alle 4 - 5 cm) mit einem Körner durchschlagen und an die Leisten geschraubt (z.B. mit Spax-Schrauben 3 x 16)

Unter die Metallplatte des Bodenteils kommt eine Sperrholzplatte (73 x 66 cm, ca. 9 mm dick), damit sie trittfest wird. Die Sperrholzplatte wird einfach zusammen mit der Metallplatte aufgeschraubt (Spax 3 X 25).

Die fünf fertigen Rahmen werden zusammengeschraubt. (12 Spax-Schrauben 3.5 x 40). Die richtige Lage der Rahmen ergibt sich eindeutig aus den

Maßen. Stellen Sie die Rahmen zuerst zusammen, um sich zu vergewissern. Genauso wird die Tür zusammengebaut. Die Tür wird aufgelegt und mit zwei Scharnieren (besser mit zwei Aufschraub-Reparaturbändern) angebracht, so daß der Spalt oben und unten gleichmäßig (bzw. nach eigenem Geschmack) verteilt ist.

Für den nun fertigen Orgon-Akkumulator wird eine Sitzbank (Tischlerplatte 60 x 30 cm, 16 mm dick) gebaut. Die entsprechende Höhe des Sitzbretts sollte man nach der eigenen Körpergröße (Bücher drunterlegen) feststellen. Über dem Kopf sollten mindestens ca. 3 cm Raum bleiben, wenn man ganz aufrecht sitzt. Falls mehrere verschieden große Personen den Akkumulator benutzen wollen, sollte die größte das Sitzbrett ausmessen, die kleineren können dann Kissen hineinlegen. Oder es wird eine Bank für jede Größe gebaut.

Die Bank wird sehr einfach gebaut, indem ein unten offener Kasten hergestellt wird. Wer einen Shooter oder einen kleinen Orgon-Akkumulator zum Aufladen von Wasser, Lebensmitteln, Samen etc. haben möchte, der kann sich diese Sitzbank innen mit Blech (aus den Resten) beschlagen. In den großen Akkumulator hineingestellt wirkt dieser als Orgon-Akkumulator. (Natürlich kann man die Sitzbank auch als kleinen mehrschichtigen Orgon-Akkumulator weiter ausbauen.) In das Holz und das Metall wird jeweils ein Loch geschnitten, in das der Shooter-Schlauch hineinpaßt, so hat man einen sehr effektiven Lokal-Bestrahler (siehe auch unter „Shooter").

Man kann weiterhin ein einfaches Brustschild herstellen, indem man einen Rahmen von 30 x 60 cm herstellt. Die Leisten werden auf eine Hartfaserplatte 30 x 60 cm aufgeschraubt. Dieser Rahmen wird mit je zwei Schichten Mineralwolle und Stahlwolle gefüllt, dann wird ein Blech 29,5 x 59,5 cm aufschraubt. Dieses Brustschild kann man sehr gut vor sich im Akkumulator festklemmen, da die Bleche der Seiten eine leichte Innenwölbung haben, die das Schild festhalten. Hat das Schild an den Seiten noch so viel Spiel, daß es nicht festklemmt, kann man Filzgleiter auf die Leisten kleben.

Materialliste für 3-schichtigen „DeMeo-Akku"

Menge		Einzel-preis	Gesamt-preis
3	Tafeln verzinkte Eisenbleche 1x2 m	50,-	150,-
	Zuschnitt (sehr unterschiedliche Preise)		
	oder Miete für Schere		ca.100,-
24 m	Holzleisten 18 x 43 mm	1,00	24,-
6 qm	Holzfaserdämmplatten (2 Pl. 122 x 244 cm), 1 cm	6,-	36,-
600	Spax-Schrauben 3 x 16	-,03	18,-
0,5 qm	Sperrholz ca. 10 mm (73 x 66 cm)	36,-	18,-
50	Spax-Schrauben 3,5 x 25		5,-
12	Spax-Schrauben 3,5 x 40		3,-

2 kg	(8,5kg-Sack) lose Mineralwolle oder		40,-
1 kg	Wollflies		30,-
12 Pck.	Stahlwolle Sorte 0 bis 0000	6,-	72,-
400	Rückwand-Schrauben 3 x 20	-,05	20,-
2	Scharniere 20 x 40 mm		5,-
0,5 qm	Tischlerplatte 16 mm	25,-	12,50
	60 x 30 cm, 60 x (25) cm, Stück 28,4 x (25) cm		
	(Maß in Klammern abhängig von der Körpergröße)		
	Hartfaserplatte 30 x 60		3,-
	Gesamtpreis ungefähr		*400,- bis 500,-*

Orgon-Shooter

Der „Shooter" („Ka-
none" oder „Strah-
ler") ist ein kleiner
Orgon-Akkumula-
tor für Experimente,
für die Bestrahlung
kleiner Präparate,
Wasser, Lebensmit-
tel etc., die im klei-
nen Innenraum des
Akkumulators auf-
geladen werden
können. Außerdem
dient der „Shooter"
für die Lokalbe-
handlung kleiner
Körperbereiche. Zu
diesem Zweck ist

ein außen isolierter Metallschlauch (Kabelschutzschlauch aus verzinktem Ei-
sen) mit der inneren Metallplatte verbunden. Am äußeren Ende des Schlauches kann die Orgonladung aus dem Inneren des Orgon-Akkumulators ge-
nutzt werden. D.h. die gesamte Orgonladung des Akkus steht am Schlauch-
ende zur Verfügung, weshalb der „Shooter" auch ein äußerst potentes Gerät
ist. Um die eher punktförmige Bestrahlungsfläche am Ende des Schlauches auf
eine größere Fläche zu verteilen, hat Reich an diesem Ende einen ebenfalls
außen isolierten Metalltrichter angebracht. Die Form und Größe dieses Trichters kann der Größe der zu behandelnden Körperstelle angepaßt werden.
   Der Shooter, der dem von Wilhelm Reich entwickelten Gerät sehr nahe kommt,

ist ein Würfel von ca. 30 cm Kantenlänge. Der Metall-Innenraum ist ca. 20x20x20 cm groß, wenn der Deckel eingesetzt ist. Der Metallschlauch ist am Deckel montiert. Die Anzahl der Doppelschichten, die in diesen Orgon-Akkumulator eingelegt werden können, kann zwischen 0 (d.h. nur ein-schichtiger ORAC) und 9 (10-schichtiger ORAC) variieren. Für physikalische Versuche (nicht für Versuche an Lebewesen!) können auch andere Materialien angewendet werden.

Für diese Konstruktion schlage ich Kanthölzer im Maß 18 x 46 mm vor. Sie können jedoch alle möglichen Leisten benutzen, die ungefähr 15 bis 20 mm stark und 40 bis 60 mm breit sind und müssen nur die entsprechenden Maße umrechnen.

Als Außenschicht verwende ich Holzfaserdämmplatten (1 cm stark), als Innenschicht 0,5 mm dickes verzinktes Eisenblech. Zur Füllung wird möglichst feine Stahlwolle (Sorte 0 bis 0000) sowie Wollflies oder eines der Ersatzmaterialien verwendet.

Materialliste

Holzleisten 18 x 46 cm: 4 Stück 28 cm, 4 Stück 26,2 cm, 4 St. 19 cm, 4 St. 16,5 cm
1-cm-Dämmplatten: 2 Stück 28 x 28 cm, 2 Stück 28 x 30 cm, 2 Stück 30 x 30 cm
Verzinktes Eisen 0,5 mm stark: 1 St 64,5 x 19 cm, 2 St 27,5 x 19 cm, 1 St 18 x 18 cm

Stahlwolle oder gekämmte Schafwolle, 16 Spax-Schrauben 3,5 x 30, 4 Spax-Schrauben 3,5 x 60, ca. 50 Rückwandschrauben 3 x 25, ca. 20 Spax 3 x 16, breites Gewebe-Klebeband, 1,5 m isolierter Kabelschutzschlauch mit 2 Spezial-Klemmschrauben.

Arbeitsablauf

1) Alle Materialien werden nach der Liste zugeschnitten.

2) Die Leisten werden nach Zeichnung zusammengeschraubt. Bitte beachten: die oberen Querleisten (19 cm) werden mit langen Schrauben 3,5 x 60 befestigt.

3) Um der Konstruktion Stabilität und exakte Rechtwinkligkeit zu verleihen, werden die Dämmplatten mit jeweils 4 Schrauben befestigt.

4) Das lange Blech (64,5 x 19 cm) wird in je 23 cm rechtwinklig abgeknickt, so daß drei Felder entstehen von 23, 18,5 und 23 cm. Dieses U-förmig gebogene Blech wird in den fertigen Rahmen eingelegt und es braucht nur am oberen Rand mit je drei Schrauben befestigt zu werden. Blech mit einem Körner durchschlagen und mit Spax 2,5 x 16 anschrauben.

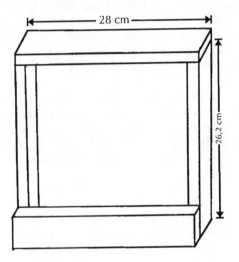

5) Dann werden die beiden Bleche 29 x 19 cm sowohl am oberen Rand wie auch an der unteren Leiste angeschraubt. Die Kanten der drei Bleche, werden dort, wo sie aneinanderliegen, mit festem Gewebe-Klebeband miteinander verklebt.

6) Die Seiten werden mit Schafwolle und mit Stahlwolle gefüllt. Man kann jede Seite einzeln füllen oder man legt alle Schichten in einem großen Rechteck von ca. 50 x 94 cm und schneidet dieses dann auseinander: ein Stück 50 x 15, zwei Stück 46 x 25, zwei Stück 18 x 18 cm, ein Stück 15 x 36 cm.

Auf das Blech kommt als erste Schicht Schafwolle, dann

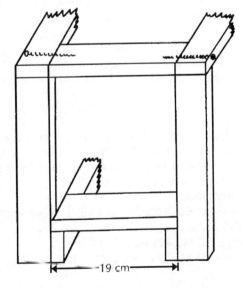

Stahlwolle etc. Als letzte Schicht Stahlwolle vor der Dämmplatte. Die Seiten dieses Shooter sind ca. 4,5 cm breit, es können darin 4 - 15 Doppelschichten untergebracht werden.

7) Die vier Leisten für den Deckel werden zusammengeschraubt und so an der Dämmplatte angebracht, daß der Rand auf jeder Seite gleich breit wird. Mit einem Bohrer, der den Durchmesser des Kabelschutzschlauches hat (Topfbohrer) wird genau in die Mitte der Dämmplatte ein Loch gebohrt. (Hat man keinen passenden Bohrer, muß man ein möglichst großes Loch bohren und es dann mit einer runden Feile oder Raspel vorsichtig auf das richtige Maß feilen.)

8) Ebenfalls in der Mitte der Metallplatte für den Deckel wird mit einem Körner ein Loch geschlagen, das dann mit einer kleinen Blechschere auf das notwendige Maß geschnitten wird, um die Spezial-Klemmschraube anbringen zu können.

9) Das Deckel-Element wird gefüllt und in die Mitte der Füllung wird ein Loch geschnitten, durch das der Kabelschlauch geführt werden kann.

10) Auf beiden Seiten des Kabelschutzschlauches wird eine Klemmschraube befestigt, die eine Seite wird dann mit dem Innenblech verschraubt, an die andere Seite kann man einen Trichter oder eine Scheibe anbringen.

Trichter

Man kann sich aus einem Blechrest, z.B. aus der Türfensteröffnung einen einfachen Trichter selber herstellen, indem man aus einem Kreis von 15 bis 30 cm Durchmesser ein Viertel bis ein Drittel herausschneidet und den Kreisausschnitt zu einem Trichter zusammenbiegt. Er wird mit einem Gewebeband zusammengehalten und außen vollständig beklebt. Man sollte unbedingt vorher aus Pappe einen Trichter herstellen, damit man auch die Maße für den inneren kleinen Kreis feststellen kann, der ausgeschnitten werden muß. Um den Trichter mit einer Klemmschraube am Kabelschutzschlauch zu verbinden, muß er einen kleinen Falz am inneren Kreis bekommen.

Größere Shooter

Nach dem oben gezeigten Bauprinzip kann man natürlich auch stärkere Shooter bauen. Wenn man ca. 10 cm breite Leisten nimmt und der Innenraum ca. 28 x 28 x 28 cm groß ist, wird der Shooter ca. 50 x 50 x 50 cm groß. Diesen Shooter kann man mit 9 bis ca. 30 Schichten füllen.

Materialliste

Glattkantbretter 95x18 mm: 6 Stück 48 cm, 4 Stück 44,4 cm, 4 Stück 29 cm, 4 Stück 27 cm

Leiste ca. 18 x 46 mm: 2 St. 48 cm

Bleche: 1 Stück 29 x 100 cm, 2 Stück 29,5 x 40 cm, 1 St. 28,5 x 28,5 cm

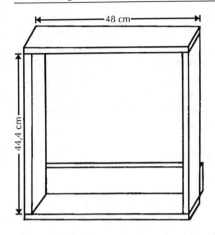

Dämmplatten: 2 Stück 48 x 48 cm, 2 Stück 48 x 50 cm, 2 St. 50 x 50 cm *Stahlwolle, Wolle, Schrauben, Gewebe-Klebeband, sowie Kabelschutzschlauch und Klemmschraube.*

Abweichend von der Konstruktion des kleinen Shooters werden die zwei Rahmenteile – der besseren Stabilität wegen – aus je 3 Brettern à 48 cm und zwei Brettern à 44,4 cm hergestellt. Die beiden Rahmenteile werden dann mit den 4 Brettern à 29 cm verbunden. Die oberen beiden Bretter werden mit je einer Leiste 18 x 46 mm à 48 cm unterlegt.

Orgon-Decke

Orgon-Decken lassen sich sehr einfach herstellen. Ein Baumwollstoff wird mit drei Lagen möglichst feiner Stahlwolle und zwei Lagen gekämmter Wolle gefüllt. Die Decke sollte nicht zu groß sein, ca. 90 x 150 cm. Die Lagen werden mit einigen Steppnähten fixiert.

Orgon-Decken haben in dieser Bauweise keine ausgesprochene Metallseite. Sie werden dadurch wirksam, daß der Organismus, der darin eingewickelt ist, als das stärkere System wirksam wird und Orgon-Energie anzieht.

Es gibt auch die Möglichkeit, als innerste Schicht ein Stahldrahtgewebe zu verwenden, damit die innere Schicht wie beim Orgon-Akkumulator aus Metall ist. Ich habe diese Konstruktion ausprobiert und empfand sie nicht stärker als die zuerst beschriebene Decke. Stahldrahtgewebe hat neben dem unerhört hohen Preis auch den Nachteil, ziemlich unflexibel zu sein und zu knicken und dann kann man sich am geknickten Drahtgewebe verletzen.

Improvisierte Orgon-Akkumulatoren

Man kann, soweit man die Materialvorgaben Reichs einhält, aus allen möglichen Materialien Akkus und Shooter herstellen.

Kaffeeglas-Shooter

Jemand, der lange Zeit Zahnprobleme hatte, hat sich kleine, handliche Mini-Shooter aus leeren Nescafe-Gläsern gemacht, in die er Stahl- und Mineralwolle in möglichst vielen dünnen Schichten hineinstopfte. Die letzte Schicht,

die er in die Nähe der Wange hielt, war aus Stahlwolle. Dieses sehr einfache
Prinzip wurde dann noch verbessert, indem auf die Öffnung eine passend
geschnittene Platte aus verzinktem Eisen geklebt wurde. So kann in den Strahler keine Feuchtigkeit eindringen, was ihn sehr lange zu einem effektiven Gerät
macht. Dieser Mini-Shooter kann sehr gut in einem normalen Shooter oder
einem Orgon-Akkumulator aufgeladen werden. Man kann ihn auch zum Aufladen in die Sonne stellen oder, was am effektivsten ist, in einen Shooter, den
man in die Sonne plaziert.

Plastikrohr-Shooter

Man kann natürlich auch Plastik-Rohre oder Plastik-Dosen in dieser Weise
füllen. Bei Plastik-Materialien sollte man jedoch prinzipiell sehr vorsichtig
sein, weil es viele verschiedene Sorten gibt, deren energetische Wirkung auf
den Organismus nicht bekannt ist. Das am besten erforschte und als unbedenk-
lich zugelassene Material ist Acryl. Man kann also ein Acryl-Rohr füllen und
eine Seite mit einer passenden Acryl-Platte verschließen und die andere mit
einer Platte aus verzinktem Eisen.

Weißblechdosen-Shooter

James DeMeo beschreibt, daß man für Pflanzen-Experimente sehr gut auch
Weißblechdosen verwenden kann, die man mit Stahl- und Mineral- oder Schaf-
Wolle umwickelt und außen mit einer Schicht Plastikfolie, um das Eindringen
von Feuchtigkeit zu verhindern. Man muß jedoch darauf achten, daß die Weiß-
blech-Dosen nicht innen lackiert sind, denn die Dosen für Lebensmittel sind
heutzutage überwiegend innen mit einer Plastikschicht versehen.

Orgon-Stab aus einem Reagenzglas

Für die Innenbehandlung der Vagina, z. B. bei Pilzinfektionen, läßt sich sehr gut
ein Reagenzgläschen mit Stahlwolle füllen. Für die Behandlung kann es dann
außerdem noch in das offene Ende eines Shooter-Schlauchs gesteckt werden.

Orgon-Pflaster

Ich habe mir einmal einen Finger in einem Scharnier so gequetscht, daß der
Fingernagel aus seinem Nagelbett gerissen wurde. Es hat schrecklich geschmerzt
und ich habe mir ein Orgonpflaster aus Stahlwolle und Wollstoff so hergestellt, daß ich es direkt auf die Fingerkuppe setzen konnte. Der Schmerz hat
nach kurzer Zeit nachgelassen und ist immer nur dann wieder aufgetreten,
wenn ich das Pflaster abgenommen habe.

Orgon-Decke für Erste Hilfe

Als sich mein einjähriger Sohn mit kochendheißem Tee einen Arm verbrannt hatte, habe ich ihn sofort unter die kalte Dusche gestellt und die Verbrennung zweiten und dritten Grades notärztlich versorgen lassen. Er hat vor Schmerzen geschrien. Da ich keine fertige Orgondecke hatte, habe ich ihm aus Stahlwolle und Wollstoff schnell, d.h. innerhalb weniger Minuten, eine kleine Orgondecke mit einem Büro-Klammerer zusammengetackert und ihm die Decke um den verbrannten Arm gewickelt und bin mit ihm in den großen Orgon-Akkumulator gegangen. Er war nach einer Stunde frei von Schmerzen, nach zehn Tagen war die Wunde verheilt und nach sechs Wochen war nichts mehr von der Verbrennung zu sehen.

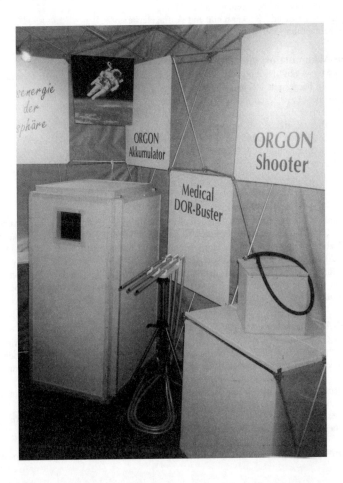

Orgon-Akkumulatoren
bei Fischer-ORGON-Technik

Der Standard-Akkumulator
ist das Grundmodell, das ich seit Jahren herstelle und immer weiter optimiert habe. Die Innenmaße (130 hoch, 70 tief und 60 breit) sind für weitgehend normalgewichtige Menschen bis ca. 187 cm Körpergröße geeignet. Der Standardakkumulator ist in Höhe und Breite variabel bestellbar, um besonders kleinen, breiten oder großen Menschen entsprechen zu können.
* 3 bis 20 und mehr Doppelschichten
* Wandstärke: ca. 55 mm (bis 10 Schichten), ca. 105 mm (bis 20 Schichten)
* mit Möbelverbindungen schnell und einfach montierbar
* Shooter-Sitz (mit Metallschlauch und Trichter) 2 Sitzhöhen ca. 30 und 40 cm
* Außenseite aus stoffbezogenen Dämmplatten
* klappbares Brust-und Beckenschild mit Auflageleiste
* Innenbeleuchtung mit Batterie-Lampe (auf Wunsch)

Orgon-Akkumulator, einfache Version ("DeMeo"-Akku)
Der "DeMeo-Akku" ist ein vollständiger Orgon-Akkumulator, der möglichst einfach und preisgünstig hergestellt wurde.
* Innenmaße: ca. 122 cm hoch, 70 tief, 60 breit
* mit Möbelverbindungen schnell und einfach montierbar
* mit Sitzbrett (Sitzhöhe ca. 25 cm),
* Tür ohne Fenster (Türmaß: ca. 61 x 100 cm) (Konstruktion nach DeMeo)
* einfaches Brustschild zum Einklemmen
* Außenseite aus Holzfaserdämmplatten ohne Stoffbezug

Kombinations-Akkumulator
3+5 bis 10+10 Schichten
Der Kombi-Akkumulator ist ein Standard-Akkumulator, der sowohl als z.B. 3-schichtiges wie als 10-schichtiges Gerät benutzt werden kann. Ein Teil der Schichten ist in herausnehmbaren Rahmen untergebracht, die ohne viel Aufwand gewechselt werden können, d.h. der Kombi-Akku besteht aus zwei ineinandergeschobenen Orgon-Akkumulatoren.
Der Kombi-Akkumulator ist z.B. dann sinnvoll, wenn in einer Arztpraxis sowohl hochgeladene Patienten in einem möglichst schwachen 3-schichtigen Akkumulator behandelt werden sollen, als auch unterladene Patienten, für die ein sehr starkes Gerät sinnvoller ist.

Möbel-Akkumulator
Um den Orgon-Akkumulator besser in das Wohnungs- oder Praxismobiliar integrieren zu können, habe ich auf mehrfachen Wunsch ein Gerät entwickelt, das höheren ästhetischen Ansprüchen entspricht. Funktion, Ausstattung und Maße entsprechen dem Standardakkumulator

Außerdem: Orgon-Shooter, Orgon-Decken, Medical DOR-Buster, Mini-Shooter und Mini-DOR-Buster, sowie Videos zur Orgonomie, Orgonomische Adressenliste
Lassen Sie sich unsere Informationsbroschüre "Lebensenergie aus der Atmosphäre" zuschicken (Bitte schicken Sie uns DM 3,- für Porto in Briefmarken).

Fischer-ORGON-Technik – Schlußdorfer Str. 52 – D-27726 Worpswede

"...eine bemerkenswerte und mitreißende Biographie..." NewYorkTimes

Myron Sharaf
Wilhelm Reich -
Der heilige Zorn des Lebendigen
Die Biografie
Aus dem Amerikanischen von Jürgen Fischer.
ISBN 2-922389-60-0, Hardcover mit Leinenrücken,
640 Seiten, DM 59,-

„Wer war er wirklich, dieser Mensch Wilhelm Reich, dessen Leben von Kontroversen gezeichnet war, den die Leute liebten und haßten, der aus fünf Ländern fliehen mußte, der erst Freuds Liebling war und dann vom psychoanalytischen Establishment gehaßt und verstoßen wurde? Warum wurde er 1929 aus der SPD und 1934 aus der KPD ausgeschlossen, wo er zunächst soviel Ansehen genossen hatte? Warum wurde er 1939 gezwungen, Norwegen zu verlassen, trotz dessen Tradition bürgerlicher Freiheiten? Ist es Zeichen des Dilettantismus oder der Verrücktheit oder eines Genius nach Art der Renaissance, daß sein Werk so viele Bereiche umfaßt - Psychiatrie, Soziologie, Biologie, Physik bis hin zur Meteorologie? Und welche Kräfte - innerer oder äußerer Art oder beiderlei - führten zu seinem Tod in einem amerikanischen Gefängnis?" (Sharaf)

Sharaf beschreibt Reich als den Wissenschaftler des Lebendigen, der um das Lebendige in sich selbst immer ringen mußte, einen Menschen, dem kompromißlose Wahrhaftigkeit über alle anderen Werte ging und der sich selbst und seiner Erkenntnis bis zum einsamen Tod treu blieb.
Sharafs Biografie vermittelt eine einzigartige, objektive Einführung in das Werk - vor allem auch in das weithin unbekannte oder unverstandene bzw. umstrittene Spätwerk. Er schildert zudem detailliert Reichs ganz private Geschichte, ohne die das Werk kaum verständlich würde. Die umfangreichen Recherchen bei allen erreichbaren Zeitzeugen Reichs decken neben wichtigen neuen Details auch die vielen Konflikte auf, die sein ganzes Werden und Wesen begleiteten und die die ganze Widersprüchlichkeit seines Charakters und seiner Arbeit auf spannende Weise erhellen.

Myron Sharaf lehrt heute an der Harvard Medical School Psychologie. Er hat zehn Jahre mit Reich in den USA zusammengearbeitet und weitere zehn Jahre an dieser Biografie geschrieben: "Wie lange hatte ich dazu gebraucht, das ganze Ausmaß seiner lebensumfassenden Dualität, diese außergewöhnliche Mischung aus Größe und Kleinlichkeit kennen und schätzen zu lernen. Ich konnte ihm nicht ernsthaft begegnen, ohne meine eigene Dualität zu verstehen. Ebensowenig wäre ich wohl nie meiner eigenen Komplexität in ihrer ganzen Breite gewahr geworden, ohne die Beschäftigung mit ihm und seiner Welt."

New York Times:
„M. Sharafs tiefes emotionales Engagement, das in ständigem Konflikt steht mit seinem Drang nach Objektivität, vermittelt auf eindrucksvolle Weise, wie das gewesen sein muß, Reich zu kennen, ihn und seine Arbeit persönlich zu erfahren. ... Eine bemerkenswerte und bewegende Biografie."

Washington Post:
„... man fühlt sich hineingezogen in ein antikes Drama über heroische Intentionen... Mir war zum Weinen zumute als ich das Buch schloß...
Reich erscheint als eine der wenigen wahrhaft tragischen Figuren dieses Jahrhunderts."

DIE ZEIT, Hamburg
„... eine ehrliche Biografie...das Leidenschaftlichste und Spannendste, was man über Reich finden kann."

Psychologie   Therapie   Esoterik

Renate Anraths, Tarot - dem Leben in die Karten schauen

Astrokalender (hrsg. von Petra Niehaus) Sternenlichter (Din A6 Taschenformat)

Samuel Avital,Mimenspiel,Die Kunst der Körpersprache

Roland Bäurle, Körpertypen, Vom Typentrauma zum Traumtypen

R. Bahro, A. Holl u.a., Radikalität im Heiligenschein, Spiritualität in der modernen Gesellschaft

Hilde Beck-Avellis, Fibel des autogenen Trainings, Eine begleitende Einführung

Inge Biermann, Atem Wege, Atemarbeit nach Anna Langenbeck

Inge Biermann, Hautnah - Atem Stimme Energie, Erfahrungen aus der Atemarbeit

Stefan Bischof, Astrologie mit allen Sinnen, Körperarbeit und Astrologie

Hans Cousto, Die Oktave, Das Urgesetz der Harmonie

Hans Cousto, Klänge Bilder Welten, Musik im Einklang mit der Natur

Hans Cousto u.a., Orpheus Handbuch, Die Wirkung der Rhythmen der Erde auf Körper, Seele und Geist

Dieter Duhm, Der unerlöste Eros, Grundlagen einer Kultur ohne Verdrängung, Angst und Gewalt

Dieter Duhm, Politische Texte für eine gewaltfreie Erde

Dieter Duhm, Aufbruch zur neuen Kultur, Umrisse einer ökologischen und menschlichen Alternative

Dieter Duhm, Das Buch Sidari, Texte und Bilder

N.Q., Der kosmische Clown, Eine unterhaltsame Einführung in Astrologie

Fritz Dobretzberger, Farbmusik, Eine kombinierte Farben-und Musiklehre

Hans-Curt Flemming, Sprünge, Gedichte und Geschichten

Hans-Curt Flemming, Suchbilder, Gedichte und Photographien

Hans-Curt Flemming, Ein Zettel an meiner Tür, Gedichte

Hans-Curt Flemming, Annäherung, Gedichte

Hans-Curt Flemming, Blätter vom fliegenden Märchenbuch, Geschichten für Kinder und Erwachsene

Eluan Ghazal, Der heilige Tanz, Orientalischer Tanz und sakrale Erotik

Eluan Ghazal, Schlangenkult und Tempelliebe, Sakrale Erotik in archaischen Gesellschaften

Ulrich Gressieker, Vaterschaft oder wie ich schwanger wurde, Von der schwierigen Geburt väterlicher Gefühle

K. Könchog Gyaltsen Rinpoche, Auf der Suche nach dem reinen Nektar des langen Lebens, Grundlagen des tibetischen Buddhismus

Sabine Huppert u.a., Der dunkle Stern, Ein anderes Gesicht der Astrologie

Sabine Huppert, Alizamour, Roman, Die Geschichte einer Dreiecksbeziehung

Ingrid Khalaf, Die Farben sind der Schlüssel, Heilen mit Aura Soma

Sabine Lichtenfels, Der Hunger hinter dem Schweigen, Annäherungen an sexuelle und spirituelle Wirklichkeiten

Sabine Lichtenfels u.a., Rettet den Sex, Ein Manifest von Frauen für einen neuen sexuellen Humanismus

Bernhard Mack, Der Liebe einen Sinn geben, Wege zur Liebe - Wege zum Kern, Das Handbuch der Core-Dynamik

Beate Möller u.a., Die Heilige und die Hure, Bilder einer Ausstellung

Hartmut Müller, Ziele verwirklichen, Mind-Clearing und das Heilen seelischer Verletzungen

Hartmut Müller, Spiel Tarot - Spiel Leben, Schule des intuitiven Tarot

Christa Muths, Heilen mit Farben, Bildern und Symbolen, Das große Buch der Heilübungen

Christa Muths, Die fünf Elemente, Das Geheimnis ihrer Wirkung auf Mensch und Natur

Margo Naslednikov, Tantra - Weg der Ekstase, Die Sexualität des neuen Menschen

Frank Natale, Trance Dance - der Tanz des Lebens, Rituale und Erfahrungen

Frank Natale, Lebendige Beziehungen, Die 20 Qualitäten der Liebe, Ein Buch zur Selbstentdeckung und Transformation

Frank Natale, Lebendige Beziehungen, Vier geführte Meditationen (2MC)

Petra Niehaus, Astrokalender, Sternenlichter (jährlich)

Karin Petersen, Aber die Liebe ... nicht Anfang noch Ende sie kennt, Eine Geschichte, die das Herz berührt

Karin Petersen, Herbstzeitlose, Erzählung

Phoenix u.a., Venus ist noch fern, Suche nach einer weiblichen Astrologie

Professor Trance, Breath of Fire, Trance Dance 1 (CD)

Professor Trance, Spirit Animal, Trance Dance 2 (CD)

Jack-Lee Rosenberg, Orgasmus, Bewegen und erregen, Ein Bioenergetik-Buch

Barbara Schermer, Astrologie live! Erfahrbare Astrologie und Astrodrama

Jürgen Seitz, Die Tragfähigkeit des Traums, Tips und Techniken zur Zauberei

Myron Sharaf, Wilhelm Reich, Der heilige Zorn des Lebendigen, Die Biografie

Steve Schroyder, Klänge Bilder Welten, Musik im Einklang mit den Rhythmen der Erde (2 CD´s mit ausführlichem Booklet)

Steve Schroyder, Sun - Spirit of Cheops, Sonnenton-Musik nach den Prinzipien der kosmischen Oktave (CD/MC)

John Selby, Wieder klar sehen, Zur Heilung von Kurzsichtigkeit, Ein praktischer Leitfaden

Franz Simon
Der Flirt mit der Negativität, Von der Macht des ungelebten Lebens, Eine ehrliche Konfrontation

Franz Simon, Wie man den Zufall manipuliert, Magie im Alltag

Penny Slinger u.a., Das geheime Dakini Orakel Buch, Die tantrische Alternative zum klassischen Tarot

Hal & Sidra Stone, Wenn zwei sich zu sehr trennen, Bindungsmuster durchschauen - Lust, Nähe und Vertrauen wiedergewinnen

Klausbernd Vollmar u.a., Der letzte Schrei aus dem Jenseits, Über Channeling und Lichtarbeit

Hellmut Wolf, Creation Dance Tantra, Musik zur Meditation (CD)

Aktuelle Informationen erhalten Sie kostenlos und unverbindlich über den Buchhandel oder direkt über den Verlag Simon+Leutner, Oranienstr.24, 10999 Berlin.